Tobias Faix, Martin Hofmann, Tobias Künkler

Warum ich nicht mehr glaube

Wenn junge Erwachsene den Glauben verlieren

SCM
R.Brockhaus

SCM

Stiftung Christliche Medien

MIX
Papier aus verantwortungsvollen Quellen
FSC® C006701

Bodenborn 43 · 58452 Witten
Internet: www.scmedien.de | E-Mail: info@scm-brockhaus.de

Umschlaggestaltung: Johannes Schermuly, Wuppertal
Satz: Christoph Möller, Hattingen
Druck und Bindung: CPI – Ebner & Spiegel, Ulm
Gedruckt in Deutschland
ISBN 978-3-417-26583-5
Bestell-Nr. 226.583

Stimmen zum Buch

Was ist tragfähiger Glaube, mündiges Christsein, gelingendes Leben, gesunde Theologie? Mit acht sorgfältig gewählten Bohrern behandeln drei Zahnärzte vier wurzelvereiterte Stellen im brüchigen frommen Gebiss: Bibelverständnis, Gottesbild, Theologie, Ethik. Fair gegenüber Zweiflern, heilsam für Gläubige, aufbauend für Gemeinden – ein schmerzhaft notwendiges Buch!

Andreas Malessa, Hörfunk- und Fernsehjournalist, Theologe, Buchautor

Was ich gelesen habe, macht mich betroffen, wütend, ratlos, traurig – und zugleich spornt es mich an, diese Perspektive nicht auszublenden, sondern ehrlich zu fragen, was wir tun können, um solche schmerzlichen Entwicklungen zu vermeiden.

Jörg Ahlbrecht, Willow Deutschland

Fast jeder, der in missionarischer Jugendarbeit engagiert ist, kennt den Schmerz: Junge Menschen finden zum Glauben, aber eines nahen oder fernen Tages verlieren sie den Anschluss, wenden sich ab und lösen sich aus der Gemeinschaft. Die neue Marburger Studie hilft, solche jungen Menschen besser zu verstehen und zu achten. Sie hilft aber auch, Verkündigung, Seelsorge und Leitung in unseren Gemeinden kritisch zu überprüfen, inwiefern sie einen mündigen und widerstandsfähigen Glauben fördern – oder ihm im Weg stehen.

Prof. Dr. Michael Herbst, Direktor des Instituts zur Erforschung von Evangelisation und Gemeindeentwicklung der Universität Greifswald

Wer sich von diesen – zum Teil dramatischen – Zeugnissen den Spiegel vorhalten lässt, wer sich als Rad im Getriebe der Entkehrung anderer erkennt, der wird vorsichtig im Urteil über Ex-Fromme. Diese Lektüre kann nur zur Buße und zu neuer Empathie mit denen führen, die auf der Strecke geblieben sind, aber vielleicht freier sind als wir, dichter an Gott selbst und seinem Wort. Wir lernen zu verstehen und werden still, ganz still. Und dann setzt vielleicht ein fruchtbarer Lernprozess ein, der im schönsten Fall zu einem versöhnten Treffen der Bekehrten mit den Entkehrten führt.

Jürgen Mette, Theologe und Publizist, arbeitet für die Stiftung Marburger Medien und hat einen Lehrauftrag an der Evangelischen Hochschule Tabor

Die Autoren hören denjenigen zu, die sonst nicht gehört werden. Auf diese Weise hält das Buch den Glaubenden einen Spiegel vor, der blinde Flecken sichtbar macht. Das ist nicht immer angenehm, aber äußerst hilfreich und deshalb für mich ein sehr wichtiges Buch.

Prof. Dr. Miroslav Volf, Yale University, Director, Yale Center for Faith & Culture

Zum Lernprogramm der Gemeinde Jesu in dieser Welt gehört: die Fragen wahrnehmen, die junge Leute haben oder aussprechen oder darstellen. Sie ernst nehmen und lieben und liebevoll ihre Fragen umarmen mitsamt unseren eigenen Fragen. Im Namen des HERRN, der das Fragen kennt, der den Sinn für unser Leben, die Bestimmung für unser Dasein, die Kraft und den Halt für unsere Existenz hat.

Monika Deitenbeck-Goseberg, ev. Pfarrerin in Lüdenscheid, Gründerin und Vorstand von Gott.net

Glaubensverlust, „Apostasie" – ein Tabu- und Reizthema aller Zeiten, gerade für fromme Menschen. Dieses Buch ist mutig und ehrlich, weil die Autoren genau hinsehen und hinhören, weil sie eher verstehen und weniger bewerten möchten. Und es ist extrem herausfordernd: Wir „haben" den Schatz des Glaubens nur in zerbrechlichen, menschlichen „Gefäßen". Diese Begrenzung verheißungsvoll anstatt niederschmetternd zu (er)leben, genau darum geht es.

Dr. Michael Diener, Präses des Evangelischen Gnadauer Gemeinschaftsverbandes und ehrenamtlicher Vorsitzender der Deutschen Evangelischen Allianz

Die Stärke dieses Buches liegt darin, denen einen breiten Raum einzuräumen, die einmal Glaubende waren. Manches daran schmerzt, anderes regt zum Nachdenken, wiederum anderes zum Widerspruch an. In jedem Fall eine absolut notwendige Auseinandersetzung. Jeder, der Interesse an Menschen hat, wird dieses Buch mit Gewinn lesen. Es ist keine Erbauungsliteratur und zum Teil schwer „verdaulich" – vor allem aber ist es eine herausfordernde und dringende Einladung zum Nachdenken und Diskurs. In diesem Diskurs wird es auch darum gehen, welchen Gott und welchen Glauben wir in unseren Kirchen verkündigen und leben. Denn vieles (nicht alles!), wovon sich die Leute abgewandt haben, war nur eine Attrappe, nicht aber Gott selbst.

Ansgar Hörsting, Präses des Bundes Freier evangelischer Gemeinden

Die Autoren wagen den unvoreingenommenen Blick hinter die Biografien von jungen Erwachsenen, die aus christlicher Sicht „gescheitert" sind, weil sie ihren Glauben verloren haben. Im Perspektivwechsel zeigen sich nüchterne Episoden eines gescheiterten Gemeindelebens, unvorsichtiger Pädagogik, missverstandener Theologie und persönlicher Enttäuschung. Sollte nicht jede Gemeinde froh über derart ehrliches Feedback sein?

Pascal Görtz, Redakteur der Zeitschrift dran NEXT

Inhalt

Vorwort von Paul M. Zulehner

Über Religion, Kirche und Glaube kann in einer (post)modernen Welt trefflich diskutiert werden. Dabei werden wichtige Fragen gestellt wie: Was glauben junge Menschen heute überhaupt? Und: Wenn sie glauben, brauchen sie dazu noch die Kirche? Eine Frage wird dabei meistens vergessen: Was ist mit den Menschen, die in einer Kirche waren und nicht nur ausgetreten sind, sondern gleich ihren Glauben ganz aufgegeben haben? Über diese Gruppe von ehemaligen Gläubigen hört man erstaunlich wenig: warum eigentlich? Was sind die Gründe, dass junge Menschen nicht mehr glauben können oder wollen? Dieser spannenden Frage sind die drei Autoren in diesem lesenswerten Buch nachgegangen. Denn es hat sich einiges geändert. Religion ist heute nicht mehr Schicksal, sondern Wahl. Wählen kann „einwählen", aber auch „auswählen" bedeuten. „Dem Leben eine andere Richtung" geben, das meint das lateinische Wort „vertere". Dabei gibt es die Variationen „con-vertere", aber auch „de-vertere" – und davon abgeleitet die Wörter Konversion und Dekonversion. Bekehrungs- und Entkehrungsmobilität wird in Zukunft immer häufiger, wenn nicht gar zum Normalfall werden. Und das innerhalb von Religionsgemeinschaften – hier geht es um Annäherungen und Entfernungen –, aber auch über deren Grenzen hinaus. Übrigens: Auch Dekonvertierte bleiben in ihrer Weltanschauung mobil. Ein Leben lang?

Für das Wählen braucht es gute tragende Gründe im Leben. Was zieht mich an, was stößt mich ab? Von Irritationen und Gratifikationen, anziehenden und abstoßenden Kräften ist die Rede, die von einer Religion oder – was nur theoretisch gesprochen dasselbe ist – einer Religionsgemeinschaft ausgehen. Das Entscheidende, so neuere Studien[1] sind die Gratifikationen, also das, was leben lässt. Sind diese stark, hält jemand auch arge Irritationen aus. So wie ich selbst in meiner katholischen Kirche. Aber was passiert, wenn die Irritationen zu stark sind? Gar unerträglich?

Es ist überaus verdienstlich, dass in dem vorliegenden Buch der Blick auf den sensiblen Prozess der Dekonversion, der Entkehrung fällt. Konkrete Geschichten werden wahrgenommen und auf dem Hintergrund der wenigen vorhandenen sonstigen Studien fachkundig aufgearbeitet. Treibende Kräfte für den langsamen Prozess der Umorientierung werden sichtbar: Zweifel an der Lehre, Probleme mit der Bibel und der neue Atheismus, Mündigkeit und Emanzipation, negative Erfahrungen mit Christen, negative Erfahrungen mit Gemeinde/Kirche, Erkenntnis der Zufälligkeit, negative Auswirkungen des Glaubens, keine Auswirkung des Glaubens, kein Erleben/fehlendes Gefühl, Diskrepanz zwischen Glaube und Leben, Theodizee – Leiden am Leid werden als Gründe genannt, warum sich jemand auf den langen Weg der Entkehrung macht.

Ein solches Buch tut jenen gut, die aufgrund eigener Erfahrungen einen tragfähigen erwachsenen Glauben in einer modernen Welt suchen oder anderen diesen wünschen. Es ist immer ein Glauben, der vom Zweifeln begleitet wird, wie Peter L. Berger in seinem famosen Buch *Lob des Zweifels* mit dem Philosophen Anton Zijderveld einleuchtend dargelegt hat. Ein wirklich christlich Glaubender hat immer Jesu Frage im Ohr: „Wollt auch ihr gehen?“[2]

Christliche Kirchen haben von ihrem Gründer den Auftrag, sorgfältig und behutsam Menschen auf der Suche nach dem, was sie glauben oder auch nicht glauben, zur Seite zu stehen. Wer sich dieser Aufgabe verpflichtet fühlt, kann von dem vorliegenden Buch viel lernen. Sehr gut lesbar regt es an, über ein kommendes und wichtiges Thema nachzudenken. Ich wünsche diesem Buch viele aufmerksame und nachdenkliche Leserinnen und Leser unter den Eltern, Religionslehrenden, Amtsträgerinnen aller christlichen Kirchen, aber auch anderer nicht christlicher Religionsgemeinschaften – nicht zuletzt aber unter den religiösen Pilgerinnen und Pilgern. Denn das Buch ist auch eine Ermutigung für Dekonvertierte, denen der erfahrene Studenten- und Akademikerseelsorger im atheisierenden Prag, Tomas Halik, rät, nie zu früh aufzuhören zu fragen.[3]

So wünsche ich allen ein nachdenkliches Lesen.

Wien, im Herbst 2013

Paul M. Zulehner,

katholischer Theologe,

emeritierter Professor für Pastoraltheologie und Religionssoziologe

Einleitung

Wie dieses Buch entstand

„Vielleicht gibt es gar keinen Gott ... Vielleicht habe ich am Ende meinen Glauben und mein Leben auf einer menschlichen Erfindung gegründet?"

Patrick

„Sie reden irgendwie von Freiheit. Gott und Glaube machen frei, aber gleichzeitig stellen sie so viele Regeln und Gesetze auf, die man alle einhalten muss, weil man sonst nicht mehr bei Gott ist."

Claudia

Vor nun gut drei Jahren werteten wir als Team vom „Institut empirica" eine Studie aus, die junge Christen befragte, ob und warum sie in eine Gemeinde gehen oder auch nicht. Am Rande der Diskussion um die Ergebnisse fragten wir uns, was eigentlich diejenigen umtreibt, die nicht nur in keine Gemeinde mehr gehen, sondern ganz aufgehört haben zu glauben. Unser Gespräch war sehr lebhaft, da jeder solche Menschen kannte, aber uns klar wurde, dass wir nur wenig über ihre Motive und Hintergründe wussten. Wir alle hatten bei engen Freunden und Wegbegleitern miterlebt, dass ihnen der Glaube, den sie einst leidenschaftlich und intensiv gelebt hatten, auf stille und von außen oft nicht nachvollziehbare Weise abhandengekommen war. Zudem fanden wir heraus, dass es kaum Literatur zu diesem Thema gibt. Wir beschlossen daher, dass wir uns intensiver damit beschäftigen wollten. Mit der Zeit geriet die Frage allerdings wieder in den Hintergrund; andere Projekte hatten Priorität und im Arbeitsalltag war zunächst kein Raum für eine intensivere Beschäftigung. Ein knappes Jahr später erschien das Thema wieder auf unserer Agenda, als der SCM R.Brockhaus Verlag anfragte, ob wir nicht Interesse hätten, ein Buch zum Thema „Entkehrung" zu schreiben – es gäbe da eine interessante Untersuchung aus den USA. Vielleicht würde man sich ja auch in Deutschland dafür interessieren, wie und warum Menschen ihren Glauben verlieren. Durch diese Gespräche begann unsere Arbeit an einem sehr spannenden, aber auch persönlich herausfordernden Thema.

Schnell wurde uns klar, dass unsere eigenen beschränkten Erfahrungswerte nicht reichen würden, eine amerikanische Studie nicht so einfach auf Deutschland übertragbar ist und rein theoretische Überlegungen bei diesem Thema zu kurz griffen. Es war uns wichtig, Menschen mit ihren Geschichten ernst zu nehmen und zuerst einmal verstehend zuzuhören, bevor wir zu eigenen Schlüssen und Ergebnissen kamen. Deshalb haben wir uns für eine eigene Untersuchung entschieden, mit biografischen Interviews im Zentrum. Dabei interessieren uns der einzelne Mensch, seine Geschichte mit seinem Glauben an Gott und der Verlust dieses Glaubens. Was haben Leute erlebt, die sich zu so einem Schritt entschließen? Was erhoffen sie sich, wenn sie sich von Gott und ihrem Glauben abwenden? Wer begleitet sie dabei? Was sagen ihre Familien und Freunde? Wie reagieren ihre Kirchen und Gemeinden? Diese und weitere Fragen beschäftigten uns, als wir anfingen, uns diesem Thema zu nähern. Und so begann eine zweijährige Reise, von den ersten Vorbereitungen bis zum Schreiben dieses Buchs, die kaum aufregender hätte sein können.

„Dekonversion", zu Deutsch „Entkehrung", ist der Fachbegriff für das von uns untersuchte Phänomen und wird in diesem Buch neben den Begriffen „Nicht-mehr-Glauben", „Entkehrung" und „Glaubensverlust" verwendet. Kurz gesagt bezeichnet Dekonversion das Ereignis, dass zuvor Gläubige nicht mehr glauben wollen oder können bzw. dies irgendwann bewusst beschließen und sich nun als Nicht-mehr-Gläubige oder ehemalige Christen verstehen. Unser Anliegen in diesem Buch ist es, uns der Dekonversion ehemaliger junger Christen aus dem deutschsprachigen Raum aus unterschiedlichen Perspektiven zu nähern und besser zu verstehen, warum sie nicht mehr an Gott glauben können oder wollen.

Unsere Zugänge zum Thema kommen aus ganz unterschiedlichen Bereichen. Internationale wissenschaftliche Untersuchungen haben ebenso ihren Platz wie Filme, Bücher oder auch Ausstellungen. Unsere wichtigste Informationsquelle ist jedoch die Untersuchung, die wir am Institut empirica durchgeführt haben. Ziel war es, die Geschichten von Menschen, den Dekonvertierten, zu hören und zu verstehen. Dazu haben wir insgesamt fünfzehn Interviews geführt. Wie wir dabei genau vorgegangen sind, kann man bei Interesse am Ende des Buches nachlesen. Uns war dabei, wie schon erwähnt, besonders wichtig, die einzelnen Menschen mit ihren individuellen biografischen Erlebnissen und Erfahrungen ernst zu nehmen und diese Erfahrungen nicht gleich moralisch, theologisch oder auf andere Weise zu bewerten. Auch wenn uns bewusst ist, dass jede Geschichte einzigartig ist, ging es uns auch darum herauszufinden, was die einzelnen Biografien gemeinsam haben, was sie unterscheidet und ob es letztendlich Muster gibt, die sich trotz aller Individualität erkennen lassen. Für viele unserer Gesprächspartner war die Dekonversion eine leidvolle Erfahrung, für andere eher ein logischer, fast schon emotionsloser Schritt. Eine Beobachtung zog sich jedoch durch: Es war in allen Fällen ein einschneidendes Erlebnis, das Auswirkungen auf die weitere Lebensführung hatte.

Zum Aufbau dieses Buches

Das Buch ist in vier Kapitel eingeteilt, die immer weiter in das Thema Dekonversion und die Ergebnisse unserer Untersuchung hineinführen. Im *ersten Kapitel* nähern wir uns dem Phänomen des Nicht-mehr-Glaubens von verschiedenen Seiten. Wir zeigen auf, in welchen unterschiedlichen gesellschaftlichen Bereichen es aktuell thematisiert wird, und stellen zudem verschiedene internationale Diskussionen und Forschungen vor, die sich um ähnliche Fragen drehen. Die unterschiedlichen Facetten des Themas werden so besonders deutlich. Außerdem gibt das Kapitel einen kurzen Einblick in die Lebenswelt der jungen Erwachsenen, für die wir uns besonders interessieren und die daher in diesem Buch im Mittelpunkt stehen. Was prägt ihren Alltag, ihr Denken, Fühlen und Handeln? Was unterscheidet sie von anderen Generationen? Schließlich stellen wir die Ergebnisse einer Onlinebefragung vor, die wir als Vorstudie zu den Interviews durchgeführt haben.

Kapitel 2 bildet das Herzstück des Buches. Hier erzählen wir die Lebens- und Glaubensgeschichten von acht unserer Gesprächspartner. Dabei werden vier große Leitmotive im Prozess der Dekonversion deutlich. Im *dritten Kapitel* setzen wir uns dann genauer mit den

Gründen und Begleitumständen auseinander und beleuchten einzelne Aspekte wie die Glaubensentwicklung oder Gemeindeerfahrungen.

Auf Grundlage der beschriebenen Ergebnisse gehen wir in *Kapitel 4* schließlich der Frage nach, welche Konsequenzen sich für Kirchen, Gemeinden und einzelne Gläubige ergeben. Wir möchten Denkanstöße geben, sich weiter mit diesem Thema zu beschäftigen, denn wir wünschen uns vor allem, dass es durch dieses Buch zu konstruktiven Gedanken, Gesprächen und möglicherweise auch Veränderungen kommt.

Wer sich genauer für unsere Studie und ihre Methoden interessiert, kann sich im Anhang darüber informieren. So ist es möglich, nachzuvollziehen, wie wir zu unseren Erkenntnissen kamen, welche Überlegungen uns dabei leiteten und mit welchen Herausforderungen wir uns auseinandersetzen mussten. Auch die Fragebögen und Interviewleitfäden sind hier zu finden.

Eine erste Orientierung: Was macht Dekonversion aus?

Einer der ersten, die sich systematisch mit dem Phänomen der Dekonversion auseinandergesetzt haben, war John D. Barbour, Professor für Religionswissenschaft. Als Dekonversion bezeichnete er zunächst schlicht den Verlust des Glaubens. Um jedoch genauer zu bestimmen, welche Charakteristika diesen Prozess ausmachen, griff er auf die Autobiografien berühmter Persönlichkeiten zurück und untersuchte, wie diese ihre Dekonversion beschrieben. Neben Personen, die ihren christlichen Glauben verloren, betrachtete er auch Menschen, die ihren ersten Glauben verloren, bevor sie den aus ihrer Sicht wahren Glauben fanden. Dabei griff er auf die Autobiografien von so unterschiedlichen Persönlichkeiten wie dem Kirchenvater Augustinus, dem Philosophen und Ökonom John Stuart Mill, der Schriftstellerin Mary McCarthy und dem christlichen Denker C.S. Lewis zurück. In seinem 1994 erschienenen Buch *Varianten der Dekonversion: Autobiografie und Glaubensverlust*[4] arbeitete er vier Aspekte heraus, die für Dekonversionsprozesse charakteristisch sind. Alle Autobiografien wiesen in ihrer Schilderung des Glaubensverlustes mindestens drei dieser vier Aspekte auf.

Der erste Aspekt ist ein intellektueller Zweifel bzw. eine Infragestellung von Wahrheitsaussagen oder ganzen Wahrheitssystemen. Der Ausstieg aus einer religiösen Gruppe oder Gemeinschaft ist ein zweiter Aspekt. Begleitet wird dieser Ausstieg mit drittens der moralischen Kritik an dieser Gruppe und deren Lebensweise. Ein vierter Aspekt ist schließlich emotionales Leiden (Trauer, Schuld, Einsamkeit, Verzweiflung). Heinz Streib und Barbara Keller, auf deren Arbeit wir später noch genauer eingehen, haben in ihrer Forschungsarbeit die vier Aspekte von Barbour übernommen und um einen fünften ergänzt: den Verlust religiöser Erfahrungen. Mit diesen Aspekten oder Kriterien der Dekonversion sind auch aus unserer Sicht zunächst einige zentrale Charakteristika des Phänomens gut umschrieben. Sie gaben uns bei unserer Reise eine erste Orientierung und begegneten uns immer wieder.

Biografie als Türöffner

Jeder persönliche Glaube ist eingebettet in die eigene Biografie und wird von unterschiedlichen Aspekten beeinflusst. Die Umstände, unter denen man aufwächst und lebt, prägen ihn dabei in einem sehr hohen Maße. Wie wir glauben, was wir glauben und warum wir glauben, hängt elementar mit unserer Herkunftsfamilie, unserer Kirche und unserem Umfeld zusammen. Man kann einen Glaubensverlust nicht verstehen, ohne den Glauben zu betrachten, der verloren ging. Und man kann den Glauben nur verstehen, wenn man genauer in die genannten Bereiche schaut. Auch aus diesem Grund haben wir uns für biografische Interviews entschieden, bei denen wir die Gesprächspartner ihren Lebensverlauf berichten ließen. Es ging dabei genau um die eben genannten Fragen: wie sie ursprünglich überhaupt zu einem christlichen Glauben kamen, wer sie dabei geprägt hat, welche Erlebnisse sie hatten und welche Rolle dies dann in ihrem weiteren Leben spielte.

Die Tatsache, dass die Biografie einen großen Einfluss auf den Glauben hat, gilt natürlich auch für die Forschenden selbst. Wir drei Autoren haben jeder unsere eigene Geschichte mit dem Glauben. Zwei von uns sind Soziologen, einer Theologe und wir können uns an kaum eine Forschung erinnern, in der wir so oft zusammensaßen und über die Ergebnisse so intensiv diskutiert haben. Natürlich versuchen wir als Forschende und Autoren, einen professionellen Abstand zu unserem Thema zu wahren, aber zur Professionalität gehört auch, sich bewusst zu sein, dass man niemals objektiv sein kann, sondern durch die Art, wie man forscht und arbeitet, fragt und agiert, immer auch den Forschungsprozess beeinflusst. Daher haben wir uns umso mehr bemüht, unser Vorgehen zu reflektieren. Auch ist uns klar, dass das Phänomen der Dekonversion mit diesem Buch nicht abschließend behandelt ist und es zu diesem Thema in Zukunft noch viel zu erfahren gibt. *Warum ich nicht mehr glaube* soll jedoch einen ersten Beitrag leisten.

Und wir glauben, dass dieser Beitrag dringend notwendig ist. Wir haben gemerkt, dass wir in eine Welt eingetaucht sind, die uns bisher nur am Rande bekannt war. Wir haben feststellen müssen, dass unsere Befürchtung, nicht genügend Betroffene zu finden, die bereit sind, ihre Geschichte zu erzählen, völlig unbegründet war. Im Gegenteil, es haben sich viel mehr Leute gemeldet, als wir vermutet hatten, und es melden sich immer noch mehr. Es ist, als ob wir eine Tür geöffnet hätten und die Menschen nur darauf warteten, endlich hereinkommen zu dürfen und ihre Geschichte erzählen zu können. Wir haben viele Mails erhalten, in denen uns Leute seitenweise ihre Geschichte erzählt haben; manchmal schrieben sie ganz sachlich, manchmal verletzt, manchmal wütend und böse. Diese Rückmeldungen kamen sogar in einer Phase, in der wir noch gar nicht danach gefragt hatten. Sie kamen einfach so, weil die Menschen ein Bedürfnis hatten, über etwas zu reden, was sie offensichtlich sehr beschäftigt.

Was wir uns wünschen

Dieses Buch hat nicht das Ziel, neue Strategien zu entwickeln, wie „die verlorenen Schafe zurück in das Haus Gottes geholt werden können" – wie es ein amerikanisches Buch zu dem Thema sinngemäß im Untertitel ausdrückt. Vielmehr soll es dabei helfen, Menschen und ihre Geschichte zu verstehen. So viel sei schon verraten: Viele haben sich in ihren Glaubenskämpfen alleine gefühlt und haben von ihrer Kirche und Gemeinde wenig positive Unterstützung erfahren. Nach den Interviews fielen zuweilen Sätze wie: „Danke, Sie sind die ersten, die sich wirklich für meine Geschichte interessieren." Deshalb ist eines unserer ersten Anliegen, dass Sie sich durch dieses Buch diesem komplexen und emotionalen Thema annähern, indem wir Sie mit hineinnehmen und Dekonversion von verschiedenen Seiten beleuchten und erklären. Dabei geht es uns nicht um Pauschalisierungen, weder in Richtung Kirchen und Gemeinden („so sind also die christlichen Gemeinden") noch in Richtung der Entkehrten („so sind also die Entkehrten"). Vielmehr wollen wir das Thema und die erlebten Geschichten aufnehmen, ernst nehmen und überlegen, was wir daraus lernen können. Es geht uns also in diesem Buch nicht darum, jemanden anzugreifen oder gar Kirche, Gemeinde und Christen per se schlechtzumachen. Stattdessen geht es uns um eine konstruktive Aufarbeitung dieses wichtigen und herausfordernden Themas. Dabei ist manches von dem, was wir herausgefunden haben, nicht leicht zu verdauen. Wir stießen auf teils unbegreifliche Schicksale, verstörendes (Nicht-)Handeln Gottes, zum Himmel schreiende Ungerechtigkeiten von Glaubensgeschwistern u.v.m. Trotzdem sind wir davon überzeugt, dass es sich nicht nur lohnt, sondern dass es in gewissem Maße sogar unsere Verantwortung als Christen ist, uns mit diesem sensiblen, oft vergessenen und auch verdrängten Thema auseinanderzusetzen und als Einzelne wie als Gemeinschaften davon zu lernen.

Kapitel 1

Annäherungen an ein verdrängtes Thema

„Ich habe angefangen, Traditionen und Handlungsweisen kritisch zu hinterfragen. Dabei ist mir langsam bewusst geworden, dass man Halt, Gemeinschaft, Freundschaft, Liebe bei seinen Mitmenschen findet und kein höheres imaginäres Wesen dafür braucht."

Theo

„Ich habe die Anwesenheit Gottes nicht mehr gespürt und aufgrund einer starken Krankheit und diverser unerhörter Hilfegesuche ist mein Vertrauen gesunken. Auch ohne Gott und die christliche Gemeinschaft hatte ich genug Halt in meinem Leben, um dieses gut zu bewältigen."

Henning

Vom neuen Atheismus zum Jüdischen Museum

Als wir begannen, uns mit dem Thema Dekonversion zu beschäftigen, fiel uns – wie zu erwarten war – auf, dass wir nicht die Einzigen sind, die sich damit beschäftigen. So stiefmütterlich es auch bislang von der Theologie behandelt wurde, wird es in ganz anderen Bereichen umso vielfältiger thematisiert und bearbeitet. Wir haben dazu vieles gesammelt, untersucht und ausgewertet. Letztlich greifen wir nun drei Schwerpunkte auf, die uns wichtig erscheinen, da sie die ganze Bandbreite widerspiegeln, in der das Thema diskutiert wird: den „neuen Atheismus", Literatur und eine Ausstellung.

Wenn es Gott nicht geben darf: Richard Dawkins und der „neue Atheismus"

Infolge der Anschläge des 11. Septembers 2001 entwickelte sich der sogenannte „neue Atheismus", dessen bekanntester Vertreter der britische Biologe Richard Dawkins ist. Sein 2006 in Deutsch erschienenes Werk *Der Gotteswahn* machte ihn zum Gesicht einer ganzen

Bewegung. Der neue Atheismus hat zum Ziel, die Schädlichkeit von Religionen insgesamt zu beweisen und die Existenz Gottes zu widerlegen. Und dies tut er scheinbar mit Erfolg, so beginnt beispielsweise T. Jannusch seine Rezension des Buches im Internet mit folgenden Sätzen:

> *Ursprünglich bin ich mit der Haltung an das Buch gegangen, „know your enemy". Leider ist es ja so, dass man oft erst die negativen Meinungen mitbekommt. Doch im Laufe der Seiten schmunzelte ich zuerst. Dann war es schon ein handfestes Grinsen. Gegen Ende hin kann ich nur sagen, dass ich schlichtweg begeistert bin!*

So wie T. Jannusch ging es wohl auch anderen, die sich mit Dawkins *Gotteswahn* auseinandergesetzt haben. Der Autor entwickelt in seinem Buch die Hypothese, dass Religiosität und Gottesglauben nichts weiter als der Ausdruck einer massenhaft vorkommenden und menschlichen Projektion eigener Wünsche und Notwendigkeiten seien. Seine Argumente sind dabei für die einen logisch nachvollziehbar und für die anderen reiner Blödsinn. Das Buch verkaufte sich bisher über zwei Millionen Mal im englischen Original und über 250 000 Mal in der deutschen Übersetzung.

Doch nicht nur Dawkins hat die Diskussion um den neuen Atheismus angeheizt, sondern auch andere Werke wie Uwe Lehnerts Buch *Warum ich kein Christ sein will: Mein Weg vom christlichen Glauben zu einer naturalistisch-humanistischen Weltanschauung* oder Christopher Hitchens *Der Herr ist kein Hirte: Wie Religion die Welt vergiftet*. Beide Titel sind Bestseller und zeigen, wie intensiv dieses Thema momentan wahrgenommen und diskutiert wird. Natürlich gibt es auch Gegenmeinungen wie *Der Atheismus-Wahn: Eine Antwort auf Richard Dawkins und den atheistischen Fundamentalismus* vom Oxford-Professor Alister McGrath oder vom deutschen Philosophen Richard David Precht, der in seinem Buch *Liebe: Ein unordentliches Gefühl* Dawkins jegliche Wissenschaftlichkeit aberkennt und seine Theorien als veraltet und wenig überzeugend bezeichnet.[5]

Wir wollen an dieser Stelle gar nicht länger auf die Sinn- oder Unsinnigkeit der Argumente dieser Bewegung eingehen, sondern darauf hinweisen, dass sie auf breite Resonanz innerhalb der westlichen Welt trifft, wo die institutionelle Religiosität an Bedeutung verliert und die Phase der Postsäkularisierung begonnen hat. Dies bedeutet, dass es immer mehr Formen von Glaubensüberzeugungen gibt, die sich in ihrer Unübersichtlichkeit vor allem neben den großen Kirchen zeigen. Dabei gibt es auch eine in der Öffentlichkeit immer stärker werdende Positionierung von atheistischem Gedankengut, wobei man letztlich vier verschiedene Strömungen unterscheiden kann, wie eine amerikanisch-kanadische Studie festgestellt hat: (1) Atheismus aufgrund eines fehlenden Vorstellungsvermögens für eine höhere Wirklichkeit, (2) Gleichgültigkeit gegenüber Religion aufgrund andauernder existenzieller Sicherheit, (3) fehlende kulturelle Anregungen für religiöse Rituale und Symbole und (4) begründeter Atheismus.[6]

Interessanterweise können laut dieser Studie nur die wenigsten ihren Unglauben rational begründen. Man kann eher von einer „atheistischen Sozialisation" sprechen, die viele der Befragten geprägt hat. Darüber hinaus merken die Autoren kritisch an, dass es zu wenige Gläubige gibt, die ihren Glauben so anschaulich erklären können, dass er für Atheisten interessant wäre. Es gibt also, ähnlich wie beim Glauben, auch beim Unglauben unterschiedliche Formen und Motive, auf die wir in diesem Buch immer wieder stoßen werden.

Wir waren bei der Auswertung der von uns geführten Interviews überrascht, dass das Thema neuer Atheismus für einige doch eine wichtige Rolle bei ihrer Abwendung vom Glauben spielte. Die Fragen, die Dawkins und Co. in ihren Büchern stellen, haben bei einigen einen Prozess ausgelöst, der mehr von ihrem Glauben hinterfragt hat, als sie zunächst annahmen.

„Zur Ehre Gottes ein Kleid": das Thema Dekonversion in aktuellen Romanen

Neben der Brisanz, die das Thema neuer Atheismus in den letzten Jahren hatte, wurden wir auch auf zwei (autobiografische) Romane aufmerksam, die sich mit dem Thema Dekonversion auseinandersetzen. Trotz ihrer Verschiedenheit haben sie einige Parallelen. Während die Berliner Journalistin Sabine Rennefanz in *Eisenkinder* klar zu erkennen gibt, dass es sich bei den Geschehnissen im Buch um

„ihre Geschichte“ handelt, sucht die Kölner Autorin Claudia Schreiber mit ihrem Roman *Ihr ständiger Begleiter* mehr Abstand. Erst durch verschiedene Interviews und andere Informationen wird klar, dass es auch bei ihr autobiografische Bezüge gibt.[7] Beide Bücher geben einen guten Einblick in die psychologische und biografische Auseinandersetzung mit dem Thema Dekonversion.

Was im Leben Halt gibt

Sabine Rennefanz, Journalistin in Berlin (Berliner Zeitung) und 1974 in der Nähe von Eisenhüttenstadt geboren, beschreibt in ihrem Buch *Eisenkinder: Die stille Wut der Wendegeneration* ihr bisheriges Leben und legt dabei einen besonderen Schwerpunkt auf die Auswirkungen, die die Wiedervereinigung auf sie hatte. Es geht um den Prozess, nach dem Zusammenbruch aller Autoritäten, eine neue, eigene Identität zu entwickeln.

Mit 15 Jahren wird ihr durch die Wende die Heimat genommen und sie muss lernen, sich in einem neuen System zurechtzufinden. Eingebettet ist ihre Geschichte in das Geschehen um die gleichaltrigen Protagonisten des NSU, die aus ähnlichem Milieu wie die Autorin kommen. Sie fragt sich, warum ihr Leben diesen Verlauf genommen hat und nicht einen anderen bzw. ob das Aufwachsen in der ehemaligen DDR eine rechtsradikale Einstellung fördert und wie Ideologien entstehen. Sabine Rennefanz jedoch wurde weder rechts- noch linksradikal, sondern bekehrte sich zu Jesus und begann einen Lebensstil entschiedener Nachfolge:

Nachdem das System der DDR zusammengebrochen ist, kommt Sabine Rennefanz in ein Milieu evangelikaler Freikirchen und lernt, die Herrschaft ihres Lebens jemandem ganz anderem zu geben. Schnell eignet sie sich den frommen Habitus an, lässt sich taufen, arbeitet in der Gemeinde mit und macht Missionsarbeit. Sie schreibt über diese Zeit weder neutral noch objektiv, sondern eher distanziert, vielleicht auch anklagend, aber nicht so sehr gegenüber den Mitchristen der damaligen Zeit, sondern gegenüber sich selbst. Sie fragt sich, wie sie sich trotz ihrer Bildung und Intelligenz diesen Lebensstil aneignen konnte. Den Schlüssel dafür sieht sie im Systemwechsel von der DDR zur BRD und einer fehlenden „Betriebsanleitung“ für das neue Leben. Die freikirchlichen Evangelikalen mit ihrer, wie sie es beschreibt, fundamentalistischen Grundeinstellung füllten hier eine Lücke. Zentraler Punkt sowohl für ihre Bekehrungs- als auch Entkehrungsgeschichte ist die Frage nach Identität und Heimat in einem „übernommenen" Staat, der sie als junge Frau identitätslos zurückgelassen hat. Ihre autobiografische Hypothese lautet deshalb, dass sie jeglicher Ideologie hätte verfallen können, wenn sie in dieser Zeit andere Menschen als Christen getroffen hätte. So schreibt sie:

Sechs Jahre nach der Wende sehnte ich mich nach Vorbildern, nach Halt, nach Orientierung. Wenn Katharina eine clevere Neonazi-Frau gewesen wäre oder eine radikale Muslimin, hätte sie mich vielleicht ganz genauso auf ihre Seite gezogen. Der Inhalt schien fast austauschbar. Ich kam aus einer Welt, in der Gut und Böse unterschieden wurde. Man konnte nicht beides sein, man musste sich entscheiden. Das machte mich anfällig für einfache Wahrheiten.[8]

Die Themen „Mündigkeit und Manipulation" ziehen sich als Leitmotive durch das gesamte Buch und werfen viele interessante Fragen auf. Rennefanz beschreibt ihre Begegnungen mit Christen als junge Studentin in Hamburg aus der heutigen Perspektive selbstkritisch. So schreibt sie über ihre Bekehrung in einer freien evangelischen Gemeinde:

Ich hatte nun das Gefühl, dass Sigmar, der Prediger, nur zu mir sprach. Ich verstand genau, was er sagte. Hatte ich nicht vor Kurzem dieselben Worte benutzt, um das Gefühl nach dem Mauerfall zu beschreiben? Diese Leere, die folgte? … „Die Leere, die ihr spürt, das ist die Leere, die Gott hinterlassen hat. Der Vater möchte mit euch zusammen sein, er will euch eine neue Heimat geben", Sigmar machte eine bedeutungsvolle Pause. „Er liebt dich, er liebt jeden Einzelnen hier." Es klang kitschig, aber auch tröstlich.[9]

Sabine ging dann nach vorne, gab ihr Leben Jesus und begann ihr Leben als Christin. Sie bekam eine Bibel geschenkt und ging von nun an in die Christenlehre, den Gottesdienst und den Hauskreis. Sie lernte, dass es für Christen wichtig sei, die Bibel Wort für Wort zu lesen, zu verstehen und zu leben. Christsein war etwas Radikales, und das kannte Sabine gut aus dem System, in dem sie aufgewachsen war, dem Sozialismus der DDR. Es galt: Keine Kompromisse, egal was die anderen sagen. So begann sie bald, zu evangelisieren und andere davon zu überzeugen, dass es nur diesen einen wahren Weg zu Jesus gäbe. Sabine war begeistert von dem, was während der Heilungsgottesdienste der Gemeinde geschah, wie Gott sich scheinbar durch prophetische Bilder und Zungenrede mitteilte und dass es *„moralisch gewisse Spielregeln"* für Christen gab. So stand fest, dass man keinen Sex vor der Ehe haben sollte oder dass Homosexualität Sünde und Abtreibung Mord sei.

Nach einem Jahr ließ Sabine sich taufen und war nun mit Feuereifer dabei, ihr neues Leben als Nachfolgerin Jesu zu genießen. So lernte sie, wie sie zu missionieren hatte, und wurde mit einem kleinen Büchertisch in die Mensa geschickt:

> *Ich hatte kein Problem mehr, auf Fremde zuzugehen. In der neuen Welt wurde nichts dem Zufall überlassen. Bevor ich an den Büchertisch gestellt wurde, absolvierte ich eine Schulung, bei der ich den Fünf-Punkte-Plan der Evangelisation lernte: Interesse zeigen, Beziehung aufbauen, über Jesus sprechen, Entscheidung fordern, Rückfragen. So fremd wie mir die Betriebswirtschaftsstudenten damals erschienen, waren sie mir gar nicht. Bei den Mitteln, mit denen die radikalen Christen versuchten, etwas zu verkaufen, hatten sie sich von den klassischen Marketing-Techniken inspirieren lassen. Der Fünf-Punkte-Plan klang wie eine Anleitung für ein Verkaufsgespräch. Und so ähnlich war es ja auch.*[10]

Sabine hatte Talent zum Evangelisieren; diese Aufgabe führte sie später sogar bis nach Russland. Sie hielt die moralischen Regeln hoch und wies bald sogar andere in der Gemeinde zurecht, was ihr Anerkennung verschaffte. Jedoch wurden ihr gerade diese Regeln später selbst zum Verhängnis. Sie verliebte sich in einen jungen Mann, der kein Christ war, was in ihrer damaligen Lebenswelt ein Tabu war.

Plötzlich hatte sie die eigenen Regeln gebrochen; in der Folge stellte sie die eigenen Werte und Grundansichten infrage. Ihre Argumente hatten keinen Bestand mehr, als es darum ging zu begründen, warum der junge Mann in die Hölle kommen sollte. Dies hatte für sie Konsequenzen:

> *Aus Sicht der Gemeinde hatte ich die Regeln gebrochen. Es gab eine Krisensitzung der Leitung, in der über mich gesprochen wurde. Die Ältesten berieten, wie es mit mir weitergehen sollte. Die Bestrafung sah so aus, dass ich keine Jugendgottesdienste mehr organisieren durfte, weil ich kein Vorbild mehr sein konnte. Meine Mitbewohnerin musste mir das Urteil überbringen. Ich wurde nicht mal angehört.*[11]

So begann der Abschied: erst vom Jugendgottesdienst, dann von der Gemeinde, danach der Auszug aus der christlichen WG. Schließlich packte Sabine ihre Sachen und zog zurück nach Berlin. Ihren Glauben an Jesus ließ sie in Hamburg zurück, sie brauchte ihn nicht mehr.

Rennefanz spricht in ihrem Buch ein zentrales Motiv an, welches uns im Laufe unserer Arbeit immer wieder begegnet ist: die Frage nach der Identität und ihrer Bedeutung für den Glauben bzw. den Unglauben. Die Autorin zieht eine direkte Verbindung zwischen der Wende und ihrer daraus resultierenden Identitätskrise und dem Schritt hin zum Glauben. Als diese Krise überwunden ist, wendet sie sich wieder vom Glauben ab. Dieser Zusammenhang spiegelt sich auch in vielen Interviews wider, die wir gemacht haben. Immer wieder tauchte die Frage auf: Wer bin ich, wenn ich glaube? Und was verändert sich, wenn ich aufhöre zu glauben? Welche Identitätsmerkmale werden durch meinen Glauben gestärkt, geschwächt oder einfach nur kaschiert?

Die Verbindung zwischen Erziehung und Glaube

Während die Icherzählerin Sabine Rennefanz erst im Erwachsenenalter zum Glauben kam, wurde die Protagonistin Johanna in Claudia Schreibers Roman *Ihr ständiger Begleiter* christlich erzogen. Johanna wächst in einer kleinen konservativen Hausgemeinde auf, die von ihrem Vater geleitet wird. Die Mutter ist gestorben und das Mädchen lebt mit dem Vater und seinen beiden Brüdern in Köln. Die Kindheit ist geprägt vom despotischen Vater, der ein moralisch-strenges Gottesbild auf alle Bereiche der Familie legt und auch vor (psychischer und physischer) Gewalt nicht zurückschreckt. Als Erweckungsprediger und Pastor der Gemeinde, die sich regelmäßig in seinem Haus trifft, sind ihm fast alle Mittel recht, die Menschen auf die bevorstehende Wiederkunft Christi vorzubereiten.

Immer wieder wird im Roman die existenzielle Verbindung zwischen Erziehung und Glaube deutlich. Das folgende Beispiel geht zurück in die Kindheit von Johanna; sie ist auf dem Bahnhof verloren gegangen, hat schreckliche Angst und findet den Vater wieder:

> *Da nahm der Vater Johanna zärtlich auf den Schoß, hielt seinen Arm um ihre Schulter und erklärte: „Johanna, es geht um Leben und Tod. So ernst ist die Sache, mein Kind. Am Ende der Zeit, die bald kommen wird, rettet Gott seine Kinder, doch die Bösen werden verderben. Wer zur Kirmes geht und den Zaubereien zuschaut, beschmutzt sich. Du bist Sein Kind, du bleibst sauber und wirst also gerettet."*
> *„Wie rettet Er denn?", fragte Johanna interessiert.*
> *„Das geht so, als habe der Herr einen riesigen Staubsauger. Die Guten saugt er hoch, die Bösen bleiben unten. Wenn zum Beispiel der Kapitän eines Flugzeugs ein frommer Mann ist, und die Entrückung geht los, dann ist er weg, im Himmel."*
> *„Aufgesaugt."*
> *„Ja. Auf diese Weise trennt Er die Menschheit, bevor die schlimmsten Schrecken kommen."*
> *„Und die Bösen gehen zum Fest", begriff Johanna nun.*
> *Der Vater nickte, und Johanna wünschte sich, mehr vom schrecklichen Ende zu hören, weil der Vater sie dabei so herrlich im Arm hielt.*[12]

Die Glaubensüberzeugungen und die Theologie des Vaters werden durch seine Erziehungsmethoden auf Johanna übertragen, was vor allem mit moralischem Druck einhergeht. Dass diese Erfahrungen Johannas Gottesbild prägen, ist nicht verwunderlich, vor allem, wenn man folgende Szene liest. Die Hausgemeinde veranstaltet Zeltmissionsabende, bei denen der Vater als Erweckungsprediger auftritt. Johanna soll mit zu diesem Abend, sitzt jedoch gerade am Kachelofen und wärmt sich:

Alle waren schon angezogen, der Vater war vor seinen Erweckungspredigten immer besonders angespannt. Nun brüllte er und wirbelte im Kreis und ließ die Wände im Predigerhaus erzittern. Johanna machte das nichts aus: „Ich werde das Kleid nicht anziehen, nicht das und auch kein anderes. Ich hasse Kleider und Röcke und den ganzen Mist. Ich will meine Hose. Ich will die einzige Hose, die ich mag, die rote aus Leder, sonst nichts."
„Johanna!" Nett wollte der Vater klingen, aber Gefahr lag in der Luft. Doch Johanna hatte keine Angst. „Der liebe Gott hat dich als Mädchen gewollt und gemacht. Er hat Kleider gemacht und Röcke, für dich."
„Ich will auch keine Zöpfe und keine Schleifen im Haar, meinetwegen für sonst wen, ich will sie nicht."
„Sein Wille geschehe! Wir werden heute Menschen fischen."
„Nein, ich will nicht."
Der Vater öffnete die Ofentür und hielt ihre einzige rote Hose hinein. Johanna sah die Flammen. Ihr Vater schaute sie drohend an. Dann fragte er: „Wirst du das Kleid anziehen, zu Gottes Ehre? Und Frieden halten? Auf dass heute Abend viele Menschen gerettet werden vor der ewigen Verdammnis?"
Sie nickte aus Angst um ihre Hose.
„Du wirst es gern tun, nicht wahr?"
Sie nickte.
„Ich will es hören?"
„Ja."
„Ich will es ganz genau hören." Er klang streng.
„Zur Ehre Gottes ein Kleid. Mit Zöpfen und Schleifen."
Jetzt musste das Schlimmste vorbei sein, dachte Johanna und atmete durch. Aber es war noch nicht vorbei.
„Hast du den lieben Gott lieber als deine Hose? Dann brauchst du sie ja nicht mehr."
„Nein, ich brauche keine Hose."

Johannas Stimme wurde leise. Er bebte, sie konnte das fühlen. Und doch war seine Stimme sicher, irgendwie klang sie mehr nach Singen als nach Reden. „Du schenkst Gott deine rote Hose?"
„Ja, ich schenke sie her. Er soll sie haben."
„Halleluja."
Johanna dachte nur, gleich ist es vorbei.
„Gepriesen sei der Herr", sagte der Vater und warf die Hose ins Feuer.[13]

Am Ende des Buches zieht sich die geistliche Schlinge um Johanna immer mehr zu und sie bricht aus ihrer engen geistlichen Welt aus. Aber „Gott" verfolgt sie und redet ihr immerfort ein schlechtes Gewissen ein. Bis es zum Eklat kommt und Johanna sich endgültig von ihrem „Gott" trennen will:

„Was willst du hier alter Mann? Was stehst du hier in meiner Wohnung herum und glotzt wie ein Spanner, Du, Du ...?"
Ihre Ehrfurcht vor ihm ließ sie zögern, es lag ihr auf der Zunge. Aber Er wusste ja eh immer, was sie dachte, was sie sagen wollte. Also brach es aus ihr heraus: „Du widerlicher alter Dreckskerl." Ihre Stimme überschlug sich: „Wohin sollte ich mich verkriechen, um deinen gierigen alten Blicken zu entgehen? Keine Mauer, kein Stahl, kein Beton schützt mich vor dir."
Ihre Arme fuchtelten vor seinem Gesicht. Johanna schrie, ihre Worte waren kaum noch zu verstehen zwischen Tränen und Schluchzen.
„Wenn ich ein Pullover wäre, würdest du mich auf links drehen. Als Apfel wäre ich von dir geschält, als Wurst gekaut, geschluckt und wieder hochgewürgt. Wenn ich Zähne putze, stehst du da. Wenn ich dusche, wenn ich mich berühre, wenn es mir wohltut." Jetzt endlich alles wagen, endlich laut werden.
Er sagte keinen Ton, sie schüttelte ihn an den Schultern, die Aktentasche fiel herunter.
„Das ist einfach nur widerlich. Hau endlich ab!"[14]

Das Buch beschreibt sicherlich eine extreme Geschichte, die einen erschreckt und manchmal auch ratlos zurücklässt. Aber die Auseinandersetzung damit lohnt sich, da deutlich aufgezeigt wird, wie die moralischen Kategorien eigener Glaubensüberzeugungen zu geistlichem Druck bzw. geistlichem Missbrauch führen können. Religiöse Erziehung hat immer eine direkte Auswirkung auf das Gottesbild der Kinder, dies wird in diesem Buch klar. Bei den später vorgestellten Biografien wird außerdem erkennbar, dass die von Schreiber geschilderten Extreme kein Ausnahmefall sind. Der Komplex „Moral und Missbrauch" wird in diesem Buch immer wieder eine Rolle spielen, wenn auch nicht unbedingt in so radikaler Form.

„Treten Sie ein! Treten Sie aus!" – eine Ausstellung

Mehrere Reihen von Piktogramm-Menschen füllen die Seite, einige stehen direkt nebeneinander, andere sind auf Abstand. Die Symbole auf ihren verschiedenfarbigen Oberkörpern bezeichnen ihre Religionszugehörigkeit. Eine Menorah steht für das Judentum, ein Kreuz, das in mehreren Farbvarianten auftaucht, für die christlichen Konfessionen, Halbmond und Stern für den Islam, um nur die häufigsten zu nennen. Doch das Bild ist nicht nur symbolisch; bei manchen Männchen drücken Sprech- und Gedankenblasen aus, dass sie für ihre Religion werben oder über eine andere nachdenken. Ein christlich-jüdisches Paar gibt sich die Hände, eine andere Person streckt ihre Hand zum Nachbarn aus, doch dieser reagiert nicht.

Der gerade beschriebene Buchumschlag gehört zum Katalog einer Ausstellung, die von Oktober 2012 bis Februar 2014 in den Jüdischen Museen Hohenems, Frankfurt am Main und München zu sehen war. Sie beschäftigte sich in einer Übersichtsperspektive mit verschiedenen Aspekten von Religionswechseln, bei denen Konversion wie auch Dekonversion, also Bekehrung und Entkehrung, als Prozesse eine zentrale Rolle spielen. Unter dem Titel „Treten Sie ein! Treten Sie aus! – Warum Menschen ihre Religion wechseln" wurden zahlreiche Lebensläufe einzelner Konvertiten vorgestellt. Die Ausstellung war dabei sehr breit angelegt. In drei Räumen – den Stationen Davor, Dabei und Danach – konnte man sich jeweils anhand von persönlichen Gegenständen und kurzen Informationen zu den dargestellten Personen über ihren Religionswechsel und manchmal auch Glaubensverlust informieren. Klar wurde dabei, dass ein Religionswechsel, also eine Konversion, fast immer auch mit einer Dekonversion in Verbindung steht. Der Wechsel findet aus einer Religion heraus hinein in eine andere statt. Um die neue Religion wirklich zu einem Teil des eigenen Lebens machen zu können, muss die alte in der Regel aufgegeben werden.

Die Beispiele umfassten Männer wie Frauen aus verschiedenen Zeitepochen, vom Mittelalter bis zur Gegenwart. Auch das weite Feld der jeweils dahinterstehenden Motive und Umstände wurde deutlich: Konversion kann freiwillig oder unter Druck, im schlimmsten Fall sogar unter Gewalt geschehen. Auch ist zu unterscheiden, ob der Religionswechsel aufgrund innerer Überzeugung oder als bloßes äußeres Bekenntnis erfolgt. So ist der Dichter Heinrich Heine nur eine von mehreren vorgestellten jüdischen Personen, die sich ohne tiefe innere Überzeugung taufen ließen, sei es, um das Stigma des Judentums in der damaligen Zeit abzulegen, sei es, um eine Position in der öffentlichen Verwaltung zu erhalten oder um gesellschaftlich aufzusteigen.

Der Religion wiederum, von der man sich abwendet, kann man zuvor ernsthaft gefolgt sein, sie kann aber auch einfach zum kulturellen Hintergrund gehört haben. Und schließlich haben der Wechsel bzw. das Verlassen der Religion in vielen Fällen auch Konsequenzen im alltäglichen und gesellschaftlichen Leben. Es können zum Beispiel neue Speise- und Kleidungsregeln gelten, andere Feiertage eingehalten werden, der soziale Status und die Wertschätzung des Umfelds kann steigen oder fallen, bestimmte Berufe sind auf einmal verboten oder endlich erlaubt. Häufig sind auch besondere Rituale wie zum Beispiel Taufe, Segnung oder Beschneidung mit der Konversion verbunden. So wird ein Zivildienstleistender filmisch porträtiert, der sich beschneiden lässt, um sich beim Übertritt zum Judentum „komplett" zu fühlen. Auch gibt es Fälle, in denen jemand seinen Glauben wechselt, dies jedoch vor der Öffentlichkeit oder zumindest bestimmten Personen verborgen hält, wie das Beispiel einer deutschen Muslima zeigt, die bis jetzt weder aus der evangelischen Kirche austrat noch ein Kopftuch trägt, da sie die Konversion vor ihren Eltern geheim halten möchte.

Die sehr gut recherchierte und gestaltete Ausstellung machte im Zusammenhang mit diesem Buch vor allem Folgendes deutlich:

Das Feld der Dekonversion ist wesentlich weiter, als wir es untersuchen konnten und hier behandeln werden. Bewusst beschränken wir uns auf eine Religionsgemeinschaft, das Christentum. Auch interessieren wir uns besonders für den deutschsprachigen Raum der Gegenwart. Der Wechsel von einer christlichen Konfession zu einer anderen spielt in unserem Zusammenhang kaum eine Rolle. Vielmehr soll die Abwendung von einem zuvor bewusst gelebten christlichen Glauben in jeglicher Ausprägung im Mittelpunkt stehen. Die Dimensionen Davor, Dabei und Danach sind allerdings auch hier zentral, denn bei einem bewussten Wechsel der Religion sind diese drei Schritte die Etappen, an denen sich die Dekonversion festmachen lässt. Einen besonderen Schwerpunkt legen wir allerdings auf die Innensicht der Dekonvertiten – ihre eigenen Erzählungen und Wahrnehmungen des Prozesses und ihre Erklärungen, warum sie den christlichen Glauben fanden und wieder verloren.

Die Herausforderung, (Un)Glauben messbar zu machen

Wenn man in einem theologischen Wörterbuch das Wort „Dekonversion" (oder auch „Entkehrung") sucht, wird man kaum fündig, so als ob es dieses Phänomen gar nicht gäbe. Man muss schon intensiv suchen, um etwas darüber zu finden. Dabei hat die sogenannte „Konversionsforschung" – die die letztlich entgegengesetzte Frage behandelt, wie ein Mensch zum Glauben kommt – in der Theologie und Religionswissenschaft eine lange Geschichte.[15] Wie kommt ein Mensch zum Glauben an Gott? Was passiert da überhaupt? Was ist Wirken Gottes? Was tut der Mensch dabei? Diese und andere Fragen sind nicht so einfach zu beantworten und gleichzeitig doch auch sehr wichtig, wenn man Dekonversionsprozesse verstehen will. Daher werden in diesem Abschnitt einige wichtige Erkenntnisse aus der Konversionsforschung betrachtet. Theologinnen diskutieren zum Beispiel mit Psychologen, um die Frage zu beantworten, an welchen Merkmalen man eine Bekehrung erkennen kann. Was ändert sich genau, wenn ein Mensch „zum Glauben kommt"? Was passiert bei einem Religionswechsel? Und sind Bekehrungen vor hundert Jahren anders abgelaufen als heute?

Wenn wir von Be- oder Entkehrung reden, dann geht es um mehr als einen nebensächlichen Prozess, sondern um einen (radikalen) Wandel des Selbst- und Weltverständnisses, der verschiedene Phänomene mit sich bringt wie: Bruch mit der Vergangenheit, intensive Gefühle, aktives Zutun etc. Der Wuppertaler Missionswissenschaftler Wrogemann beschreibt drei unterschiedliche Formen der Konversion[16]:

1. Neuorientierung durch Intensivierung einer vorher unterschwellig vorhandenen Traditionsbindung: Jemand wurde also zum Beispiel lose christlich geprägt, entscheidet sich aber irgendwann eindeutig für den Glauben und lebt diesen.
2. „Aktive Sinn- und Erfahrungssuche“: Hier geht es um diejenigen, die sich aktiv auf die Suche nach dem Glauben machen.
3. Umkehr und Bekehrung als ausdrückliche Abwendung vom alten Lebensweg und dessen Werten und Normen: Dies wird oft als ein Moment der intensiven Neuorientierung erlebt.

Eine entscheidende Frage bleibt dabei: Was von diesen Veränderungen kann überhaupt gemessen werden? Die Greifswalder Forscher Zimmermann und Schröder unterscheiden in ihren Untersuchungen drei Ebenen[17]:

1. das verborgene Handeln Gottes, das sich der wissenschaftlichen Forschung entzieht;
2. die menschliche Wahrnehmung, die sich in bestimmten Glaubenspraktiken widerspiegelt;
3. die sozialwissenschaftliche Operationalisierung; damit wird auf die Frage verwiesen, wie Glaube/Religiosität messbar gemacht werden kann.

Diese Unterscheidung finden wir sehr hilfreich, auch beim Thema Entkehrung. Wir können nicht wissenschaftlich abbilden, wie oder wann Gott an Menschen handelt. Es entzieht sich dem menschlichen Blick und damit auch der Forschung. Letztlich können wir nur die Wahrnehmung der Menschen sowie ihre eigenen Deutungen und Erfahrungen untersuchen. Genau das machen wir auch in diesem

Buch: Wir können und wollen keine Aussage darüber treffen, ob und ab wann Menschen Christen sind oder auch nicht mehr. Wir können und wollen aber die eigene Wahrnehmung der Menschen untersuchen, die von sich sagen, den Glauben verloren zu haben.

Eine Hilfe ist dabei auch die Unterscheidung des Religionspsychologen Huber, der unterschiedliche Ebenen des Religiösen beschreibt, die erforscht werden können[18]:

1. der Intellekt: die rationale und bewusste Auseinandersetzung (zum Beispiel mit der Frage nach Wahrheit oder der Bedeutung von bestimmten Begrifflichkeiten)
2. Theologie: die Begründung des eigenen Glaubens und wie er nach außen kommuniziert wird
3. öffentliche Praxis: der öffentliche Umgang mit dem eigenen Glauben, zum Beispiel im Verhältnis zu anderen Religionen oder die Bedeutung des Glaubens im Arbeitsleben
4. private Praxis: die private Dimension des Glaubens – was dieser für mich, in meiner Familie oder im engen Kreis meiner Freunde bedeutet
5. Glaubenserfahrung: positive und negative Erfahrungen in der Vergangenheit und deren Einfluss auf die bisher genannten Ebenen und deren Reflexion
6. Konsequenzen: Welche Auswirkungen hat mein Glaube auf meinen Alltag, auf meine Lebensweise und mein Handeln?

Wir werden feststellen, dass alle sechs Punkte nicht nur bei einer Bekehrung eine Rolle spielen, sondern auch bei einer Entkehrung. Im zweiten Kapitel, wenn es um die Dekonversionsgründe und die unterschiedlichen Lebensgeschichten geht, tauchen viele dieser Ebenen wieder auf, wenn auch nicht alle in gleichem Maße.

Es soll an dieser Stelle bewusst auf eine theologische Grundsatzdiskussion verzichtet werden, in der es beispielsweise darum geht, was die jeweiligen „Anteile" Gottes und/oder des Menschen bei einer Bekehrung oder Entkehrung sind. Dazu gibt es bereits zahlreiche Positionen, die an verschiedener Stelle nachzulesen sind.[19] Auch beschäftigen wir uns nicht mit der teilweise ebenfalls immer wieder diskutierten Frage, ob jemand „sein Heil" überhaupt wieder verlieren könne. Hier geht es in erster Linie darum, warum jemand nicht mehr glauben kann oder will.

Eine schwierige Generation? Junge Erwachsene, ihr Glaube und die Gemeinde

Das Thema Dekonversion ist, wie schon in der Einleitung beschrieben, ein weites und komplexes Feld, und um es überhaupt annähernd zu verstehen, mussten wir an verschiedenen Stellen Eingrenzungen vornehmen, wie zum Beispiel beim Alter unserer Gesprächspartner. Bei den biografischen Interviews haben wir uns bewusst für die Zielgruppe der 18- bis 35-Jährigen entschieden, da in dieser Lebensphase viele Veränderungsprozesse besonders starke Auswirkungen haben und wichtige Lebensentscheidungen getroffen werden wie Berufswahl oder Familiengründung. Im Folgenden stellen wir diese Altersgruppe in einem kurzen Porträt vor; der Schwerpunkt liegt dabei auf Glaube und Gemeinde.

Loslassen? Klar, aber was dann? Die Postadoleszenzphase

Die große Umbruchphase während der Pubertät, im Alter von ca. 13 bis 18 Jahren, wird in der Entwicklungspsychologie auch als Adoleszenzphase bezeichnet, was so viel heißt wie „Zeit des Heranwachsens" oder „Zeit der Reifung". Das Kind wird erwachsen und die eigene Identität bildet sich stärker heraus. Die Veränderungen sind umfassend und betreffen neben dem physiologisch-biologischen auch den psychischen und sozialen Bereich. Ein wichtiges Merkmal dieses Lebensabschnitts ist die Loslösung vom eigenen Elternhaus.

Die erste Phase des Erwachsenenseins wird dann als Postadoleszenz bezeichnet und beschreibt den Lebensabschnitt zwischen 18 und 29 Jahren, manchmal auch bis 35 Jahre. In diese Zeit fällt meist die erste Berufstätigkeit, die Gründung des ersten eigenen Haushalts, die finanzielle Unabhängigkeit sowie eine feste Partnerschaft und Familiengründung. Wir haben uns auch deshalb für die Altersgrenze bei 35 entschieden, da gerade die Phase der Familiengründung bei vielen jungen Menschen in den letzten Jahren immer später vollzogen wurde.

Ein weiterer interessanter Aspekt war für uns, dass in der Phase der

Postadoleszenz viele Prägungen der eigenen Kindheit und Jugend kritisch hinterfragt und Lebensentscheidungen getroffen werden, die oftmals weitreichende Konsequenzen für das eigene Erwachsenenalter haben. Dies geschieht nicht, wie oftmals in der Pubertät, in Abgrenzung oder gar Rebellion zum Elternhaus, sondern es wird bewusst überlegt, welche Elemente zum eigenen Lebensentwurf passen und welche nicht. Grundlegende Werte, religiöse Überzeugungen und politische Positionen legen sich in dieser Phase fest. So ist es nicht verwunderlich, dass nach einer Umfrage 96 Prozent der christlich sozialisierten Erwachsenen, die sich entkehren, dies bis zum Alter von 35 Jahren getan haben.[20]

Somit stellt die Postadoleszenzphase eine Art verlängerte Jugend dar, die auf der einen Seite eine größere Reife und Erfahrung mit sich bringt, auf der anderen Seite auch neue Herausforderungen. Viele junge Erwachsene haben das Gefühl, in unübersichtlichen Zeiten aufzuwachsen: Einerseits haben sie in vielen Lebensbereichen so viele Möglichkeiten wie wohl keine Generation vor ihnen, andererseits bewirkt gerade das eine große Unsicherheit, denn die Vielzahl der Optionen und Lebensentwürfe führt auch zu einer Orientierungslosigkeit oder zumindest einer Unklarheit, welcher Lebensentwurf der richtige ist; mitunter ist das der Grund für lange Studienzeiten und/oder viele Praktika. Auch weitreichende gesellschaftliche Veränderungen wie zum Beispiel die Finanzkrise, Beschleunigungstendenzen oder der Wandel im Verständnis von Mann- und Frausein stellen für viele junge Erwachsene eine große Herausforderung dar. Entscheidungsschwierigkeiten und ein Gefühl der Lähmung sind die Folge. So wurde vor einigen Jahren der Begriff der „Quarterlifecrisis" eingeführt. Er beschreibt die Sinnkrise der „Mittzwanziger", die an den vielfältigen Wahlmöglichkeiten in ihrem Leben leiden. Es sollte also nicht wundern, wenn gerade in dieser Zeit auch der eigene Glauben und die Art, wie er gelebt wird, hinterfragt und gegebenenfalls modifiziert wird.

Lebensführung in unsicheren Zeiten

Junge Erwachsene zu Beginn des 21. Jahrhunderts sind also konfrontiert und geprägt von gesellschaftlichen Veränderungsprozessen und in der Folge auch von einer Vielzahl an (Un-)Möglichkeiten, die das individuelle Leben maßgeblich bestimmen. Die Welt hat sich mit allen damit einhergehenden Konsequenzen zu einer Art „globalem Dorf" entwickelt: Unbegrenzte Austauschprozesse und politische sowie wirtschaftliche Abhängigkeiten zeigen, dass seine Bewohner viel enger zusammenleben, als ihnen auf den ersten Blick bewusst ist. Doch die Globalisierung hat in die Lebenswelten der jungen Erwachsenen auch mit dem Preis Einzug gehalten, dass es eine „Normalbiografie", wie sie früher für weite Teile der Bevölkerung existierte und an der man sich orientieren und Halt finden konnte, so nicht mehr gibt. Die Jugendphase hat sich verlängert, und gleichzeitig lässt sich ihr Ende nur noch schwer fassen. Für die einen ist der Abschluss dieser Etappe mit ihrer finanziellen Unabhängigkeit erreicht, andere halten dieses Lebenskapitel mit dem Gründen einer eigenen Familie für abgeschlossen.

Ein weiteres Merkmal unserer Zeit ist die Erhöhung des Lebenstempos, wiederum bewirkt durch die unendlichen Optionen, die sich überall bieten. Nehmen wir nur das Smartphone als Beispiel. Gegenwärtig sind ca. 800 verschiedene Modelle lieferbar. Um in dieser unüberschaubaren Masse ein geeignetes Modell zu finden, helfen uns unzählige Smartphone-Vergleichsseiten im Internet. Solche Vergleichsseiten unterstützen uns auch dabei, aus gegenwärtig mindestens 250 verschiedenen Handytarifen auszuwählen. Leider gibt es noch keine Seiten, die die Vergleichsseiten vergleichen. Haben wir dann ein Smartphone und einen Tarif ausgewählt, geht es jedoch erst los: Jetzt muss man sich dafür entscheiden, welche Apps man installiert. Bei den beliebtesten Betriebssystemen gibt es gegenwärtig ca. 800 000 Apps. Eine der Apps ist Flickr, eine soziale Plattform, auf der man Bilder hochladen, teilen oder auch einfach anschauen kann. Dort werden pro Minute ca. 5000 Bilder hochgeladen, insgesamt befinden sich dort mittlerweile über 8 Milliarden Fotos. Wenn man sich jedes Bild auf Flickr für nur eine Sekunde anschauen würde, müsste man 253 Jahre leben, die in den 253 Jahren hinzugekommenen 660 Milliarden Bilder noch nicht mitgerechnet.

Es lässt sich leicht nachvollziehen, dass die steigende Anzahl der Optionen zur Verknappung von Lebenszeit und zur Erhöhung des Lebenstempos führen kann und dass es nicht allen jungen Menschen in gleichem Maße gelingt, beziehungsweise gelingen kann, mit solchen Herausforderungen gut umzugehen. In vielen Lebenssituationen werden junge Erwachsene zu Eigenverantwortung herausgefordert, und nicht selten müssen sie auf sich gestellt Entscheidungen treffen, deren Folgen kaum absehbar sind, deren Konsequenzen sie persönlich aber tragen müssen. Dies führt unter anderem dazu, dass junge Menschen ihre Lebensstile, ihre sozialen Bindungen und nicht zuletzt ihre Identität aus verschiedenen Teilstücken zusammenpuzzeln.

All diese Spannungsfelder erschienen uns für unsere Fragestellung interessant: Wie wirken sich die Veränderungsprozesse zum Beispiel auf den eigenen Glauben aus? Besonders die Erfahrung der Individualisierung des Lebens sowie die zunehmende Vielfalt an Handlungsmöglichkeiten führen dazu, dass junge Menschen auf der einen Seite Freiheit erleben und auf der anderen Seite immer wieder an ihre eigenen Grenzen stoßen oder sich als grenzenlos und identitätsverunsichert erleben. Deshalb richten sie ihren Fokus auf das, was sie persönlich weiterbringt und ihnen bei der individuellen Lebensgestaltung nützlich erscheint. Ein großer Teil der jungen Erwachsenen betrachtet die eigenen Lebenschancen sehr realistisch. Demnach bewerten sie die ihnen zur Verfügung stehenden Ressourcen kritisch und definieren, an welchen Stellen sich durch praktische Schritte im Hier und Jetzt tatsächlich etwas verändern und in Bewegung bringen lässt und wo dies überhaupt sinnvoll erscheint. Dieser Realismus zeichnet die Generation der 18- bis 35-Jährigen aus. Sie können ihre eigene Lage oftmals gut einschätzen, obwohl sie noch nicht genau wissen können, wie ihre Zukunft aussehen wird. Und dieser Realismus schlägt sich auch in Glaubensfragen nieder.

Was junge Erwachsene glauben

Der größte Wunsch von jungen Erwachsenen in einem christlichen Umfeld ist der nach gelingenden Beziehungen.[21] Dabei spielt es eine untergeordnete Rolle, ob es um die Beziehung zu Gott oder um die Beziehungen unter Christen geht. In unsicheren Zeiten steht der Wunsch nach einer geistlichen Heimat über allen anderen geistlichen Bedürfnissen. In einer Umfrage[22] bei der Zielgruppe wurde gefragt, wann sich junge Erwachsene in einer Gemeinde „zu Hause" fühlen. Zwei Bedingungen wurden dabei vor allem genannt: Zunächst muss für sie der „geistliche Input“ stimmen. Dazu gehören die als richtig empfundene theologische Ausrichtung sowie Impulse dafür, das eigene Christsein authentisch zu leben. Noch wichtiger für die jungen Erwachsenen ist es jedoch, sich ernst genommen zu fühlen und die Gemeinde als einen Ort zu erleben, an dem sie Hilfe und Unterstützung erfahren, wenn es ihnen nicht gut geht.

Die Frage nach der geistlichen Heimat ist auch eng verknüpft mit den Erwartungen, die junge Erwachsene an ihr eigenes Glaubensleben haben. Wichtig sind für sie soziales Engagement, das praktische Umsetzen der theoretischen Glaubensinhalte, authentisches Leben, ein ökologisch nachhaltiger Lebensstil und Überlegungen, wie sie andere durch ihr Leben zum Glauben einladen können. Die gesellschaftlichen Umbrüche der Gegenwart spiegeln sich somit auch in den Wünschen für das eigene Glaubensleben wider.

Soziales Engagement und ökologisch nachhaltiges Leben sind in dieser Generation also Konkretionen eines authentischen Glaubens und ihnen wird die gleiche Wichtigkeit wie einer missionarischen Ausrichtung zugestanden. Insgesamt wünschen sich junge Erwachsene vor allem Themen, die ihr Christsein nach außen stärken. Dies zeigt, dass sich ihr Glaubensverständnis von dem älterer Christen deutlich unterscheidet. Es geht nicht so sehr um richtige Glaubensaussagen, sondern vielmehr um gelebte Beziehungen. Hierin besteht sicherlich eine Herausforderung im Miteinander der Generationen.

Wie junge Erwachsene Gemeinde erleben

So sehr junge Erwachsene sich Gemeinde als einen Ort der Heimat wünschen, so sehr haben sie doch insgesamt ein ambivalentes Verhältnis zu ihrer Kirche oder Gemeinde. Auf der einen Seite betrachten viele die Zugehörigkeit zu einer bestimmten christlichen Gruppe als wichtig und selbstverständlich und schätzen auch die Gottesdienste mit Predigt und Musik, auf der anderen Seite aber vermissen sie oftmals die als so wichtig empfundenen Beziehungen. Wurden diese in der Jugendzeit in der Regel durch Teenagerkreise abgedeckt, gibt es für den Lebensabschnitt danach in den meisten Gemeinden keine speziellen Gruppen, auch weil viele junge Erwachsene in Universitätsstädte umziehen (besonders strukturschwache Orte leiden darunter).

Junge Erwachsene wünschen sich Mentoring und „Zweierschaften", doch auch hierfür gibt es in Gemeinden nur wenige Angebote. Insbesondere in einer Zeit, in der sie sich neu orientieren, zum Beispiel eine neue Arbeitsstelle anfangen, sich in einer neuen Stadt eingewöhnen oder eine Familie gründen, suchen sie in einer Gemeinde Halt und Orientierung. Dabei kommt es nicht so sehr auf die konfessionelle Ausrichtung an, sondern auf das Gefühl, angenommen und am richtigen Platz zu sein.

Warum hören viele junge Erwachsene in dieser Phase auf, in eine Gemeinde zu gehen? Der häufigste Grund ist ein Wohnortwechsel (77 Prozent). Erst danach folgt der subjektiv empfundene Mangel an einer „guten" Gemeinde im Umfeld (ca. 38 Prozent). Ca. ein Drittel der Befragten hat momentan keine Lust, in eine Gemeinde zu gehen. Nur etwa die Hälfte all derer, die momentan keine Gemeinde haben (52 Prozent), ist auf der Suche nach einer neuen geistlichen Heimat. Diese Zahlen zeigen, dass gerade in dieser Lebensphase die genannten Faktoren bei Dekonversionen eine wichtige Rolle spielen könnten.

Zusammenfassend lässt sich feststellen, dass gerade die Postadoleszenzphase für die Glaubensentwicklung eine wichtige, ja zentrale Rolle spielt.

Erste Entdeckungen

Wir leben in einer Welt, auf der es kaum noch einen Flecken gibt, der wissenschaftlich nicht untersucht wurde. Es gibt Physiker, die analysieren, warum schwangere Frauen nicht umkippen, Psychologinnen, die die menschliche Gedächtnisleistung unter Wasser erforschen, und Sozialwissenschaftler, die dem Zusammenhang von Country-Musik und der Selbstmordrate nachgehen. Doch seltsamerweise ist das Nicht-mehr-Glauben fast noch nie genauer untersucht worden, auch wenn der Glaube an sich mittlerweile ein beliebter Gegenstand wissenschaftlicher Forschung geworden ist. Wenn man in entsprechenden Datenbanken zu den Stichwörtern Dekonversion, Entkehrung etc. Literatur sucht, findet man überraschend wenig. In unserer von der Wissenschaft vermessenen Welt ist das Phänomen der Dekonversion also wie ein unerforschter, fremder Kontinent. Dennoch sind wir, wie erwähnt, keinesfalls die ersten und einzigen, die sich mit der Materie beschäftigen. So gibt es einige Pioniere, die kleinere oder größere Entdeckungsreisen unternommen haben. In manchen Studien kommt das Phänomen Dekonversion zumindest am Rande vor. Andere haben erste, eher unsystematische Expeditionen unternommen, außerdem wurde der Kontinent bereits einmal systematisch erkundet. In diesem Unterkapitel wollen wir die wichtigsten Erkenntnisse, die dabei gewonnen wurden, vorstellen.

Die Vogelperspektive: einige Zahlen und Fakten

Wer schon einmal Ballon geflogen ist oder beim Flugzeugstart das Glück hatte, gutes Wetter zu haben, der kennt dieses Gefühl: Die gewohnte Umgebung schrumpft immer weiter und sieht irgendwann aus wie eine surreale Spielzeugwelt. Plötzlich nehmen wir die Landschaft aus der Vogelperspektive wahr. Zwar geht der Blick für die Details verloren, dafür erkennt man jedoch Strukturen und Muster, die man anders nie entdeckt hätte. Die Ergebnisse einiger groß angelegter Studien, die wir in diesem Unterkapitel vorstellen, zeigen, was man bei solchen Flügen über den Kontinent Dekonversion aus der Vogelperspektive erkennen konnte. Alle Studien haben gemeinsam, dass sie repräsentative Daten für eine Gesamtbevölkerung erhoben. Allerdings hatte keine von ihnen Dekonversion direkt zum Thema. Trotzdem kann man einiges lernen.

Das „Pew Forum on Religion & Public Life" veröffentlichte 2009 eine groß angelegte Studie, die die religiöse Landschaft der USA umfassend und genau vermaß.[23] Überraschend ist, dass 44 Prozent aller Befragten nicht mehr der religiösen Gruppierung ihrer Kindheit angehören. Diese Gruppe teilt sich noch einmal in zwei Lager: Der eine Teil besteht aus denjenigen, die „nur" die Denomination gewechselt haben, also beispielsweise in der katholischen Kirche aufwuchsen, aber später in eine Pfingstgemeinde gingen oder von den Baptisten zu den Methodisten wechselten. Dies trifft für 15 Prozent der Gesamtbevölkerung zu. Der Rest, also 29 Prozent, hat die Religionszugehörigkeit jedoch komplett gewechselt. Es sind Menschen, die zum Beispiel christlich aufgewachsen sind, nun aber als Muslime leben, oder die ursprünglich jüdisch waren, zum Zeitpunkt der Befragung aber nicht mehr religiös sind. Noch einmal die Hälfte derjenigen, deren religiöse Zugehörigkeit sich seit der Kindheit verändert hat, hat sie im Laufe ihres Lebens mehr als einmal gewechselt.

In den meisten Fällen hat der Wechsel der Religionszugehörigkeit stattgefunden, bevor die Betreffenden 24 Jahre alt waren. Besonders stark trifft das auf diejenigen zu, die nun keiner Religion oder keinem Glauben mehr angehören. Von diesen haben unter den ehemals katholischen 79 Prozent und unter den ehemals protestantischen 85 Prozent ihren Kindheitsglauben vor dem 24. Lebensjahr verlassen. Im Alter von 35 Jahren hatten dann 97 Prozent der ehemalig katholischen und 96 Prozent der ehemalig protestantischen ihren Glauben verlassen. Die Gründe dafür waren vor allem, dass die spirituellen Bedürfnisse nicht erfüllt wurden, die Betreffenden aufhörten, an die dort verbreitete Lehre zu glauben, oder nach und nach wegdrifteten. Intellektueller Zweifel und moralische Kritik waren wichtigere Gründe als der Verlust an religiöser Erfahrung.

Insgesamt zeigt die PEW-Studie, dass das Thema Dekonversion einen großen Teil der Bevölkerung betrifft. Jedoch wurden hier nur amerikanische Verhältnisse untersucht. Es stellt sich die Frage, ob sich die Lage in Deutschland ähnlich darstellt. Leider gibt es hier jedoch nicht so gute und aktuelle Daten wie in den USA. Allerdings konnten wir auch für Deutschland einige wichtige Ergebnisse finden.

GESIS, ALLBUS und ISSP: Was sich in den Ohren von soziologischen Laien wahrscheinlich anhört wie Raumfahrtprogramme, sind in der Sozialwissenschaft Abkürzungen für bekannte Institutionen und Erhebungen. So steht GESIS für das Leibniz-Institut für Sozialwissenschaften, die größte deutsche sozialwissenschaftliche Forschungsinstitution. Die GESIS führt auch den ALLBUS durch, eine der größten und bekanntesten deutschen Bevölkerungsstudien.[24] Seit 1980 werden alle zwei Jahre repräsentative Daten zu Einstellungen, Verhaltensweisen und zur Sozialstruktur der Bevölkerung in Deutschland erhoben. Die thematische Schwerpunktsetzung variiert dabei – alle zehn Jahre stehen Religion und Weltanschauung im Fokus. So kann man feststellen, dass der Anteil der religiösen Aussteiger von 1982 bis 2002 von 6,6 Prozent auf 10,6 Prozent der Bevölkerung angewachsen ist.[25]

Die ISSP schließlich ist eine international vergleichende Bevölkerungsstudie, an der mittlerweile 48 Länder aus allen fünf Kontinenten teilnehmen. Von der ISSP-Befragung aus dem Jahr 1998 weiß man, dass ca. 25 Prozent der Bevölkerung in den alten und ca. 17 Prozent in den neuen Bundesländern angaben, nicht *mehr* an einen Gott zu glauben. Und aus der Erhebung von 2008 wird deutlich, dass religiöse Migration, also der Wechsel der Religionszugehörigkeit, in Deutschland deutlich weniger häufig vorkommt als in den USA. Auch gibt es große Unterschiede zwischen den US-amerikanischen und deutschen Religionsaussteigern. Während sich knapp 47 Prozent derer, die in den USA eine organisierte Religion verlassen haben, immer noch als „spirituell" bezeichnen, gilt dies in Deutschland nur für knapp 17 Prozent.

Zusammenfassend lässt sich feststellen, dass es sowohl für die USA als auch für Deutschland deutliche Hinweise darauf gibt, dass Dekonversion kein randständiges Phänomen ist, sondern größere und offenbar sogar wachsende Anteile der Bevölkerung betrifft. Gleichzeitig sollte man vorsichtig sein, Ergebnisse aus den USA vorschnell auf deutsche Verhältnisse zu übertragen. Und doch werden wir im nächsten Abschnitt kurz zwei christliche Bücher aus den USA betrachten, die sich explizit mit dem Verlust des christlichen Glaubens beschäftigen.

Streifzüge: Ein-Mann-Expeditionen

Die „Barna Group" ist das weltweit wohl größte „christliche" Marktforschungsinstitut. Im Auftrag von Kirchen, Gemeinden und christlichen Institutionen erforscht es seit 1984 die Rolle des christlichen Glaubens in den USA und hat dazu mittlerweile an die 400 Studien veröffentlicht. Mit ihren Forschungsergebnissen stößt die „Barna Group" immer wieder wichtige Debatten in der christlichen Szene an.

Ein Thema, das in einer gewissen Regelmäßigkeit debattiert wird, ist das der „Church Leavers". Damit sind vor allem diejenigen gemeint, die in ihrer Jugendzeit aktive Mitglieder einer christlichen Gemeinde waren, mit dem Prozess des Erwachsenwerdens aber die Kirche verlassen und dabei meist auch den Glauben ablegen. So gibt es unerwartet hohe Zahlen, die je nach Aktualität der Studie und dem genauen Zuschnitt[26] zwischen 60 Prozent und 80 Prozent schwanken. Man kann sich diese Zahl vergegenwärtigen, wenn man sich ein Bild der aktuellen Jugendgruppe einer beliebigen Gemeinde anschaut und sich vorstellt, dass, vorsichtig gerechnet, zwei von drei Personen später keine Christen mehr sein werden oder zumindest nicht mehr in eine Gemeinde gehen. Und so gibt es in den USA einige Leute, die sich alarmiert durch diese Zahlen auf den Weg machen, diesem Phänomen weiter auf den Grund zu gehen. Vorrangiges Ziel ist dabei meist, dass Gemeinden verstehen, wie sie dem Phänomen der „Church Leavers" entgegenwirken können.

Tom Bisset ist eigentlich Chef eines christlichen Radiosenders in Baltimore. Sein bereits 1992 erschienenes Buch zum Thema, warum christlich aufgewachsene Kinder den Glauben aufgeben[27], beruht auf einer ganzen Reihe von Interviews und wissenschaftlichen Studien, kann insgesamt jedoch nicht als wissenschaftlich betrachtet werden.[28] Bisset macht vier Hauptursachen aus, warum christlich sozialisierte Jugendliche sich vom Glauben abwenden:

1. Unbeantwortete, beunruhigende Fragen: Diese können sich entweder stärker auf den theologischen oder den persönlichen Bereich beziehen und lassen die Einzelnen nicht mehr los.
2. Der Glaube funktioniert nicht: Die Betroffenen erfahren nichts von den Auswirkungen des Glauben, die ihnen in Aussicht gestellt wurden. Sie können sowohl von der Kirche an sich als auch von Christen enttäuscht sein und sich daher auch von Gott abwenden.
3. Andere Lebensbereiche werden wichtiger als der Glaube: Hier geht es meist um ein langsames Wegdriften von Gemeinde und Glauben. Der Fokus der Personen verschiebt sich immer weiter hin zu anderen Lebensbereichen.
4. Der Glaube wurde niemals wirklich für sich in Anspruch genommen: Diese Gruppe umfasst Personen, denen klar wurde, dass sie sich im Grunde den Erwartungen anderer anpassten, jedoch niemals bewusst eigene Entscheidungen für den Glauben trafen.

Insgesamt kommt Bisset zu der Erkenntnis, dass die Abkehr vom Glauben in der Regel keine punktuelle Entscheidung ist, sondern einen längeren Prozess darstellt. Überraschend für ihn war die Bandbreite an lebensgeschichtlichen Erfahrungen, auf die er stieß. Die

Abwendung vom Glauben konnte sowohl mit viel Bitterkeit als auch in einer ruhigen und abgeklärten Haltung stattfinden.

Aktueller als Bissets Buch ist das des ehemaligen Jugendpastors Drew Dyck, der heute als Redakteur des *Leadership Journals*, einem in den USA bekannten Magazin für christliche Leiter, arbeitet. In seinem 2010 erschienenen *Generation Ex-Christian*[29] versucht er – ganz ähnlich wie Bisset – herauszufinden, warum so viele junge Christen den Glauben aufgeben, und hat dazu viele Gespräche geführt sowie wissenschaftliche Studien mit einbezogen. Auch er möchte aufzeigen, wie Gemeinden damit umgehen können.

Dyck geht es außerdem darum, gängige Klischees von Dekonversion zu widerlegen. So würden viele Christen denken, ein Hauptgrund für den Glaubensverlust sei, dass die Betreffenden moralische Kompromisse eingehen. Die typische Dekonversionsgeschichte stellen sie sich wie folgt vor: Jugendliche, die aktive Christen waren, ziehen von zu Hause aus, gehen zur Uni und fangen ein Partyleben an. Im nächsten Schritt haben sie einen Partner, der kein Christ ist und mit dem sie dann zusammenziehen. Müde, ständig ein schlechtes Gewissen haben zu müssen, geben sie irgendwann den Glauben auf. Vielleicht geben sie im Nachhinein intellektuelle Zweifel oder Enttäuschungen mit der Gemeinde als Gründe an, aber das sind vermeintlich alles Ausreden… Dyck will zeigen, dass die Realität sehr viel komplexer ist. Keine Dekonversion gleicht der anderen und doch gibt es Muster. Dabei unterscheidet Dyck sechs Typen[30]:

1. Die Postmodernen: Das postmoderne Weltbild zeigt sich in Aussagen wie: „Mach, was zu dir passt." „Das ist vielleicht wahr für dich, aber nicht für mich." Worauf es ankommt, sind die subjektiven Erfahrungen und nicht Rationalität oder Vernunft. So entsteht ein radikal neues Verständnis von Wahrheit, Vernunft und Wirklichkeit. Dies zeigt sich am Beispiel des Umgangs mit Homosexualität: Die entscheidende Dimension dabei ist nicht mehr die von Richtig und Falsch, sondern von Herrschaft und Unterdrückung. Postmoderne Dekonvertiten geben den Glauben auf, weil er nicht mehr in ihr postmodernes Weltbild bzw. nicht mehr zu ihnen persönlich passt.
2. Die Abgeschreckten: Hauptgrund für die Dekonversion dieser

Gruppe sind negative Kindheits- oder Jugenderfahrungen. Viele von ihnen geben den Glauben auf, weil ihr Glaube und das Unrecht, das ihnen im Namen dieses Glaubens angetan wurde, oder zumindest dadurch gerechtfertigt wurde, für sie nicht zu trennen sind. Nicht alle haben Missbrauch erlitten, viele wurden auch „nur" stark verletzt. Andere fühlen sich direkt von Gott enttäuscht und machen ihn verantwortlich für negative Erfahrungen (wie Unglücke oder Glaubenskrisen). „Zu entscheiden, dass Gott nicht existiert, ist eine häufige Antwort auf Enttäuschung von Gott."[31]

3. Die Modernen: Moderne verlassen den Glauben (vor allem) aus intellektuellen Gründen. Sie lieben eine klare Logik, objektive Fakten und damit die westliche Tradition rationalen Denkens. Sie leugnen das Übernatürliche und glauben, dass Wahrheit nicht durch Offenbarung erlangt werden kann, sondern nur durch wissenschaftliche Forschung.
4. Die Neuheiden: Dieser Typus setzt sich aus ehemaligen Christen zusammen, die zu einer Art neuheidnischem Glauben konvertieren. Exemplarisch wird hier die Neureligion „Wicca" genannt, deren Anhänger sich Hexen nennen und alte Naturreligionen und Mysterien wiederbeleben wollen. Aus dieser Sicht ist der christliche Glaube nicht wegen seiner übernatürlichen Annahmen problematisch, sondern weil er nicht erdzentriert ist. Statt sich an Mutter Erde zu orientieren, lehrt er, dass der Mensch die Krone der Schöpfung sei.
5. Die Rebellen: Nur bei den Rebellen treffen manche der oben genannten Vorurteile über Dekonvertiten zu. Sie möchten niemand anderen über ihr Leben bestimmen lassen und finden den christlichen Glauben zu fordernd. Einige von ihnen haben auch nicht explizit den Glauben aufgegeben, aber de facto richten sie sich nicht mehr danach. Dyck unterscheidet hier noch einmal moralische von spirituellen Rebellen. Die moralischen Rebellen geben den Glauben zugunsten eines „sündigen Verhaltens" auf. Dies passiert oft in Jugend oder junger Erwachsenenzeit. Sie lösen sich von elterlicher Autorität, erlangen neue Freiheiten und unterliegen neuen Versuchungen. In der Folge verlieren viele ihren Glauben. Die spirituellen Rebellen hinge-

gen lehnen sich nicht gegen den christlichen Lebensstil und seine moralischen Anforderungen, sondern gegen Gottes Autorität auf. Sie finden es nicht akzeptabel, sich ihr zu unterwerfen.
6. Die Wegdrifter: Der Glaube von Wegdriftern ist nur oberflächlich gegründet und wird beim ersten Sturm davongetragen. Allerdings geschieht dies in einem langsamen Prozess; der Glaube wird kaum wahrnehmbar, Schritt für Schritt, aufgegeben. Manche wissen selbst überhaupt (noch) nicht, dass sie nicht mehr glauben.

Insgesamt betont Dyck noch zwei Themen, die in allen Gruppen vorkommen. Zunächst sind das Beziehungen. Obwohl ihm von Anfang an klar war, dass bei diesem Thema Beziehungen eine zentrale Rolle spielen, hat er erst durch die Interviews gemerkt, *wie* wichtig sie tatsächlich sind. Pointiert formuliert er: „Die Entscheidung einer Person, den Glauben aufzugeben, ist untrennbar verwoben mit dem Netz zwischenmenschlicher Beziehungen, in dem sie zu Hause ist."[32] Damit verbunden ist zweitens die Wichtigkeit von Gemeinschaft. Er meint, dass die meisten, die aufhören zur Gemeinde zu gehen, auch aufhören zu beten und in der Bibel zu lesen. Mit der Zeit hören sie dann ganz auf, zu glauben und den Glauben zu praktizieren. Natürlich gebe es Ausnahmen, aber das sei die Regel.

Dem widersprechen die Ergebnisse des neuseeländischen Soziologen Alan Jamieson, der 108 Menschen interviewt hat, die die Kirche oder Gemeinde verlassen haben.[33] Sein wichtigstes Ergebnis: Nicht alle, die eine Gemeinde verlassen haben, hören auch (irgendwann) auf zu glauben. Was er darüber hinaus herausfindet, entspricht ebenso wenig dem gängigen Bild der „Church Leavers", wie es etwa Bisset und Dyck zeichnen. Denn die meisten von ihnen haben die Gemeinde nicht parallel zum Prozess des Erwachsenwerdens verlassen, sondern erst im Alter zwischen 30 und 45. Sie waren zu diesem Zeitpunkt verheiratet (79 Prozent) und hatten Kinder (80 Prozent). Auch waren sie keine randständigen Mitglieder bzw. Mitläufer, sondern gehörten in der Regel zum harten Kern. Sie waren im Durchschnitt fast 16 Jahre in der Gemeindearbeit involviert, und 94 Prozent von ihnen hatten in dieser Zeit mindestens eine Leitungsposition inne. 40 Prozent waren sogar Hauptamtliche oder Theologiestudierende. Dies zeigt, wie wichtig empirische Studien sind, wenn es darum geht, die eigenen oder gängige Vorstellungen zu überprüfen. Und es gilt auch für unser Bild von Ex-Christen.

Leider ist insgesamt nicht nachvollziehbar, wie fundiert die Erkenntnisse von Bisset und Dyck sind, jedoch zeichnen sie zumindest ein deutlich konturiertes und lebendiges Bild, welche unterschiedlichen Aspekte zu einer Abwendung vom christlichen Glauben führen. Einige davon konnten wir auch in unseren Ergebnissen wiederfinden, andere nicht – wir kommen darauf später zurück. Betrachten wir nun die Erkenntnisse der ersten großen und systematischen Erkundung des Kontinents der Dekonversion.

Systematische Erkundung: Ergebnisse einer ersten großen Dekonversionsstudie

Die unscheinbare Stadt Bielefeld ist der Startpunkt der ersten groß angelegten, systematischen Erforschung des Themas Dekonversion. Der Religionswissenschaftler Heinz Streib hat mit einem internationalen Forscherteam über einen Zeitraum von fast vier Jahren mehr als tausend Personen in Deutschland und den USA befragt. Im Zentrum der Studie standen 100 Dekonvertiten aus beiden Ländern, die, wie es das Team nennt, „neureligiös-fundamentalistischen Gruppen" angehörten. Zu solchen zählen aus ihrer Sicht auch christliche Freikirchen.[34]

Die Dekonvertiten wurden interviewt, nahmen aber auch an einigen (religions-)psychologischen Tests (wie einem Glaubensentwicklungs-, einem Persönlichkeits- und einem Fundamentalismustest) teil und bekamen einen allgemeinen Fragebogen. Den gleichen Fragebogen bekamen rund 1000 Mitglieder der von den Dekonvertiten verlassenen Organisationen. 180 Mitglieder wurden zudem den gleichen Tests wie die Dekonvertiten unterzogen. Ziel der Studie war es, die Vielfalt der Biografieverläufe von Dekonvertiten zu analysieren. Besondere Berücksichtigung fanden dabei Faktoren wie Persönlichkeit, Motivationslagen, Einstellungen, psychisches Wohlbefinden, biografische Folgen der Dekonversion und religiöse Entwicklung. Die Mitglieder der entsprechenden Organisationen fungierten als Vergleichsgruppe.

Fassen wir die aus unserer Sicht wichtigsten Ergebnisse dieser

Studie zusammen, die 2009 unter dem Titel *Deconversion* als Buch veröffentlicht wurde. Zunächst zeigt sich auch hier, dass in 90 Prozent aller Fälle die Dekonversion als ein langsamer und schrittweiser Prozess erlebt wurde. 37 Prozent aller Dekonversionen fanden innerhalb des „religiösen Feldes" statt, hier wurde also eine Religion durch eine andere Religion ersetzt. 24 Prozent verließen zwar jegliche religiöse Organisation, üben aber weiter eine private Religiosität aus. Nur 29 Prozent nehmen nach der Dekonversion ein völlig säkulares Weltbild an. Dekonversion bedeutet also nicht zwangsläufig Religionsverlust. Dazu passt auch, dass sich ca. 64 Prozent (USA) bzw. ca. 37 Prozent (BRD) aller Dekonvertiten als „mehr spirituell als religiös" bezeichneten. Dies ist ca. doppelt so häufig der Fall wie bei den befragten Mitgliedern religiöser Organisationen. Streib und sein Team vermuten, dass Dekonversion daher oft mit der Suche nach Spiritualität verbunden ist, die im Feld organisierter Religion nicht zur Entfaltung kommen kann. Das Persönlichkeitsmerkmal, in dem sich die Dekonvertiten am stärksten von den Noch-Mitgliedern unterschieden, ist dann auch die „Offenheit für Erfahrung". Unklar ist jedoch, ob dies eher eine Auswirkung von oder eine Ursache der Dekonversion ist. Auch streben die Dekonvertiten stärker nach Autonomie und persönlichem Wachstum als die Mitglieder der religiösen Organisationen.

Deutlich werden bei der Studie auch die Schattenseiten von Dekonversionsprozessen. So führten diese bei einigen zu einer (meist milden) Krise in Bezug zu sich selbst (emotionale Stabilität und Selbstakzeptanz) bzw. in der Beziehung zu anderen Menschen. Oft, aber nicht zwingend, wurde sie als kritisches Lebensereignis erlebt.

Auch hier wurden schließlich vier Typen unterschieden:

1. Autonomiestrebende: Für sie ist Dekonversion ein längerer, schrittweiser Prozess, bei dem sie sich von einem zunächst als selbstverständlichen, dann aber als zunehmend zu eng empfundenen religiösen Umfeld, in das sie durch die Religion der Herkunftsfamilie quasi hineingeboren wurden, distanzieren. Dekonversion geschieht hier meist im jungen Erwachsenenalter und die Dekonversionserzählungen sind oft „Coming-of-age-Stories". Dabei wird die Dekonversion als Befreiung sowie

als Prozess der Selbstwerdung und der Entwicklung eines kritischen und selbstständigen Denkens beschrieben. Das Ergebnis ist meist ein völliger Religionsverlust und ein säkulares Weltbild.

2. Die Paradiesverlust-Erlebenden: Dekonversion geschieht hier meist parallel mit dem Austritt aus einer (neu-)religiösen Gruppe, zu der die Betreffenden oft erst spät konvertiert sind und zu der sie eine tiefe emotionale Bindung entwickelt haben. Eine große Rolle spielt hier die Enttäuschung hoher Erwartungen und großer Hoffnungen. Dekonversionen werden bei dieser Gruppe eher als Krise empfunden und verlaufen oft hochdramatisch, verbunden mit großem emotionalem Leiden, sodass therapeutische Hilfe notwendig wird.
3. Referenzrahmen-Wechsler: Hier liegt eigentlich keine Dekonversion, sondern eine Konversion, also eine Bekehrung vor. Die Mitglieder dieser Gruppe konvertieren, indem sie Abschied von einer als unbefriedigend empfundenen Religiosität ihrer Herkunftsfamilie nehmen. Diese ist oft lose kirchlich geprägt (evangelisch oder katholisch). Gleichzeitig wenden sie sich einer intensiveren evangelikalen oder fundamentalistischen Religiosität zu, die ihrem Leben Sinn und Halt gibt.
4. Die lebenslangen spirituellen Sucher: Ein Viertel aller Untersuchten konvertieren und dekonvertierten mehrfach und probieren verschiedene religiöse Angebote ernsthaft aus. Ein Wechsel findet dann statt, wenn die eigene spirituelle Suche dies nahelegt bzw. spirituelle Bedürfnisse und Erwartungen nicht erfüllt werden. In dieser Gruppe finden Dekonversionen auch noch im höheren Erwachsenenalter statt. Die Suche beginnt meist jedoch bereits in der Adoleszenz und Postadoleszenz.[35]

Damit wurden die wichtigsten Ergebnisse dieser ersten großen Expedition vorgestellt. Auch wenn diese interessant sind, denken wir doch, dass sie im Vergleich zum Aufwand relativ mager sind.

Dies sind also die wesentlichen Erkenntnisse, die andere zum Thema der Dekonversion gewannen. Mit unserer Studie wollten wir daran anschließen. Wie wir dabei vorgegangen sind, wird im nächsten Abschnitt beschrieben.

Wie wir zu unseren Ergebnissen kamen

Bevor wir im nächsten Kapitel in ausführlichen Porträts acht Nicht-mehr-Glaubende zu Wort kommen lassen und sie in ihrem Denken, Fühlen und Erleben vorstellen, möchten wir zunächst kurz skizzieren, wie wir mit ihnen in Kontakt kamen, warum wir sie für ein Gespräch auswählten und warum gerade sie im Folgenden porträtiert werden. Für alle, die noch tiefer in die Studie eintauchen wollen, wird im Anhang dieses Buches unser Vorgehen beschrieben.

Unser Projekt lässt sich grob in vier Phasen einteilen, die mit den Schlagworten „Theorie", „Vorstudie", „Interviews" und „Auswertung" charakterisiert werden können. In der Theoriephase machten wir uns Gedanken über unsere Ziele und darüber, was und wer überhaupt genau untersucht werden sollte. Die Fachliteratur wurde ausgewertet, weitere Informationen zum Thema wurden zusammengetragen und auch die Zielgruppe wurde näher bestimmt. Wir setzten uns außerdem von Anfang an offen mit unseren Erwartungen und Vorannahmen auseinander. Auf diese Art wollten wir vermeiden, dass wir unbewusst einfach unsere eigenen Ideen reproduzierten. Es war von Vorteil, dass wir als Team aus unterschiedlichen wissenschaftlichen Disziplinen kommen und auch religiös verschieden geprägt sind. Offene und intensive Gespräche waren notwendig, um miteinander arbeiten zu können, und sie halfen uns auch, Klarheit über unsere Motivationen zu gewinnen. So vorbereitet konnten wir mit der praktischen Arbeit beginnen.

Der zweite Schritt bestand aus einer Online-Befragung, bei der es darum ging, einen ersten Einblick in die Gründe zu erhalten, warum Christen sich vom Glauben abwenden. Aber auch die Aspekte, um was für Menschen es sich dabei handelt, wie alt sie sind, welches Geschlecht sie haben und in welche Gemeinden sie gingen bzw. vielleicht sogar noch gehen, spielten hier eine Rolle. Wichtig war an dieser Stelle außerdem, herauszufinden, ob das Thema überhaupt auf nennenswerte Resonanz stoßen würde. Dazu entwickelten wir einen kurzen Fragebogen, der nach mehreren Probeläufen ins Internet gestellt und auf verschiedenen Wegen beworben wurde (siehe auch Seite 228). Bei den Antworten musste meist nur zwischen verschiedenen vorgegebenen Möglichkeiten ausgewählt werden. Lediglich bei der Frage, warum die Teilnehmer nicht mehr glauben, waren keine Antworten vorgegeben, sodass man ganz offen seine Gedanken eintragen konnte. So kamen bereits erste hilfreiche Ergebnisse zustande, die im nächsten Unterkapitel näher vorgestellt werden. Vor allem aber bildete die Befragung die Grundlage, um den nächsten Schritt zu gehen und in den persönlichen Kontakt mit jungen Menschen zu treten, die nicht mehr glauben.

Die dritte Phase stand also ganz im Zeichen der Interviews. Im Online-Fragebogen konnte man angeben, ob man für ein ausführliches Gespräch zur Verfügung stehen würde. Unter den Teilnehmern, die daran Interesse hatten, wählten wir unsere Interviewpartner aus. Dabei kam es vor allem darauf an, eine möglichst gute Mischung zu erhalten. Insgesamt sollten Männer wie Frauen zu gleichen Teilen und alle Bildungsabschlüsse vertreten sein. Auch in Bezug auf Wohnort, Alter und die spezifische Kirchen- bzw. Gemeindezugehörigkeit achteten wir auf Ausgewogenheit, um ein möglichst umfassendes Bild zu erhalten. Erklärte sich jemand dazu bereit, uns von seinem Lebens- und Glaubensweg zu berichten, trafen wir uns für ein Gespräch. In wenigen Fällen machten wir auch ein Telefoninterview. Die Interviewpartner konnten frei und ausführlich darüber berichten, wie es dazu kam, dass sie heute nicht mehr glauben. Durch einen flexibel benutzten Gesprächsleitfaden, wurden die Gespräche nur leicht strukturiert (siehe Seite 235). Sie wurden aufgezeichnet und anschließend niedergeschrieben.

Die verschriftlichten Interviews wurden intensiv gelesen und systematisch ausgewertet. Dabei sind wir nach der Methode der sogenannten Grounded Theory vorgegangen und haben mithilfe des Computerprogramms MaxQDA2010 wichtige Stellen codiert und verglichen. Dieser vierte und letzte Schritt war der eigentliche Kern der Untersuchung. Durch mehrfaches Lesen, Vergleichen und Analysieren wurden schließlich die Leitmotive, Muster und weitere Themen deutlich, die wir im Weiteren vorstellen.

Den Gründen auf der Spur

Warum glauben Menschen nicht mehr? Um dazu erste Einsichten zu gewinnen, führten wir eine Online-Befragung durch. Insgesamt nahmen 322 Personen teil. 259 von ihnen haben den Auswertungsbogen so vollständig ausgefüllt, dass er ausgewertet werden konnte. Das Alter der Teilnehmer reichte von 18 bis 89 Jahren, 155 von ihnen, also fast 60 Prozent, waren in dem für uns relevanten Alter zwischen 18 und 35 Jahren. In der genaueren statistischen Analyse der Daten fanden wir jedoch heraus, dass es – mit zwei Ausnahmen – keine bedeutsamen Unterschiede in den Antworten der 18- bis 35-Jährigen und den über 35-Jährigen gab.[36] Im Folgenden beziehen wir uns, wenn nicht anders erwähnt, immer auf die Gesamtgruppe.

Die Teilnehmer waren zu zwei Dritteln Männer und zu einem Drittel Frauen. Da der Zufall, die Art der Verbreitung und die Lust der Teilnehmer eine Rolle dabei spielten, wer den Fragebogen ausfüllte, lässt sich nicht sagen, ob tatsächlich mehr Männer als Frauen ihren Glauben verlieren. Ein Unterschied in Bezug auf die Geschlechter ließ sich jedoch erkennen: Frauen war ihr ehemaliger Glaube ursprünglich etwas wichtiger als den Männern. Auch fragten wir danach, ob die Dekonvertiten „christlich erzogen" worden waren. Insgesamt 47,6 Prozent bejahten dies, 33,7 Prozent gaben „teils/teils" an und bei 17,1 Prozent war dies nicht der Fall.

Über den Zusammenhang zwischen Erziehung, Bildung und (Nicht-mehr-)Glauben

Wir interessierten uns auch für den Bildungsstand der Teilnehmer, von denen viel mehr einen hohen Bildungsabschluss besitzen als der Durchschnitt der deutschen Bevölkerung.[37] Allerdings lässt sich nicht sicher sagen, sondern höchstens vermuten, dass es einen Zusammenhang zwischen (hoher) Bildung und Glaubensverlust gibt.[38]

Interessanterweise ergab eine vergleichende Analyse der Gruppe der Personen mit sogenannten höheren Bildungsabschlüssen (Hochschulreife, Studiumsabschluss und Promotion) und Personen mit sogenannten niedrigeren Bildungsabschlüssen (Hauptschul-/Volksschulabschluss und Realschulabschluss) nur einen Unterschied: Die Erziehung der Personen mit niedriger Bildung war eher nicht christlich, während sie bei denen mit hoher Bildung eher christlich war.

Die nicht christlich Erzogenen haben im Durchschnitt Abitur, die christlich Erzogenen studieren im Durchschnitt, haben also eine etwas höhere Bildung. Vereinfacht könnte man sagen: Christliche Erziehung schafft die Grundlage für eine höhere Bildung.[39] Was natürlich nicht einer gewissen Ironie entbehrt, sollte höhere Bildung tatsächlich eine mögliche Ursache für Dekonversion sein. Wir kommen darauf später zurück.

Über den Zusammenhang von (Nicht-mehr-)Glauben und Kirchenzugehörigkeit

Fast 91 Prozent der Befragten gaben an, Mitglied einer christlichen Gruppe oder Kirche gewesen zu sein. Die Verteilung war wie folgt:

Evangelische Kirche	34 Prozent
Römisch-katholische Kirche	27 Prozent
Evangelisch-freikirchlich	19 Prozent
Pfingstkirche	3 Prozent
Keine konfessionelle Bindung	3 Prozent
Zugehörigkeit zu mehreren Kirchen und Gemeinden	11 Prozent
Andere	3 Prozent

Auch hier haben wir verschiedene Gruppen miteinander verglichen. Der Unterschied von ehemals Katholischen zu ehemals Evangelischen besteht darin, dass die ehemals Katholischen etwas häufiger christlich erzogen wurden und etwas öfter an kirchlichen Veranstaltungen teilnahmen. Deutlicher unterscheiden sich die ehemaligen katholischen Gläubigen von den nicht mehr Glaubenden aus den Frei- und Pfingstkirchen. Letztere sind etwas häufiger christlich erzogen, haben christliche Veranstaltungen deutlich regelmäßiger besucht, stärker mitgearbeitet und vor allem war ihnen der Glaube sehr viel wichtiger (im Durchschnitt „wichtig" oder „sehr wichtig"; für die ehemaligen Katholiken hingegen im Durchschnitt „weder wichtig noch unwichtig"). Vergleicht man die Freikirchler mit den Evangelischen, ergeben sich sehr ähnliche Unterschiede.

Die Befragten gehörten diesen christlichen Gruppen im Durchschnitt 23 Jahre an. Nur bei knapp 8 Prozent lag die Zughörigkeit bei fünf Jahren oder darunter. Ca. 60 Prozent der Befragten, also deutlich mehr als die Hälfte, haben zudem in der Gemeinde/Kirche mitgearbeitet, von diesen ca. 95 Prozent ehrenamtlich und ca. 5 Prozent hauptamtlich.[40] An kirchlichen oder gemeindlichen Veranstaltungen haben knapp 1 Prozent der Befragten täglich, 28 Prozent mehrmals wöchentlich, 22 Prozent wöchentlich, 7 Prozent mehrmals monatlich, 5 Prozent monatlich und 22 Prozent überhaupt nicht teilgenommen.[41]

Kernstück unserer Befragung war eine offene Frage bzw. die Aufforderung: Bitte vervollständigen Sie mit wenigen Sätzen oder Stichworten folgenden Satz: „Ich glaube nicht mehr, weil ..." Üblicherweise beantworten nur wenige Teilnehmer einer Befragung eine so offene Frage, bei der man sich die Mühe machen muss, etwas selbst zu formulieren. Diesmal aber kam es zu einer Fülle von Antworten, insgesamt vervollständigten 203 Teilnehmer den Satz. Manche schrieben ganze Absätze oder Seiten. Im Folgenden stellen wir einige Motive vor, die häufig auftauchten. Sie sollen helfen, einen ersten Blick auf die Innenperspektive der Nicht-mehr-Glaubenden zu erhalten.

Zweifel an der Lehre, Probleme mit der Bibel und der neue Atheismus

Am häufigsten genannt, nämlich 63 Mal, wurden Gründe, die mit einem „Zweifel an der Lehre" zu tun haben. Den Betreffenden erscheint der Glaube als nicht logisch bzw. irrational, sie können vieles inhaltlich nicht nachvollziehen, finden *„die Lehre teilweise aberwitzig"* und sehen somit keinerlei Gründe, an Gott zu glauben. Die Kategorie „Zweifel an der Lehre" fällt noch stärker aus, wenn man die Kategorien „Probleme mit der Bibel" (22 Mal, am vierthäufigsten) sowie „neuer Atheismus" (12 Mal) hinzurechnet.

Dass intellektuelle Gründe so häufig genannt werden, ist vielleicht überraschend. Jedoch muss man dreierlei bedenken: Erstens neigen Menschen dazu, Entscheidungen und Prozesse in ihrem Leben nachträglich zu rationalisieren, also mit Gründen und Argumenten zu belegen, die im Prozess selbst oder bei der Entscheidung vielleicht noch keine oder eine viel geringere Rolle gespielt haben. Zweitens ist auch schon Drew Dyck aufgefallen, dass diejenigen, die eher aus intellektuellen Gründen den Glauben aufgegeben haben, später viel eher bereit sind, darüber Auskunft zu geben, ihre Geschichte zu erzählen und ihre Motive offenzulegen. Entscheidungen, die eher intuitiv oder gefühlsbasiert erfolgen, kann man nicht so leicht sprachlich ausdrücken wie rationale Gründe. Drittens haben wir mitbekommen, dass der Link zu unserer Onlinebefragung in einem Forum bekennender Atheisten aufgetaucht ist, die es scheinbar als Teil ihrer Mission betrachteten, unseren Fragebogen auszufüllen.

Viele Antworten, die wir unter „Zweifel an der Lehre" einordnen konnten, basieren auf der klassischen Gegenüberstellung von Glauben und Wissen bzw. christlicher Lehre und Wissenschaft. Hier eine kurze Sammlung entsprechender Aussagen: *„Wozu glauben, wenn man doch wissen kann?"* – *„Glauben basiert auf Gefühlen, nicht auf Fakten."* – *„Es gibt keine Belege für die Existenz höherer Mächte."* – *„Glaube widerspricht nachgewiesenen wissenschaftlichen Erkenntnissen."* Der Glaube geht nach der Meinung einiger wider jede Vernunft, sei *„unrealistisch, um nicht zu sagen, lächerlich"* und es handele sich dabei um *„Lug und Trug"*.

Viele geben an, sie hätten begonnen, Traditionen und Handlungsweisen kritisch zu hinterfragen und sich inhaltlich intensiv mit bestimmten Themen auseinanderzusetzen. Genannt wurde unter anderem, dass die wissenschaftliche Ausbildung sie dazu geführt habe, *„kritisch zu hinterfragen und evidenzbasiert zu denken"*. Während es bei den einen die intensive Beschäftigung mit Biologie war, geben andere explizit ihr Theologiestudium an, das sie vom Glauben abgebracht habe. Wieder andere schreiben, eher eigenständig zum Thema Glauben und Religion nachgedacht und recherchiert zu haben und/oder intensiv die Bibel studiert zu haben. Als Ergebnis davon ist beispielsweise einer Person *„die völlige Substanzlosigkeit der historischen Grundlagen, die Absurdität der christlichen Heilslehre und der völlige Dissens zwischen Anspruch und Wirklichkeit"* bewusst geworden.

Besonders viele Aussagen bezogen sich auf die Frage nach der Existenz Gottes. So schreiben viele, dass sie mittlerweile schlicht überzeugt seien, dass es keinen Gott gäbe; er sei ein *„menschliches Fantasieprodukt"*. Jemand meinte: *„Sollte es Gott wider Erwarten doch geben, will ich allein seiner Perfidität (Verführung zum Sünden-*

fall und sinnlose Bestrafung mit Sippenhaft) und seiner Grausamkeit (Ausrottung der Menschen bis auf wenige Exemplare, weitere Genozide etc.) wegen mit diesem Gott nichts zu tun haben."

Neben der Frage nach der Existenz Gottes wurden nur vereinzelt andere konkrete Glaubensinhalte genannt. Erwähnt wurden hier Probleme mit den Annahmen, dass das Leben nach dem Tod abhängig vom Glauben an sich sei, dass es nur einen Weg zu Gott gäbe sowie Probleme mit *„der Geschichte von einem Gott, der seinen Sohn für meine Sünde opfert"*. Reinhard (alle Namen der Befragten wurden geändert) führt empört aus: *„Gott erschafft uns mit einem offensichtlichen Hang zum Schlechten bzw. zur ‚Sünde' und rettet uns dann ganz großherzig da heraus, indem er seinen Sohn schlachten lässt."* Nadine kann nicht an die Existenz von *„Gottessöhnen, jungfräulicher Empfängnis oder Himmelfahrten"* glauben und für Ilse ist die Vorstellung von der Hölle nicht mit ihrem Gewissen vereinbar. Auch Michel glaubt nicht an einen Gott, *„der alle Menschen in die Hölle gehen lässt"*.

Während also einige selbstbewusst bestimmte Lehren des Christentums oder das, was sie dafür halten, als unglaubwürdig bezeichnen und diese aktiv ablehnen, geben andere (eher passiv) an, dass die Inhalte des Glaubens für sie *„eine geistige bzw. intellektuelle Überforderung darstellen"*, sie schlicht zu viele Fragen hätten, auf die sie keine Antworten fänden, und bemängeln, dass Gott sich in keiner Weise klar offenbare. Daher meinen sie, dass sie die Orientierung verloren hätten bzw. viele Glaubenssätze heute für sie keinen Sinn mehr ergäben.

Kommen wir nun zur Kategorie „Probleme mit der Bibel". Viele berichteten, dass die Bibel für sie nicht mehr glaubwürdig sei; für manche gleicht sie gar *„einem Märchenbuch"*. Die Bibel sei historisch nicht haltbar, von Menschen erfunden und sowieso voller Fehler und widersprüchlicher Aussagen. Besonders Letzteres wurde mehrfach genannt. Frieda sagt, dass mit dieser Einsicht ihrem Glauben die Grundlage fehle.

Während manche die Ergebnisse der historisch-kritischen Forschung erwähnen, die die Bibel als Wort Gottes widerlegt hätten, schreiben andere, dass sie die Verbalinspiration der Bibel nicht mehr akzeptieren könnten. Wieder andere Befragte gaben an, dass sie schlicht nicht mehr glauben könnten, *weil* sie die Bibel gelesen haben. So beschreibt Willi: *„Je mehr ich in der Bibel gelesen habe, desto weniger konnte ich die Inhalte und erst recht die Dogmen der Kirchen glauben."* Hannelore sagt aus, der Grund für ihre Dekonversion sei, dass sie irgendwann die Bibel von A–Z gelesen habe, *„und nicht nur die Gott-ist-so-lieb-Stellen. Danach habe ich den Glauben mit anderen Augen gesehen und hinterfragt."* Manche betonen, Gottes unendliche Liebe nicht mit Gottes Grausamkeit im Alten Testament, *„der ausdrücklich kompletten Völkermord inklusive Frauen und Kinder befiehlt"*, zusammenbringen zu können. Natascha meint ähnlich, dass die Existenz eines gerechten Gottes nicht mit der Bibel vereinbar sei. Paul empfindet die Grausamkeit des biblischen Gottes als so groß, dass er, selbst wenn er an ihn glauben wollte, sich *„ihm nicht mehr unterwerfen könnte, so wie es die Bibel fordert"*. Und Alexander schreibt, dass es ihm ohne den Absolutheitsanspruch der Bibel besser gehe.

Der zu Anfang bereits beschriebene neue Atheismus klang bei manchen der Zitate bereits an, er hatte für einige Teilnehmer aber offenbar auch einen ganz direkten und zentralen Einfluss für ihr Nicht-mehr-Glauben. Hier kam es zu Aussagen wie: Ich glaube nicht mehr, weil *„ich mein Hirn eingeschaltet habe"*, weil *„Gott eine antiquierte primitive Vorstellung aus der unaufgeklärten Anfangszeit der Menschen ist"*, weil *„die Zugehörigkeit zu einer Religion zu Intoleranz gegenüber anderen Weltanschauungen führt"* und der Glaube somit *„überflüssig, überholt und menschenfeindlich"* sei, nicht zuletzt weil er *„die Entwicklung der Menschheit um mindestens ein Jahrtausend verzögert"* habe. Jemand anderes beklagt: *„Die Lehren der Bibel und der sich darauf gründenden Religionen sind homophobe, sexistische, lächerliche Anachronismen, es ist mir heute noch peinlich, jemals in einer solchen Organisation gewesen zu sein."*

Einige berichten explizit vom Lesen religionskritischer Werke von Bertrand Russell, Richard Dawkins oder Christopher Hitchens. Diese Autoren hätten ihnen die Augen geöffnet und ihnen geholfen, sich nicht mehr *„mit diesem peinlichen Geschwurbel der Theologen zu so wichtigen Fragen wie Bioethik und Lebenssinn abspeisen zu lassen"*. Angeführt wird auch das in Atheistenkreisen berühmte „Spaghettimonster", das realistischer als das Christentum sei und obendrein weniger Widersprüche aufweise.[42] Klaus kommt zu dem Ergebnis, dass er *„die Existenz des christlichen Gottes jetzt für nicht mehr wahrscheinlicher als die von Thor, Ra oder einem fliegenden Einhorn"* halte. Und Thorben ist überzeugt, dass der Mensch nun mal *„eine Trockennasen-Affen-Spezies"* sei, *„die mehr oder weniger zufällig entstand und kaum eine Bedeutung in diesem riesigen Weltall"* habe.

Mündigkeit und Emanzipation

Mündigkeit und Emanzipation, zwei wichtige Triebfedern in den westlichen Gesellschaften, spielten ebenfalls eine Rolle bei der Begründung des Nicht-mehr-Glaubens. Diese Kategorie kam insgesamt sechsundzwanzig Mal und somit am zweithäufigsten vor. Der wesentliche Grund, nicht mehr zu glauben, verdichtet sich hier im kleinen Wörtchen „eng", das in verschiedenen Variationen in diesen Aussagen immer wieder vorkam. Die einen fühlten sich einge*engt* oder empfanden den Glauben als ein*eng*end, andere fanden den Glauben zu *eng*stirnig und manche beschrieben, dass es ihnen einfach zu *eng* geworden sei. Entsprechend geben sie den Ausbruch aus dieser Enge als wesentlichen Grund für ihre Dekonversion an. Unterschiede gab es jedoch darin, warum sie den Glauben als einengend empfanden. Thies beschreibt, dass ihn der Erwartungsdruck an seine Person sowie seinen Glauben *„verrückt gemacht"* habe. Ähnlich schildert Esther, dass sie sich *„immer schuldig und schlecht"* gefühlt habe und nun *„lieber selbst denken und entscheiden will, was richtig und falsch ist"*. Mario ärgert sich, *„einem gewissen Verhaltenskodex folgen zu müssen, wenn man dazugehören will"* – auch er empfand Druck. Wiebke erklärt, dass ihr Glaube sich nicht habe entwickeln dürfen: *„Es gab zu viel Schwarz-Weiß – aber die Welt ist bunt!"* Und Lukas schreibt: *„Verbote haben meinen Glauben bestimmt und wurden emotional vermittelt. Der Glaube hat nicht frei gemacht."* Janne fragt sich:

> *Was heißt schon, ich glaube nicht mehr? Ich glaube nach wie vor an einen Gott, ein göttliches Prinzip, das mich selbst übersteigt und in dem ich aufgehoben bin. Aber ich glaube nicht mehr an die enge Interpretation dieser Erfahrung durch die*

> *(frei)christlichen Kirchen, an das Prinzip von Schuld und Sühne, an die damit einhergehenden Verhaltenskodizes, die Regulierung des persönlichen Lebens durch die Gemeinschaft oder spirituelle Autoritäten, ebenso wenig an das Alleinseligmachende des christlichen Wegs und die daraus abgeleitete Mission.*

Gerd bewertet den Glauben mittlerweile gar als *„blinden, greisen Führer"* und findet es *„torhaft, sich von einem blinden Greis führen zu lassen, wenn die Sonne der Erkenntnis scheint und wir den Weg des Denkens selbst sehen"*.

Manche berichten aber auch, dass sie einfach aus dem Glauben herausgewachsen seien, weil er sich für sie als nicht alltagstauglich erwies. Sie wollten sich ein eigenes Bild machen und nicht einfach *„in ein Glaubensmuster hineingepresst"* werden. Dietrich stellt fest, eine neue Sicht auf früher ganz klare Dinge bekommen und gleichzeitig seinen *„christlichen Tunnelblick"* erkannt zu haben. Ganz drastisch äußert schließlich Felix, er wolle *„leben und nicht nur vegetieren"*.

Negative Erfahrungen mit Christen

Den dritthäufigsten Themenkreis bildeten mit vierundzwanzig Äußerungen „negative Erfahrungen mit Christen". Als Grund für den Glaubensverlust werden hier ausdrücklich schlechte Erfahrungen mit Mitchristen sowie christlichen Gruppen und (Kirchen-)Gemeinden genannt. Dabei reicht die Bandbreite von Enttäuschungen über Verletzungen hin zu geistlichem Missbrauch.

Bemerkenswert und Anlass zum Nachdenken ist, dass Christen als *„verlogen"*, *„pharisäisch"* und *„heuchlerisch"* erlebt wurden, also offenbar den von ihnen selbst propagierten Idealen nicht genügten. Malin meint, sie habe *„in einem Verein, der so viel Liebe, Frieden und Eintracht predigt, so wenig Wahres davon gesehen"*. Bianca beklagt, dass sie genug sogenannte Christen kenne, die lügen und betrügen, anschließend aber einfach *„um Vergebung bitten und die Sache ist erledigt"*. Dass *„Menschen in christlichen Kreisen häufig sehr gesetzlich leben und ein heiliges Leben heucheln, obwohl sie selbst oft die Schlimmsten sind"*, gab für Gudrun den Ausschlag. Auch Leander gibt an, dass er *„an manchen Ecken so viel schlechtes Theater erleben"* musste, und meint damit nicht etwa Anspiele in der Gemeinde, sondern das pharisäische Verhalten von ehemaligen Mitchristen.

Für Dagmar verloren Christen ihre Glaubwürdigkeit, als sie auf einer christlichen Schule von Mitschülern, die Christen waren, schikaniert wurde. Dazu kamen ähnliche Erfahrungen, sodass sie zu dem Schluss kommt: *„Die Christen sind ganz anders als der Jesus."* Wieder andere berichten von *„jahrelanger Indoktrinierung"*, einer *„bevormundenden und manipulierenden Art"* und *„gehörigem psychologischem Druck"* in Gemeinden. Teils werden auch ganz konkrete Schlüsselerlebnisse genannt, zum Beispiel dass ein Pastor einem Aussteiger ins Gewissen redete, er würde sich mit dem Verlassen der Gemeinde gegen Gott wenden und seinen Zorn auf sich ziehen. Oder dass ein Prediger ein Massaker in einem afrikanischen Dorf mit 200 Opfern mit den Worten, *„sei's drum, sind bloß Neger und noch nicht mal Christen"* kommentierte, jedoch *„Wutanfälle bekam, wenn jemand vor dem obligatorischen Tischgebet auch nur zugriff"*.

Dirk wiederum schildert, dass er *„genug von gut-gläubigen Menschen hatte, die sich alles verkaufen lassen, wenn es von Gott ist"*. Manche betonen gar, dass die Gemeinschaft sie belastete bzw. die Gemeinde sie krank machte. Besonders drastisch formuliert es Erwin: *„Ich glaube nicht mehr, weil ich persönlich erleben musste, wie viel Schlimmes sich Christen gegenseitig antun. Gemeindesysteme verletzen Menschen. Töten Menschen. Ich will nicht mehr Teil dieses Systems sein."*

Negative Erfahrungen mit Gemeinde/Kirche

Bei einer weiteren Anzahl von Begründungen standen „negative Erfahrungen mit Gemeinde/Kirche" im Vordergrund. Zwar gibt es Parallelen zu den „negativen Erfahrungen mit Christen", doch liegt hier der Fokus klar auf der Institution. Kritisiert werden hier *„Korruption, Machtmissbrauch, finanzieller Betrug und Mobbing"*, *„Macht- und Geldgier inklusive Kontrollzwang der jeweiligen ‚Amtsträger'"*. Die Kritik betraf an dieser Stelle die verschiedenen christlichen Kirchen. An der katholischen wurde speziell bemängelt, dass sie sowohl von ihren Glaubenssätzen (Dogmen) als auch von ihrem Verhalten her unglaubwürdig sei. Einzige Richtschnur für ihr Verhalten sei die Erhaltung ihrer Macht:

> *Sie beutet ihre Angestellten in unverschämter Weise aus und enthält ihnen die einfachsten Rechte von Arbeitnehmern vor, unterdrückt die Rechte der Frauen, verschwendet unfassbare finanzielle Summen an Prunk und Repräsentanz und gibt die ihr gewährten staatlichen Leistungen als eigene Leistungen aus. Und macht sich mit ihrer sogenannten Sexualmoral am Leid und Tod von Millionen Menschen schuldig. Sie paktiert mit ungerechten totalistischen Regimen und macht gemeinsame Sache mit kriminellen Gruppierungen. Ihre eigentliche Aufgabe der Nächstenliebe und Güte wird dagegen grob vernachlässigt.*

Sabine erzählt von ihren vergeblichen Versuchen, in der evangelischen Kirche Fuß zu fassen, jedoch: *„Es war zwecklos. Ich empfand dort keinerlei Heiligkeit."* Stellvertretend für viele negative Erfahrungen kann die Aussage von Henrik stehen, der beklagt: *„Christliche Einrichtungen und sehr viele Christen selbst sind von den christlichen Idealen weit abgerückt und es gibt viel zu viele Widersprüche im Handeln und Reden der Kirchen."* Jan meint, dass die Kirche mit ihrer Struktur Machtmenschen sehr gute Möglichkeiten biete und Kristine berichtet davon, dass sie unter der Unbarmherzigkeit der Kirche leide. Anderer Natur sind die Erfahrungen von Jonathan, der sich von den *„vielen Floskeln und Standardantworten (‚du musst einfach mehr beten', ‚Gebet bewegt Gottes Arm' …) unendlich provoziert"* fühlte. Und Heidi empfand die Liturgie und Lieder im Gottesdienst stets als *„kleine Qual"*.

Erkenntnis der Zufälligkeit

Wer den Glauben als zufälliges Produkt ansieht, schreibt ihm keine allgemeine Gültigkeit zu. Insgesamt vierzehnmal begegneten uns solche Begründungen. So ist Günther zu der Ansicht gekommen, dass Gott von den Menschen erfunden wurde, und Ralf erkannte, dass *„die moralischen und sittlichen Glaubenswerte ausschließlich von Menschen gemacht sind, entsprechend ihres jeweiligen Zeit-*

geistes". Auch Ilona erscheint vieles am Glauben als menschengemacht und Juliane entdeckte *„den großen Anteil an Wunschdenken im christlichen Weltbild"*. Patrick schildert:

> *Mir ist klar geworden, dass alle Gottesbilder Projektionen sind. Ob dahinter eine tatsächlich unvorstellbare Gottheit steht, lässt sich nicht ermitteln. Die Erfahrung zeigt, dass die Dinge ihren Gang gehen mit oder ohne Gottesbezug. Nur Menschen interpretieren alles egozentrisch und brauchen einen ständigen imaginären Begleiter.*

Elisabeth gibt an, *„in all den Jahren"* nichts erlebt zu haben, was sie *„nicht im Nachhinein auf Autosuggestion und ähnliche psychologische Effekte zurückführen"* könne.

Zu der Erkenntnis, dass der Glaube etwas Zufälliges sei, gelangen andere wegen der Vielfalt der Religionen auf dieser Welt oder auch, weil zu viele Christen unterschiedlicher Konfessionen in wichtigen theologischen Fragen unterschiedlicher Ansicht seien. So wird die eine Wahrheit angesichts der vielen Wahrheiten unglaubwürdig. Hans-Jürgen zieht aus der großen Übereinstimmung zwischen dem Glauben der Menschen und dem Glaube ihrer Familien/Gesellschaften den Schluss, dass Glaube nur ein kulturell bestimmtes Phänomen sei. Auch Isabelle meint, dass Glauben anerzogen wird: *„Wäre ich in eine andere Kultur geboren, wäre ich anders erzogen, würde ich andere Wahrheiten für richtig halten. Also wäre der Glaube kulturbedingt. Wahr macht es ihn deshalb nicht."* Christa meint, dass sich auch Bekehrungen *„aufgrund von Umständen"* ereignen.

Negative Auswirkungen des Glaubens

Nicht nur Erfahrungen mit Christen oder Kirchen wirkten sich negativ auf einige Teilnehmer aus, sondern auch der Glaube selbst (wobei die Grenzen hier sicherlich fließend sind). Dies war insgesamt vierzehnmal der Fall. Der Glaube wird hier erlebt als etwas, das Schlechtes über die Menschen bringe, lebensfeindlich sei, zu unmoralischen Handlungen und zur *„sozialen Inkompetenz"* verleite. Glaube stelle *„eine Form von Realitätsflucht"* dar und führe als Scheinlösung dazu, dass tiefer liegende Probleme nicht angegangen würden.

Alexandra hat sogar erlebt, wie der Glaube sie zunächst psychisch, dann körperlich krank machte. Timo hält den Glauben mittlerweile für *„nichts anderes als eine charakterliche Schwäche"*. Cedric beklagt zudem, dass der Glaube zu Machtmissbrauch führe, und Ingo erscheint er gar *„als gefährlich, da sich damit leicht manipulieren lässt"*. Manuel verachtet, dass Christen eine Schwäche für die Schwäche haben:

> *Ich glaube nicht mehr, weil es schwer ist, in solchen Strukturen jemand zu sein, der an Stärke glaubt und sie für etwas Gutes hält. Wo sogar die angeblich Schwachen ihre Stärken haben. Stattdessen suhlt man sich lieber in seinen Schwächen und im Selbstmitleid, und verachtet seine Stärken und noch mehr die der anderen.*

Keine Auswirkung des Glaubens

Fast genauso häufig wie „negative Auswirkungen des Glaubens" wurde „keine Auswirkung des Glaubens" als Grund für die Dekonversion genannt, nämlich dreizehnmal. In diesem Zusammenhang wird davon erzählt, dass sich durch den Glauben schlicht nichts geändert habe oder auch, dass erlebt wurde, dass es keinen Unterschied mache, ob es einen Gott gibt oder nicht. Nicola beispielsweise konnte an vielen Beispielen in ihrer Umwelt erleben, *„dass man auch ohne Glauben ein ethisch guter Mensch sein kann"*. Auf Basis solcher (fehlender) Erlebnisse wurde der Glaube irrelevant und Mike erkannte, dass er *„ohne Glauben genauso gut bzw. besser durchs Leben kommt"*.

Aus ähnlichem Grund begann auch Milena zu zweifeln, da sie *„trotz absoluter Hingabe von den biblischen Verheißungen für unser Leben"* nichts erfahren durfte. Und während Henning davon berichtet, die Anwesenheit Gottes nicht mehr gespürt und aufgrund einer schweren Krankheit und diverser unerhörter Hilfegesuche das Vertrauen verloren zu haben, sagt Dirk, dass er im Rückblick in seinem Leben nie Gottes Wirken gespürt, gesehen oder sonstige Anzeichen seiner Liebe wahrgenommen habe.

Mehrfach erwähnt wurden auch unerhörte Gebete sowie die Erfahrung, dass *„Ungläubige genauso viele ‚Wunder' (Zufälle) wie*

Gläubige" erleben. Ann-Kathrin hingegen kann *„keinen Erfolg, kein Wachstum der christlichen Bewegungen"* erkennen. Am kuriosesten ist wohl die Aussage von Heinrich, der meint: *„Ich konnte so viele Sünden begehen, wie ich wollte; wenn ich mich nicht erwischen ließ, blieb es ohne Folgen."*

Keine Erlebnisse/fehlendes Gefühl

Gewissermaßen eine Spezialform von „keine Auswirkung des Glaubens" ist die Kategorie „keine Erlebnisse/fehlendes Gefühl", die dreizehnmal vorkam. Grund für die Dekonversion ist, dass Gott für diese Menschen nicht erlebbar ist, schweigt oder, wie Matthias es ausdrückt, in seinem *„Reden und Handeln absolut unerfahrbar"* ist. Ähnlich ging es Holger: *„Immer wurde auf Wunder und große Taten Gottes hingewiesen, aber nichts passierte."* Auch Annika beschreibt, dass sie Gott nicht als reale Instanz in ihrem Leben erfahren habe bzw. wahrnehmen konnte. Und Valentin stellt fest, dass er *„Jesus nicht mehr spüren kann"*.

Teils berichten die Befragten davon, dass sie Gott durchaus intensiv suchten, aber nicht wirklich erleben durften. Andere sprechen davon, dass sie sich dies früher oft eingeredet hätten und deshalb zahlreiche Begebenheiten dem Wirken Gottes zuschrieben. Erst im Nachhinein stellten sie fest, *„Gott wahrscheinlich nie wirklich erlebt zu haben"*. Dieses fehlende oder nicht mehr vorhandene Erleben Gottes führt dann dazu, Gott und den Glauben an ihn als nicht wirklich zu betrachten, oder, wie Antje formuliert, dass *„der Glaube an einen auferstandenen Jesus wahrscheinlich ein Traum war und ist"*.

Diskrepanz zwischen Glaube und Leben

Ebenfalls dreizehnmal wurde von einer „Diskrepanz zwischen Glaube und Leben" berichtet. Glaube und Realität seien einfach nicht zusammenzubringen oder passten nicht zusammen. Volker findet, dass *„viele Lehren der Kirche nicht mit der empirischen Wirklichkeit in Einklang zu bringen sind"* und Victoria bemerkte einen *„völligen Dissens zwischen Anspruch und Wirklichkeit"*. Während manche eher allgemeiner vom Leben, der Realität oder der Welt sprechen, formulieren andere dies viel persönlicher. Dementsprechend widerspricht für Axel der Glaube *„Erkenntnissen aus dem täglichen Leben"* und bei Martin konnten *„persönliche Erfahrungen seinen Glauben nicht bestätigen“*, er hatte also *„quasi negative Glaubenserlebnisse“*. Wieder andere befinden den Glauben für nicht alltagstauglich, sehen im Alltag kaum Bezüge bzw. finden ihn zu fern von ihrer Lebenswelt und zu abstrakt. Und Andreas formuliert sehr deutlich: *„Ich glaube nicht mehr, weil das Gottesbild nicht in mein Leben passt.“*

Theodizee – Leiden am Leid

Eine Art negatives Gotteserlebnis hatten auch diejenigen, deren Gründe für das Verlassen des Glaubens wir unter der Kategorie „Theodizee“ zusammengefasst haben. Theodizee steht für die Frage, warum ein gütiger Gott so viel Leid zulassen kann. Dies wurde insgesamt zehnmal als Grund für die Dekonversion angegeben. Entsprechend schreibt Frieder, dass er nicht mehr glaube, weil er nach längerem Nachdenken zu der Überzeugung gekommen sei, *„dass es keinen gerechten Gott geben kann, angesichts des Leids und des Elends in dieser Welt“*. Und Christina schildert, dass sie *„Gottes allmächtige Möglichkeiten nicht mit dem Leid in der Welt übereinbringen kann“*. Andere schreiben bloß: *„Ich glaube nicht mehr, weil die Welt so ist, wie sie ist.“* Jan wiederum wird da konkreter:

> *Ich glaube nicht mehr, weil sich der mir vorgestellte und versprochene Gott, der sich um persönliche Not und Anliegen kümmert, samt all den angeblichen biblischen Verheißungen als Phantom entpuppt hat, als es darauf angekommen ist, den frühen Tod zweier geliebter Menschen (innerhalb weniger Jahre) aufzuhalten.*

Andere Glaubensentwürfe

Nur fünfmal wurden Gründe genannt, die darauf schließen lassen, dass ein Wechsel zu einem anderen Glauben ursächlich war. Zwei Antworten bleiben dabei bezüglich des neuen Glaubensentwurfs relativ unkonkret und sprechen von *„einer anderen Religion“* bzw. davon, *„viele Inspirationen in anderen Religionen“* gefunden zu haben. Nora sagt hingegen nun von sich, *„Priesterin einer Naturreligion“* zu sein und *„an die alten Götter, die Natur, Quantenphysik, Magie, das*

Leben und die Liebe in und zu allen Dingen und Wesen" zu glauben. Weiter schreibt sie:

> *Ich brauche keinen geistlichen Vermittler zwischen Gott (der Göttin bzw. den Göttern) und mir, ich bin sozusagen persönlich und direkt mit ihnen verbunden. Ich bete nicht mehr (irgendwelche Standardfloskeln), ich bitte persönlich und direkt um Hilfe.*

Auch Rudolf scheint zum Neuheidentum konvertiert, da er schreibt, *„zu dem Glauben an die Götter"* gefunden zu haben. Er begründet dies folgendermaßen:

> *Weil ich die Bibel ernst nehme, wenn Jesus dafür stirbt, dass Erfahrung und Gemeinschaftlichkeit wichtiger sind als alle Gesetze und Theologien. Weil Jesus den Weg gewiesen hat, da, wo man steht, auf das Herz zu hören. Weil das im naturreligiösen Glauben verwirklicht ist. Weil die alten Götter mit uns diesen Weg gehen. Weil ich seitdem viel mehr Frieden im Herzen habe. Weil ich angekommen bin und es sich richtig anfühlt.*

Antonio gibt an, zum Judentum konvertiert zu sein, da er nicht daran glauben konnte, *„dass sich Gott in Gestalt eines Menschen offenbart hat"*. Außerdem haben sich für ihn *„zahlreiche Elemente des christlichen Glaubens bei näherem Betrachten einfach nur als ein billiger Abklatsch früherer jüdischer Traditionen, Rituale und Feiertage herausgestellt"*.

Sonstige Gründe

Schlussendlich gab es noch die Kategorie „Sonstiges", unter der wir alles versammelten, was wir nicht zuordnen konnten oder nur vereinzelt vorkam, uns aber durchaus interessant erschien. Beispielsweise formuliert Sylvia lapidar, dass sie nicht mehr glaube, weil sie es *„nicht mehr konnte"* bzw. *„nicht mehr wollte"*. Benjamin gibt an, dass ihm die Fantasie dazu fehle, während Ulrike niemandem mehr trauen und glauben kann, *„auch keiner Kirche und keinem Gott mehr"*. Roland wiederum glaubt nicht mehr, weil der Glaube *„kei-*

nerlei Nutzen, weder auf rationaler noch auf emotionaler Ebene mit sich bringt" und Arthur hat nicht das Gefühl, dass ihm etwas fehlt. Für Liese ist der moralische Anspruch schwierig, Philip findet den Glauben schlicht weltfremd und Mirko gibt sehr ehrlich an, dass er zu viele Dinge in seinem Leben ändern und als falsch ansehen müsste, wenn er wieder glauben würde.

Interessanterweise meint Felix, nach wie vor daran zu glauben, *„dass die Bibel die absolute Wahrheit sagt"*, jedoch: *„Ich beziehe sie nicht mehr in mein Leben ein."* Als vermutlichen Auslöser für das Nicht-mehr-Glauben gibt Bernhard die Distanzierung von den Eltern und sein Coming-out als Homosexueller an. Karo schließlich formuliert gewissermaßen pointiert, dass Glaube *„scheiße"* ist. Und Bastian prophezeit: *„Sie werden mit ihrer Umfrage noch ein blaues Wunder erleben, mehr als ihnen lieb ist, und ein Jesus wird Sie nicht schützen."*

Mit den hier vorgestellten Kategorien sind die angegebenen Gründe für den Glaubensverlust zunächst in ihrer Breite und Vielfalt vorgestellt. Sie werden uns im Folgenden immer wieder begegnen. Im nächsten Kapitel beschreiben wir, welche Muster wir in den Interviews erkennen konnten, und erzählen acht verschiedene Dekonversionsgeschichten.

Kapitel 2

Warum ich nicht mehr glaube: acht Lebensgeschichten

„Viele ‚Glaubenssätze', die ich früher gelernt habe, ergeben heute für mich keinen Sinn mehr. Persönliche Erfahrungen haben meinen Glauben nicht bestätigt, sodass ich auch ohne Glauben ein ethisch guter Mensch sein kann."

Sabine

„Als Kind war das einfach: Ich habe meinen Glauben vorgesetzt bekommen von Schule, Verwandtschaft und Eltern, aber als ich angefangen habe, Dinge zu hinterfragen, wurde es sehr schnell still. ... Dann habe festgestellt, dass ich als Einzelperson allein verantwortlich sein kann für das, was ich tue, und keine ‚fremde Macht' als Hilfe brauche."

Thomas

„Ich kann an diesen Gott nicht glauben": Leitmotive der Dekonversion

Keine Lebensgeschichte gleicht der anderen und jeder Mensch ist ein einzigartiges Individuum. Dennoch gibt es in unseren Biografien viele Gemeinsamkeiten. Wenn Menschen in der gleichen Zeit aufwachsen, die gleiche Klasse besuchen, zu einer Familie gehören, ist das nahe liegend. Doch auch wenn man nicht das gleiche Umfeld teilt, gibt es Ähnlichkeiten. Wir haben beim Studieren und Auswerten unserer fünfzehn Interviews einerseits gestaunt, wie unterschiedlich die Lebenswege und Erfahrungen unserer Gesprächspartner waren. Andererseits war es aber auch auffallend, wie viele ähnliche Situationen, Erfahrungen und Motive in den Erzählungen vorkamen. Es war sogar möglich, in der Geschichte jeder Person ein Leitmotiv auszumachen, das im Prozess des Glaubensverlustes die wichtigste Rolle gespielt hat. Insgesamt fanden wir vier dieser Leitmotive, (1) Moral, (2) Intellekt, (3) Identität und (4) Gottesbeziehung, von denen es jeweils zwei verschiedene Ausprägungen gab. So konnten wir bei unseren Gesprächspartnern insgesamt acht verschiedene Typen der Dekonversion feststellen.[43] Was sich vielleicht zunächst sehr theoretisch anhört, wird in den nächsten Abschnitten lebendig, wenn die Biografien nacherzählt werden. Das Ziel ist, in das Denken, Empfinden und Erleben der acht Gesprächspartner einzutauchen, um sie so noch besser verstehen zu können.

Dabei ist es wichtig zu bedenken, dass das Leben nicht schematisch ist. Die von uns gefundenen Leitmotive und Typen tauchen so in der Realität fast nie in Reinform auf. Bei jedem Interviewpartner, wie auch bei jedem von uns, ist eine Vielzahl an Einflüssen und Persönlichkeitsfacetten zu beobachten. So gab es beispielsweise keine Erzählung, in der nicht mindestens zwei Motive eine wichtige Rolle gespielt hätten, oft noch mehr. Doch auch wenn mehrere Aspekte gleichzeitig auftauchten, gab es letztlich immer ein besonders dominantes Motiv, das sich wie ein roter Faden durch die Geschichte zog. Bei den folgenden Biografien handelt es sich um reale Lebensgeschichten von echten Menschen. Wir haben die persönlichen Angaben so anonymisiert, dass keine Rückschlüsse auf die Identität der Befragten gezogen werden können. Wichtig ist, dass es sich dabei um die subjektive Wahrnehmung der Interviewten handelt. Es mag sein, dass sie eine Situation beschreiben, die von den anderen Beteiligten vollkommen anders eingeschätzt und erlebt wurde. Da jeder die Welt auf Grundlage seiner eigenen Erfahrungen wahrnimmt, wäre es sogar eher verwunderlich, wenn sich eine Situation für alle gleich darstellt. Es kann aber auch sein, dass der Unterschied in der Wahrnehmung auf viel tiefer Liegendes zurückgeht. Die eine legt großen Wert auf einen guten Gruppenzusammenhalt, dem anderen ist individuelle Freiheit von höchster Bedeutung. Oder man verfügt über vollkommen andere Wertmaßstäbe zur Beurteilung einer Situation. Manche Menschen leben aus dem Bauch heraus für ihre Gefühle, während anderen Emotionen eher verdächtig sind. Sie betonen in allem den Intellekt und das rationale Denken.

In diesem Buch haben wir uns auf die Sicht derer konzentriert, die den Glauben verloren haben. Das bedeutet, dass die Erlebnisse der Einzelnen in der Regel nicht daraufhin überprüft werden konnten, ob sie sich tatsächlich so zugetragen haben. Aber das müssen sie in diesem Zusammenhang auch gar nicht. Der entscheidende Punkt ist, dass sie von den Interviewten so erlebt und wahrgenommen wurden, für ihr Denken, Fühlen und Handeln Realität wurden und einen kleinen oder größeren Schritt auf dem Weg vom Glauben zum Nicht-(mehr-)Glauben beitrugen.

Die Wahl fiel auf die acht Berichte, weil sie sehr charakteristisch für den beschriebenen Typ sind und das jeweilige Leitmotiv bei ihnen besonders dominant zutage tritt. Wir werden den Lebens- und Glaubensverlauf der Einzelnen nacherzählen und sie auch immer wieder selbst zu Wort kommen lassen.[44]

Die vier Leitmotive, die in den Erzählungen auftauchen, spiegeln auch wichtige Aspekte des Lebens in christlichen, ja religiösen Kontexten allgemein wider. Es sind, wie eingangs schon erwähnt, die Moral, der Intellekt, die Identität und schließlich die Dimension der Gottesbeziehung.

Die **Moral**, also die Frage nach der richtigen Lebensführung, ist ein zentrales Motiv in allen Gemeinschaften, die sich auf gemeinsame Werte berufen und in einer mehr oder weniger verbindlichen Form Leben teilen möchten. Gerade in Kreisen, die Wert auf ein bewusstes Leben als Christen legen, wird sie oft zentral betont. Das heißt, dass die Änderung, die im Leben durch den Glauben angeregt wurde, auch im Handeln sichtbar werden soll. Dies kann sich in bestimmten Verhaltensweisen äußern – sowohl in dem, was man tut, als auch in dem, was man nicht mehr tun sollte. Diese an sich neutrale Tatsache kann in der Praxis immer wieder zu Problemen führen. So werden zum Beispiel Erwartungen nicht klar ausgesprochen, obwohl sie von allen unbewusst wahrgenommen werden. Häufig passen dann Einzelne ihr Verhalten aufgrund der Dynamiken in der Gruppe daran an. Es kann auch vorkommen, dass von der Leitung oder anderen Personen in Machtpositionen die Maßstäbe für das richtige Verhalten klar kommuniziert werden. In manchen Fällen werden aus diesen Vorstellungen und Leitbildern dann jedoch Gesetze, die als einengend empfunden werden. Zuletzt kann Moral, gerade auch in Verbindung mit Macht, dazu eingesetzt werden, Menschen zu kontrollieren und ihr Verhalten zu manipulieren. Nicht in allen Fällen geschieht dies allerdings bewusst und mit voller Absicht.

In unseren Interviews tauchten im Zusammenhang mit dem **Leitmotiv Moral** vor allem zwei Erscheinungsformen auf. Einige der Gesprächspartner machten die Erfahrung, dass sie von den moralischen Vorstellungen in ihrer christlichen Gemeinschaft vor allem eingeengt wurden. Sie fühlten sich unfrei, so zu leben, wie es ihren Vorstellungen entsprach. Dies betraf nicht nur das alltägliche Leben mit seinen vielen großen und kleinen Entscheidungen, sondern auch den Glauben selbst. Aus diesen Erfahrungen kristallisierte sich bei der Analyse der Gespräche der Typ der **Eingeengten** heraus. Beim zweiten Typ, den **Verletzten**, kam die Moral – und mit ihr häufig auch Macht – nicht nur einengend an die Persönlichkeit heran, sondern überschritt diese Grenzen sogar. In den Interviews tauchten alle möglichen Formen von Übergriffen und Verletzungen in Gemeinden und durch Christen auf. Diese waren teils geistlich, teil psychisch, aber auch körperlich und sexuell.

Letztlich kann man zum Leitmotiv Moral festhalten, dass immer das Verhalten von anderen Christen und der jeweiligen Gruppe oder Gemeinde einen entscheidenden Einfluss darauf hatte, dass die betreffenden Personen nicht mehr glauben (können). Der Verlust bzw. das Ablegen des Glaubens geht einher mit einem Bruch mit den betreffenden Personen und dient auch dazu, wieder die Souveränität über das eigene Leben zu erlangen.

Das zweite **Leitmotiv** dagegen, der **Intellekt**, hat mehr mit dem Innenleben der Personen selbst zu tun. Sie zweifeln an der christlichen Lehre, an einzelnen Glaubensaussagen oder kommen durch ihr Weltbild in einen Konflikt mit beispielsweise natur- oder geisteswissenschaftlichen Erkenntnissen und christlichen Glaubensinhalten. Mit der Zeit gelangen sie an einen Punkt, an dem sie den Glauben nicht mehr mit ihrem Denken in Übereinstimmung bringen, ja nicht einmal als getrennte Systeme nebeneinander stehen lassen können. Dies kann in verschiedenen Variationen geschehen. Schon ein stark naturwissenschaftlich geprägtes Weltbild kann reichen, den Glauben inhaltlich anzuzweifeln und zu verwerfen.

Die beiden Erscheinungsformen, die sich bei diesem Leitmotiv als typisch herausgestellt haben, sind die **Zweifelnden** und die **Grübelnden**. Während die Zweifelnden tatsächlich in einem inneren gedanklichen Konflikt stehen, wie sie die christliche mit einer zweiten Weltsicht in Verbindung bringen sollen, sind die Grübelnden in ihrem Zweifel eher auf sich selbst bezogen und hinterfragen stärker ihre Erfahrungen und Erkenntnismöglichkeiten und wie sie mit bestimmten Lehraussagen zusammenpassen. Im extremen Fall kann die Dekonversion beim Leitmotiv Intellekt zwar ganz bewusst, aber ohne Austausch mit irgendeinem anderen Menschen stattfinden.

Ebenfalls und in noch viel stärkerem Maße in der Person der Interviewten begründet ist das **Leitmotiv** der **Identität**. Doch anders als beim Leitmotiv Intellekt spielt hier das Umfeld, in dem Glaube und Dekonversion stattfinden, eine viel größere Rolle. Natürlich betrifft die Identität zunächst einmal nur das Individuum, jedoch wird sie im Miteinander mit anderen geformt und tritt dabei überhaupt erst zutage. Das bewusste Erkennen der eigenen Identität kann deshalb dazu führen, dass man bemerkt, dass der bisherige Glaube gar nicht zur eigenen Person passt. Die Ursachen hierfür sind verschieden. Bei den **Entwachsenen**, wie wir die eine Erscheinungsform genannt haben, ist es meist so, dass die Betreffenden in ihren Jungen-Erwachsenen- oder auch schon Teenagerjahren bemerken, dass der bislang wenig reflektierte Kinderglaube für sie keine tragfähige Basis mehr darstellt. Eine mögliche Reaktion darauf wäre es, einen reifen, selbst gewählten und reflektierten Glauben auszubilden. Doch entweder gelingt es den Entwachsenen nicht oder sie probieren es gar nicht erst. Für sie ist das Ablegen des Glaubens ein Schritt heraus aus der Kindheit. Dabei ist nicht gesagt, dass der vorherige Kinderglaube nicht echt und ernsthaft gewesen ist. Viel eher entspricht er einfach nicht mehr der erwachsenen Identität.

Bei den **Zerrissenen** geschieht die Auseinandersetzung mit dem Glauben im Spiegel der Identität in einer späteren Phase, also zu einer Zeit, in der schon ein bewusster Glaube vorhanden ist. Allerdings stehen hier der Glaube und die Art, wie er gelebt wird, in einem Widerspruch zum Erleben der eigenen Person und zu den Lebensentwürfen, die die Betroffenen für sich entwickelten. Meist wird daher zunächst die Gemeinschaft verlassen, was dann dazu führt, dass der Glaube und seine Praxis immer weniger wichtig und schließlich ganz aufgegeben werden. Auch kann es sein, dass bereits bestehende Anfragen und Zweifel durch die Auseinandersetzung mit der eigenen Identität verstärkt werden. In jedem Fall ist das Entdecken und

Leben der eigenen Identität bei diesem Typ der entscheidende Auslöser für das Nicht-mehr-Glauben.

Das letzte Leitmotiv spiegelt einen für das Christentum zentralen Punkt wider, allerdings kam es nicht ganz so häufig wie die anderen vor. Hierbei steht die **Gottesbeziehung** im Zentrum. Bei vielen bewusst als Christ lebenden Menschen ist eine persönliche Beziehung zu Gott der zentrale Punkt des Glaubens. Ist diese Beziehung aus Sicht der Gläubigen gestört, kann es ähnlich wie in einer menschlichen Beziehung zur Trennung kommen. Das für viele am Beginn ihres Glaubens wichtige und tröstende Bild eines Gottes, der sich ihnen persönlich zuwendet, kann sich aufgrund der weiteren Lebensereignisse als hinderlich erweisen.

Die **Enttäuschten** hatten die Sehnsucht, diese Beziehung zu Gott auch emotional und im täglichen Leben verspüren zu können, die sich jedoch für sie nicht erfüllte. Sie fühlen sich deshalb von Gott getäuscht bzw. sind enttäuscht. Entweder erschüttert dies ihren Glauben so sehr, dass sie ihn aufgeben, oder sie führen ein Leben, in dem sie den fernen Gott nicht weiter miteinbeziehen, dadurch weiteren Abstand gewinnen und schließlich den Glauben ganz ablegen.

Die **Geplagten** werden hingegen durch verschiedene Schicksalsschläge in ihrem eigenen Leben oder auch in ihrem Umfeld in ihrer Gottesbeziehung erschüttert. Dabei geht es nicht nur um eine rein gedankliche Auseinandersetzung mit der Frage der Theodizee, sondern um ein persönliches (Mit)Leiden, sodass es unmöglich wird, einem angeblich liebevollen Gott weiter zu vertrauen. Manche von ihnen werfen das Konzept eines Gottes generell über Bord, andere distanzieren sich wiederum schrittweise in ihrem Denken und Handeln von diesem Gott, bis er nicht mehr als Realität in Betracht gezogen wird.

Soweit die theoretische Darstellung der vier Leitmotive mit ihren jeweiligen Erscheinungsformen. Lassen wir diese nun jedoch lebendig werden.

„Sie sind nicht, wie sie singen": wenn der Glaube nicht mehr frei macht

Die Eingeengten – Claudia

Von ausgesprochenen und unausgesprochenen moralischen Standards, die in christlichen Gruppen und Gemeinden herrschen können, wurde uns häufig berichtet. In einigen Fällen sind sie und die damit verbundenen Machtstrukturen so dominant, dass sie nicht nur zu einem Verlassen der Gruppe, sondern auch zu einer gänzlichen Distanzierung vom Glauben führen können. Die Geschichte Claudias zeigt dies besonders deutlich. Zum Zeitpunkt des Interviews ist Claudia vierundzwanzig Jahre alt und arbeitet nach entsprechendem Studium im pädagogischen Bereich. Mit ihrem festen Partner lebt sie im Großraum München. Obwohl ihre Eltern sie als Kind evangelisch taufen ließen, spielte der Glauben in ihrer Familie keine weitere Rolle mehr. So kümmerten sie sich schon nicht mehr um die Anmeldung zum Konfirmandenunterricht. Ihre aktive Zeit in einer christlichen Kirche verbrachte Claudia dann später auch in einer freien evangelikalen Gemeinde, in der sie jedoch nie formales Mitglied wurde.

Claudia ist eine sehr energische junge Frau, die weiß, wer sie ist, und die ihre Bedürfnisse klar benennen kann. Mit ihrer Meinung hält sie nicht hinterm Berg und man kann sich gut vorstellen, wie sie anpackt und sich engagiert, wenn sie etwas als ihre Aufgabe betrachtet. Sie sieht sich grundsätzlich als „spirituellen" Menschen. Mit dem christlichen Glauben kam sie durch eine Schulfreundin in Kontakt, die zu der freien Gemeinde gehörte, die Claudia dann schließlich auch selbst besuchte.

Zunächst hegte Claudia große Skepsis gegenüber dem Glauben ihrer Freundin. In einer persönlich schwierigen Phase, die sie als *„Weltschmerz"* beschreibt, kontaktierte sie sie jedoch, um Trost zu bekommen. Im Gespräch, das die beiden führten, äußerte diese unter anderem, dass sie *„gern mal einen Tag mit Gott allein verbringen würde"*. Dieser *„sehr hoffnungsvolle Satz"* der Freundin weckte bei Claudia so große Neugierde, dass sie sie bat, ihr zu zeigen, wie man Gott kennenlernen könne. Die Freundin nahm Claudia von da an mit in die Gemeinde – der Einstieg in einen bewussten christlichen Glauben.

Schon recht schnell bemerkte sie jedoch eine Diskrepanz zwischen der Art, wie sie den Glauben für sich persönlich erlebte und wie er in der Gemeinde gestaltet und gepredigt wurde:

> *Ich bin dann zu einem Pfingstjugendtreffen mitgefahren. Für mich war die Gruppendynamik dort sehr eigenartig. Ich habe das damals ein bisschen negativ wahrgenommen, diese Stimmung, diese Masse, in die du da mit hineingezogen wirst und gegen die du dich nicht wehren kannst. Das habe ich als Fünfzehnjährige als total gruselig empfunden, weil ich das Gefühl hatte, dass ich mich gar nicht dagegenstellen kann.*

Persönlich machte der Glaube sie jedoch endlich sprachfähig für spirituelle Erfahrungen und Gedanken, die sie vorher bereits empfunden hatte, aber nicht auszudrücken wusste: *„An was Übernatürliches habe ich schon geglaubt und auch, dass es eine geistliche Welt gibt, nur habe ich das damals nicht benennen können."* Auch machte sie wiederholt Erfahrungen, bei denen sie den Eindruck hatte, von Gott persönlich angesprochen zu werden und sein Reden zu hören.

Die Atmosphäre in der Gemeinde war für sie dagegen stark geprägt von Regeln und Vorschriften zum richtigen und moralischen Leben. Es gab darüber hinaus konkrete Vorstellungen zu den Geschlechterrollen, die für Claudia einen großen Reibungspunkt darstellten: *„Das typische Ding, die Frauenfrage, also das Unterordnen: Hallo, ich bin nicht so eine Frau, ich bin nicht so ein Mäuschen."* Auch die Gottesdienste entsprachen nicht der Art, wie Claudia sie sich gewünscht hätte: *„Der Gottesdienst ist anders. Da gibt es total starre Strukturen. Ich habe gemerkt, dass sich die Leute nicht wohlfühlen; sie beugen sich unter irgendwas, wo sie selbst sich nicht mit wohlfühlen, was sie nicht unterschreiben können."*

Bereits zu Beginn fühlte sie sich in ihrer Gemeinde nicht so recht wohl: *„Ich habe dann in der Jugendgruppe dauernd das Gefühl gehabt, immer die Ungläubige zu sein. ‚Die müssen wir jetzt retten, und die raucht auch noch.'"* Trotz dieser schon am Anfang einsetzenden Schwierigkeiten ging sie bewusst und aktiv in die Gemeinde, da es ihr wichtig war, Gott kennenzulernen und mehr über ihn herauszufinden. Außerdem gelang es ihr so, stärker zu einem Teil der Gemeinde zu werden. Ein wichtiger Aspekt im Glauben war für sie die Nächstenliebe. Dies und die Frage nach einem vernünftigen Umgang mit der Bibel sind Themen, die sie auch noch während des Interviews beschäftigen.

Als positiv ist Claudia aus ihrer Zeit in der Gemeinde der Hauskreis in Erinnerung geblieben, in dem sie sich in offener, freundschaftlicher Atmosphäre über alle Themen austauschen konnte. Auch andere private Gespräche und Erlebnisse mit anderen Gemeindegliedern bedeuten ihr im Nachhinein noch viel. Nicht zuletzt hat sie auch ihren heutigen Partner in der Gemeinde kennengelernt. Diese positiven Erfahrungen mit Einzelnen stehen in einem krassen Gegensatz dazu, wie sie die Gemeinde als Ganzes empfand. Unangenehm aufgefallen sind ihr von Anfang an ein gewisser Gruppendruck, eine ungesunde soziale Dynamik und manipulative Strukturen. *„Da gibt's dann einen unausgesprochenen Verhaltenskatalog. Das wird irgendwie von der Gruppe kontrolliert und du musst einfach mitziehen."*

Im Rückblick bemerkt sie bei sich eine Verhaltensänderung:

> *Ich habe jetzt im Nachhinein gemerkt, dass ich viel von diesem Verhaltenskodex übernommen habe. Ich bin in diese Gruppe hineingezogen worden und habe viel von dem Glauben, der in der Gemeinde gepredigt wurde oder unausgesprochen da war, einfach angenommen. Ich habe mich natürlich anpassen müssen, damit ich da angenommen bin. Dass ich Musik weitermachen kann, das war mir sehr wichtig.*

Daher gab sie sich mitunter so, wie es eigentlich nicht ihrem Wesen und ihren Überzeugungen entsprach, um zur Gruppe dazuzugehören:

> *Ich habe viel von dem Verhaltenskodex übernommen. Ich habe zum Beispiel viel mehr auf Kleidung geachtet, dass ich keinen tiefen Ausschnitt anhabe oder so was. Solche unausgesprochenen Regeln hat es natürlich gegeben, wie nicht zu kurz, nicht zu tief ausgeschnitten, nicht zu hochhackig. Weil das ist ja dann auch schon wieder zu nuttig.*

Ähnliches bemerkte sie auch bei anderen Mitgliedern ihrer Gemeinde. Obwohl sie versuchte, diese Tendenzen offen anzusprechen, schaffte sie es nicht, ihren Anliegen Gehör zu verschaffen. Mit einzelnen Gemeindegliedern war es nur im informellen Kontext möglich, die ihrer Einschätzung nach ungesunden Dynamiken zu thematisieren.

Trotz dieser Schwierigkeiten engagierte Claudia sich in ihrer Gemeinde. Vor allem das Musikmachen im Gottesdienst, später auch die Leitung des Lobpreisteams, war ein Bereich, in den sie sich voll einbrachte. Sie sah darin eine Chance, in der Gemeinde etwas zu bewegen, sie aktiv zu gestalten und an den sie störenden Punkten eine Veränderung zu bewirken, besonders in den Gottesdiensten: *„Ich habe die Gottesdienste immer als sehr, sehr drückend und angespannt empfunden."*

Der moralische und soziale Druck, die negativen Strukturen, die Lieblosigkeit und die enge Lehre führten bei Claudia jedoch zu einem immer stärker werdenden Leidensdruck. *„Sie reden irgendwie von Freiheit. Gott und Glaube machen frei, aber gleichzeitig stellen sie so viele Regeln und Gesetze auf, die man alle einhalten muss, weil man sonst nicht mehr bei Gott ist."* Die Versuche, die als ungesund empfundenen Strukturen zu verändern, wie zum Beispiel offen Themen anzusprechen, den starren Ablauf des Gottesdienstes interaktiver zu gestalten, hatten jedoch nicht den erhofften Erfolg:

> *Viele von meinen Versuchen sind abgeblockt worden und das war natürlich frustrierend, weil ich mir dachte: Ich bring mich hier ein, engagiere mich, ich versuche, dass mehr Leute kommen, dass die Gemeinde irgendwie schöner wird für alle, und das wird total abgeblockt. Nein, Veränderung, das wollen wir nicht.*

Schließlich kam Claudia durch den Druck, den sie in der Gemeinde empfand, in einen Zustand, der einem Burn-out ähnlich war. Sie ging immer seltener in den Gottesdienst und entschloss schließlich in einem längeren Prozess gemeinsam mit ihrem Partner, nicht mehr in die Gemeinde zu gehen bzw. auszutreten. Ein Schlüsselerlebnis, das zu dem endgültigen Bruch mit der Gemeinde und dann auch dem Glauben selbst führte, hatte sie während eines Gottesdienstes.

Mit dem Prediger war zuvor abgesprochen worden, dass sie eine längere Lobpreiszeit leiten sollte. Diese Abmachung wurde von seiner Seite aus aber übergangen, ohne dass sie eine Chance hatte, zu intervenieren oder auf die Absprache hinzuweisen. Der Prediger stellte den geänderten Ablauf einfach als seine Reaktion auf das Reden des Heiligen Geistes dar. Für Claudia war dies zum einen unglaubwürdig, da der Prediger für extrem lange Ansprachen bekannt war und sie bereits im Vorfeld den Eindruck hatte, dass er dem Lobpreis eigentlich nur widerwillig mehr Zeit einräumte. Zum anderen war sie durch die Art und Weise, wie es geschah, sehr verletzt, da der Prediger seine Stellung und seinen Status in der Gemeinde für eigene Zwecke ausnutzte.

Claudia empfindet den Bruch mit der Gemeinde als große Befreiung und Erleichterung. Interessanterweise waren der christliche Glaube und die Gemeinde für sie so eng miteinander verbunden, dass das Verlassen der einengenden Gruppe für sie auch die Abwendung vom Glauben zur Folge hatte. Sie genießt es, sich wieder so verhalten und geben zu können, wie es ihrem Wesen und auch ihren Ansichten und Überzeugungen entspricht. *„Ich stehe viel mehr hinter den Entscheidungen, die ich treffe, und das ist wirklich ein gutes Gefühl, weil ich voll dahinter bin und mich nichts verunsichert bei den Entscheidungen, die ich treffe."*

Vielen christlichen Vokabeln gegenüber empfindet sie mittlerweile eine große Abneigung, die bis zum Ekel geht. Gleichzeitig bedauert sie es, nicht mehr im christlichen Sinn glauben zu können, da sie sich nach wie vor als spirituellen Menschen sieht, gerne über Glaubensthemen spricht und ihre Erfahrungen nun in neue sprachliche Bilder fassen muss.

Zu der Freundin, durch die sie mit der Gemeinde und Gott in Kontakt kam, hat sie nach wie vor ein sehr enges Verhältnis. Weil sie vermutet, dass diese wegen Claudias Abkehr von Glauben und Gemeinde unter einem besonderen Druck steht, schätzt sie es besonders, dass sich dies nicht auf die Freundschaft überträgt. Auch mit einigen anderen Gemeindemitgliedern ist sie weiterhin in Kontakt. In einem Fall kam es allerdings auch zu einem Auseinandergehen im Streit, *„weil ich bei ihr ganz genau gespürt habe, wie sie auf mich herabblickt, weil ich nicht mehr so lebe, wie es die Ge-*

meinde für angemessen hält. Ihr war das aber überhaupt nicht bewusst."

Dem Großteil der Gemeinde unterstellt Claudia Desinteresse ihr gegenüber, weil viele auf ihren Austritt überhaupt nicht reagiert haben. Sie geht davon aus, dass die meisten sie moralisch verurteilen, da sie mit ihrem Partner unverheiratet zusammenlebt. Auch geistliche Geringschätzung würde sie nicht verwundern, da sie aus Sicht der Gemeinde die Wahrheit erkannt und sich nun wieder von ihr abgewendet hat. Ähnlich war es auch mit *„Knackpunktthemen wie Homosexualität. Ich kann es nicht schlecht finden, in der Gemeinde musst du es aber schlecht finden. Da bist du irgendwie komisch, wenn du nicht sagst: Das finde ich schlecht."* Während ihrer aktiven Zeit war es Lehre und auch Praxis, sich von Menschen, die dem geistlichen und moralischen Standard nicht entsprachen, abzusondern, sodass sie davon ausgeht, dass dasselbe nun auch in Bezug auf sie selbst geschieht.

Die Enge, der Claudia sich in der Gemeinde ausgesetzt sah, widersprach der propagierten Freiheit durch den Glauben. Um dieser Enge zu entkommen, entschloss sie sich dazu, nicht nur die Gemeinde, sondern auch den Glauben zu verlassen.

Die Verletzten – Ines

Bei Ines ging der negative Einfluss der Moral weiter als bei Claudia. Er machte nicht an ihren persönlichen Grenzen halt, sondern drang noch tiefer in ihre Persönlichkeit ein und führte so zu ihrer Dekonversion. Ines ist 22, wohnt in Mainz und studiert Biologie. Sie stammt aus einer traditionellen katholischen Familie, ihre christliche Prägung kommt aber eher aus freikirchlich-charismatischen Kreisen. Ihre Mutter besuchte, schon als Ines noch ein Kind war, viele charismatische Konferenzen und vor allem Sommerfreizeiten, an denen dann die ganze Familie teilnahm. Auf einer solchen Freizeit hatte sie (zusammen mit dem Rest ihrer Familie) ein Bekehrungserlebnis und ließ sich direkt danach taufen. Mit ihren zwölf Jahren hat sie dieses Ereignis sehr bewusst erlebt; ihr religiöses Leben änderte sich schlagartig.

Die ganze Familie lebte fortan aktiv ihren Glauben und schloss sich einer freien Gemeinde an. Ines selbst war sehr aktiv im Schülerbibelkreis, Jugendkreis, Lobpreisteam und auf Konferenzen und Freizeiten – jeweils im charismatischen Umfeld. Die katholische Kirche blieb in der Folge zwar nach wie vor eine Art Basis für ihren Glauben, den sie jedoch in vielen verschiedenen Kreisen und Kirchen lebte. *„Ich glaube, ich war in fast allen christlichen Veranstaltungen im Umkreis und habe an fast allen Kreisen teilgenommen."* Am besten lässt sich ihre Art des Glaubens im Kontext der charismatischen Gemeindeerneuerung verorten, die zu ihrer geistlichen Heimat wurde. Ihren Glauben beschreibt Ines zu der Zeit als stark erlebnisorientiert, Lobpreis spielte eine zentrale Rolle in ihrem Leben. Dabei war Lobpreis für sie nicht nur eine musikalische Ausdrucksform – sie spielte in einer Lobpreisband mit –, sondern gehörte auch zur alltäglichen Lebensführung. Es ging ihr vor allem darum, Gott zu erleben. Und er sprach zu ihr – in unterschiedlichsten Situationen, durch Bilder, Eindrücke, während Gebeten und in alle Entscheidungen hinein. Gott wollte ihr Leben regieren, er sollte die Nummer eins sein. Dies galt sowohl für große Lebensentscheidungen (*„Wo soll ich mein soziales Jahr machen?"*) als auch für die Kleinigkeiten im Alltag (*„Auf welchen Sitz im Bus soll ich mich jetzt setzen, Gott, um mit jemandem ins Gespräch zu kommen?"*).

Ines führte ein erfülltes und glückliches Leben; sie war beliebt, klug und wurde von Gott gebraucht, um anderen Menschen zu helfen: *„Ich hatte sehr stark das Gefühl, dass Gott zu mir spricht, dass er mich gebraucht, und ich hatte dann auch immer Prophetien für andere. Es wurden sogar Leute durch mein Gebet geheilt."*

Besonders die Offenheit ihrer Leiter hat Ines sehr beeindruckt; sie haben sich Zeit genommen und geredet, gebetet, gesegnet und ihr vieles erklärt – sie waren sehr authentisch. Ihr Glaube war also geprägt von Erlebnissen mit Gott, den Rahmen dazu bildeten die verschiedenen Gruppen und Veranstaltungenm, zwischen denen sie hin- und hersprang. Dafür investierte sie viel von ihrer Zeit und arbeitete ehrenamtlich auch gemeindeübergreifend bei den unterschiedlichsten Veranstaltungen und Kreisen mit. Besonders prägend waren die bereits erwähnten Konferenzen und Freizeiten. Hier hatte sie den Eindruck, besonders gesegnet zu sein und Gott noch näher kommen zu können als im Alltag. Hier konnte sie auftanken, hier war sie Gott unmittelbar nah.

> *Die Konferenzen und Freizeiten waren wahnsinnig wichtig für mich und ich habe da immer richtig darauf hingefiebert. Da haben wir immer krasse Sachen erlebt: wie Gott Menschen heilt, wie Gott körperlich spürbar nahe war und wie wir von Gott beschenkt werden.*

Neben den Erlebnissen und Erfahrungen war es Ines immer wichtig, dass sie nach dem Willen Gottes lebte; dem sollte sich alles andere unterordnen. Dennoch bewegte sie die Frage, warum sie auf der einen Seite die Gegenwart Gottes so stark erlebte, auf der anderen Seite aber ihr Vater schwer krank war und seine Beschwerden nicht besser wurden. Warum wurden manche Menschen von Gott geheilt und andere nicht? Zwar fand sie darauf keine Antwort, aber sie erlebte Gott gleichzeitig so stark, dass sie diese offene Frage gut aushalten konnte. Sie beruhigte sich damit, dass Gott schon wusste, was er tat.

Nach dem erfolgreichen Abitur überlegte Ines, ob sie auf eine Bibelschule gehen sollte, aber dann entschied sie sich für einen Missionseinsatz, der zunächst einmal ein Jahr dauern sollte. Für das Freiwillige Soziale Jahr meldete sie sich in Australien bei einer christlichen Organisation an, die sie bislang nicht kannte. Gespannt und voller Vorfreude begann Ines dann ihr Missionsjahr für Gott. Schon bald merkte sie jedoch, dass in Australien die Uhren anders tickten als in Deutschland. Sie arbeitete in einer großen Gemeinde in einem Team als einzige Deutsche. Dies bedeutete in der Hauptsache, Missionsarbeit unter Jugendlichen in der Schule zu leisten.

Schon bald nach dem Start gab es erste Probleme. Sie mussten sechs Tage die Woche acht bis zwölf Stunden arbeiten und sonntags in den Gottesdienst gehen. Es ging bei ihrer Arbeit vor allem um Zahlen: Wie viele Leute kamen in die Veranstaltung? Wie viele hatten sich bekehrt und wie viele davon gingen jetzt in den Gottesdienst? Dazu mussten Ines und ihr Team eine Liste anfertigen, auf der die Namen der Jugendlichen, mit denen sie in den Schulen arbeiteten, standen. Auf der Liste gab es zwei Spalten, die eine mit den Namen der Bekehrten und die andere mit den Namen der Noch-nicht-Bekehrten. Dies setzte das ganze Team unter Druck, da es natürlich darum ging, möglichst viele Namen von der einen in die andere Spalte zu bekommen. Dazu gab es ein System mit klaren Vorgaben: Jede Person im Team sollte vier Jugendliche bekehren und diese dann wieder vier, ähnlich wie bei einem Schneeballsystem. *„Wir mussten immer wieder unsere Erfolge messen, sobald jemand in den Jugendkreis gekommen ist oder wie viele sich haben taufen lassen; es wurde immer wieder in Zahlen gemessen."*

Dazu gab es eine klare Leitungshierarchie, die es einzuhalten galt. Egal, ob es um die Schuljugendarbeit ging oder kleine private Angelegenheiten. *„Mein Teamleiter wollte immer Dinge, die keinen Sinn machten und gar nicht machbar waren. Das war schwer zu ertragen, und die Frage war dann, was war denn jetzt Gottes Wille?"* Wenn Ines widersprach oder sich über die Situation beschwerte, wurde ihr von ihren Leitern zur Antwort gegeben: *„Gott lehrt dich Demut."* So spürte Ines konstant geistlichen und psychischen Druck. Hinzu kam dann noch *„Mobbing einzelner Teammitgliedern, die im Keller schlafen mussten und so. Da gab es so viele Dinge, die mich gestört haben, weil wir so scheiße behandelt wurden. Auf der einen Seite gab es eine große Show nach außen und auf der anderen Seite so was."*

Die Art und Weise, wie Christsein gelebt wurde, hatte nur wenig gemein mit dem hilfreichen und inspirierenden Glauben, den sie in Deutschland erlebt hatte. Der Kontrast in Bezug auf die Leiter hätte kaum größer sein können. Statt Unterstützung und Ermutigung erfuhr sie Druck, Regeln und Übergriffe. Am Ende des Jahres hatten dann ein paar Leute den „Eindruck", dass Ines ein zweites Jahr bleiben sollte, was sie zusätzlich unter Druck setzte. *„All das hat mich total überfordert. Die Arbeit in der Schule hat mir schon Spaß gemacht, aber die Leiter waren total beschissen. Ich wollte mich auch nicht gegen Gottes Willen sperren, das war alles verwirrend."*

Nach vielen Telefonaten mit Freunden in Deutschland und ihren Eltern entschloss sich Ines dann, wie geplant nach einem Jahr nach Hause zu kommen. Doch die negativen Erfahrungen, die sie in Australien gemacht hatte, hatten sie tiefer getroffen, als sie zunächst vermutet hätte. *„Als ich dann zu Hause ankam, bin ich total zusammengebrochen."* Ines ging es so schlecht, dass sie ständig weinen musste und sogar Selbstmordgedanken hatte.

> *Ich wusste relativ schnell, dass ich Hilfe brauchte, dass ich wahrscheinlich eine Depression habe. Aber das Krasse war, dass es noch ein dreiviertel Jahr dauerte, bis mir jemand helfen wollte. Ich war bei zwei Psychologen, aber die haben mich einfach wieder nach Hause geschickt und haben gesagt, dass das die Umstellung nach dem Auslandsaufenthalt ist.*

Auch bei ihren Mitchristen fand Ines keine richtige Hilfe: *„Ganz viele haben gesagt, ich soll mehr beten, mehr Zeit vor dem Thron Gottes verbringen, dann wird es wieder besser werden."* Aber das half Ines nicht. Sie wurde immer verzweifelter und merkte, wie es ihr immer schwerer fiel zu glauben. Gleichzeitig hing an ihrem Glauben auch ihr Leben: *„Dann weiß ich nicht mehr, wie ich leben soll."*

Schließlich fand sie eine Psychologin, die eine Depression bei ihr diagnostizierte und sie auch behandelte. Etwa ein halbes Jahr später kam Ines außerdem mit einer christlichen Seelsorgerin in Kontakt, die sie begleitete und ihr keinen zusätzlichen Druck oder Stress machte. Denn das war offensichtlich mit ein Auslöser ihrer Krise. Die Seelsorgerin gab ihr die Freiheit, alle Verzweiflung und alles Negative bei Gott rauszulassen und dabei das Thema Gott erst einmal beiseitezulassen, was ihr sehr half. In den Gesprächen wurde Ines dann klar, dass es nicht nur um das Jahr in Australien ging, sondern dass sie schon davor teilweise in einer unwirklichen christlichen Welt gelebt hatte und viele Situationen in ihrem Alltagsleben auf falsche Weise vergeistlicht hatte.

> *Ich habe jetzt den Eindruck, dass manche Menschen, die ich vorher super fand, eigentlich am realen Leben vorbei leben. Sie leben wie in einer christlichen Blase, in einer Art Parallelwelt. Ich hatte nicht mehr den Drang, auf Konferenzen und Freizeiten zu gehen. Im Gegenteil, ich fand das alles plötzlich fremd.*

Parallel dazu zog sich Ines immer mehr aus christlichen Kreisen und Veranstaltungen zurück, weil sie sich zunehmend unwohl fühlte. Zunehmend bemerkte sie, dass einige Glaubenssichten und -prägungen, von denen sie vorher begeistert gewesen war, mit Abstand betrachtet gar nicht so positiv und harmlos waren. Sei es die Gefahr von Manipulation durch sogenannte „Eindrücke" oder dass bei Kritik schnell gesagt wurde, dass Menschen mit abweichender Meinung *„verblendet seien oder halt mehr um die Führung des Heiligen Geistes beten müssen"*. Zum ersten Mal kamen ihr Zweifel, ob christliche Leiter immer nach bestem Wissen und Gewissen handeln. Und ob, selbst wenn sie dies tun, die Manipulationen einfach so hinnehmbar sind. War sie selbst vielleicht auch davon betroffen gewesen? Wurden ihre Grenzen immer gewahrt? Und was sagte Gott eigentlich dazu? Ließ er das alles zu? War das seine stille Zustimmung? *„Warum können Menschen so einen Bullshit in seinem Namen tun und ihn stört es nicht?"*

In der Gemeinde und bei ihren christlichen Freunden fühlte sich Ines mit ihren Fragen und Zweifeln nicht ernst genommen. Die Antworten, die sie bekam, ähnelten sich indes: *„Wir haben dann oft miteinander gebetet, dass wir die Gefäße Gottes sind und er durch uns fließt und ich weniger eigensüchtig sein und ganz auf den Willen Gottes hören soll."* Aber ihre Depression dauerte an und ihre Fragen und Zweifel wurden eher mehr, statt abzuklingen. Ihr Gebet war noch lange Zeit, dass *„Gott aus dem Zerbruch was Großes machen soll und dass diese Zeit eine Art geistliches Training"* für sie sein möge. Aber sie bekam in Gottesdiensten, Gebetsstunden oder Jugendkreisen zunehmend Angstzustände, sogar körperliche Schmerzen und Panikattacken, sodass sie immer seltener christliche Veranstaltungen besuchte. Besonders das permanente Leben zwischen Hoffnung und Enttäuschung, die ständige Frage, wann Gott eingreift und wann nicht, das bange Warten, ob er heilt oder nicht – all diese Spannungen waren für Ines kaum noch auszuhalten. Sie begann schließlich in der Nähe ihrer Eltern mit einem Studium und versuchte, ein normales Leben – ohne den Glauben – zu führen.

Mit ihren Eltern konnte sie über ihre Situation kaum sprechen. Viele ihrer Freunde verstanden sie nicht und schickten ihr Bibelverse und Gebete, die Ines aber nicht weiterhalfen. Einzig ihre Seelsorgerin war für sie eine gute Ansprechpartnerin in dieser Zeit. Diese ermutigte sie dann auch, sich nicht weiter krampfhaft in ihren Glauben zu verbeißen, sondern loszulassen. *„Sie hat mir auch gesagt, dass das geistlicher Missbrauch ist, was ich erlebt habe, und dass viele Reaktionen ganz normal sind."* So wurde ihr nach und nach klar, dass Druck, Manipulation und Erwartungen vonseiten ihrer Leiter sie in ihrer Persönlichkeit verletzt hatten. Und weil ihr Glaube sehr tief ging und dabei alltagsnah war, musste er fast zwangsläufig ebenfalls Schaden nehmen.

Ines machte langsame Fortschritte und begann, sich zu verändern. Sie besuchte keine christlichen Veranstaltungen mehr und hörte auf zu beten. Das fiel ihr zunächst schwer, aber sie merkte, dass sie ohne Gott besser leben und langsam ihren Alltag wieder selbst gestalten konnte. Die negativen Erfahrungen verloren nach und nach ihre Wirkung.

> *Ich habe mich total verändert von meiner Einstellung her. Ich kann das Leben jetzt genießen und will nicht mehr so perfektionistisch sein und alles planen. Ich habe auch nicht mehr den inneren Drang, alles zu vergeistlichen, und dass ich ständig Gottes Willen tun muss, wenn ich nur lang genug bete, und er mir dann sagt, was ich tun soll.*

Im Laufe von Seelsorge- und Therapiegesprächen fing Ines an, systematisch ihren Glauben zu hinterfragen und sich dann von ihm zu lösen. Das war nicht einfach für sie und sie fühlte sich gerade in dieser

Situation zunehmend von Gott verlassen: *„Es gibt ja diese Bibelstelle, warum Gott seinen Kindern Steine geben sollte. Und genau das habe ich gedacht: Ich bekomme nur Steine von Gott!"* Sie betete, aber bekam keine Antwort mehr: *„Ich habe das Gefühl, Gott meldet sich bei mir nicht mehr."* Dann kam der Punkt, an dem sie für sich eine Entscheidung traf und sich bewusst von ihrem Glauben an Gott löste.

Ines fühlt sich noch sehr unsicher in ihrem „Nichtglauben", spürt aber, dass es für sie eine große Befreiung ist. Sie führt ihr Studium fort, hat aber nur noch teilweise Kontakt zu christlichen Freunden. Sobald sie eine Gemeinde besucht oder auch nur eine Predigt hört, geht es ihr schlechter, auch körperlich. Mit ihren Eltern kann sie über ihre Entkehrung nicht reden, was für sie schwierig ist. Aber sie weiß, dass sie auf einem guten Weg ist. Vor einiger Zeit hat sie einen weiteren Auslandsaufenthalt gewagt, der für sie sehr positiv war und sie in ihrer Entscheidung, nicht mehr glauben zu wollen, bestärkt hat. Jetzt möchte sie ihr Studium abschließen und in ihrem Beruf arbeiten.

Ines sieht wieder eine Zukunft für ihr Leben. Vieles hat sie aufgearbeitet, manches wird aber sicher noch eine Zeit brauchen. Wenn sie zurückblickt, sieht sie vieles kritisch, was auch einer der Gründe dafür war, mit uns das Gespräch zu führen. Für sie läuft vieles falsch, besonders in Freikirchen:

> *Die wollen immer so radikal sein und das geht schon bei den Kindern los und dann in der Jugendgruppe weiter. Die sind noch so jung und müssen aber alle der gleichen Meinung sein wie der Pastor und plappern am besten alles nach. Also, das ist meine Erfahrung in den verschiedenen Freikirchen, in denen ich war, und dann brechen sie irgendwann aus und wenden sich radikal ab oder sie bleiben halt in der Spur. Diese zwei Extreme habe ich kennengelernt. Aber sie entwickeln keinen eigenen Glauben, nichts Eigenes. Das finde ich so fahrlässig.*

Ines sieht heute deutlich die Gefahr, die davon ausgehen kann, wenn der Glaube mit zu viel Druck und Erwartungen an den Einzelnen gekoppelt ist. Dabei kann, wie bei Ines, Glaube erschüttert, Persönlichkeit verletzt und Leben zerstört werden.

„Ich zweifle, also bin ich?“: wenn der Glaube nicht wahr sein kann

Die Zweifelnden – Nicolo

Manche Menschen verlieren offenbar ihren Glauben, ohne dass sie sich dabei mit jemandem aus ihrem christlichen Umfeld austauschen. Nicolo ist mit seiner Geschichte ein typisches Beispiel für diejenigen, die durch ihre intellektuellen Zweifel in einen Konflikt kommen, der sich nur dadurch lösen lässt, dass sie sich vom Glauben abwenden. Er ist achtundzwanzig Jahre alt, arbeitet in der Flugbranche und stammt ursprünglich aus Italien. Mit Mitte zwanzig zog er nach Deutschland und lebt heute in Dresden. Er stammt aus einer freikirchlichen Familie, die in einer konservativen Tradition steht und lebt. Bis zu seinem Umzug nach Deutschland war er auch in der Gemeinde seiner Eltern aktiv. Nicolo ist also in den Glauben hineingewachsen und empfand sein Leben als stimmig. In Gott, der Bibel und der Gemeinde hatte er seinen Lebenssinn gefunden.

Einer seiner Charakterzüge ist es, den Dingen intensiv auf den Grund zu gehen. Und so hat er sich schon früh stark mit der Bibel und Glaubensinhalten auseinandergesetzt und dabei auch eine Stärkung seines Glaubens erfahren. Sein Intellekt stellte in dieser Periode keinerlei Hindernis zum Glauben dar.

> *Es gibt mehrere Arten von Christen, und ich war so ein Christ, der komplett verliebt in die Bibel, in Gott, in das Christliche war. Alle meine Freunde waren Christen, alle. Ich hatte keine Freunde außerhalb und ich war komplett glücklich und zufrieden. Aber ich war auch der Typ, der immer gefragt hat: „Warum ist das so?“, und deshalb habe ich immer intensiv in der Bibel gelesen und geforscht. Es hat mir nie gereicht zu sagen: „Ich fühle mich gut“, ich wollte es auch wissen.*

Seine Zeit in der Gemeinde und der christlichen Welt beschreibt er als glücklich; er fühlte sich wohl und es ging ihm gut. Wie sein christliches Umfeld sah er die Bibel als wörtliche Offenbarung Gottes, an der man sein Leben auszurichten hat.

Die Bibel ist Gottes Wort und alles, was in ihr steht, ist zu glauben. Nicht an die Bibel zu glauben, heißt dann aber auch, schlechter zu glauben. Ich habe da keinen Druck bekommen, aber wenn ich eine ungläubige Freundin nach Hause gebracht hätte, hätten meine Eltern das schlecht gefunden.

Nicolo hat sich in seiner Jugendzeit immer aktiv als Mitarbeiter in seine Gemeinde eingebracht, indem er unter anderem gepredigt und Freizeiten geleitet hat. Er nahm sogar an verschiedenen Missionseinsätzen teil, um andere zum Glauben an Jesus zu bekehren. Nur zwischen 18 und 21 hatte er eine Phase, in der er mehr *„an Mädchen interessiert war"* als an der Bibel. Mit 22 Jahren wandte er sich dann jedoch wieder intensiver dem Glauben und der Gemeinde zu. *„Ich habe jeden Tag gebetet, habe regelmäßig Bibel gelesen und habe eine intensive Beziehung zu Gott gehabt."*

Mit dem Umzug nach Deutschland mit 24 Jahren veränderten sich zwar das Land und die Kultur, in der Nicolo sich bewegte, jedoch suchte er sich auch hier ein religiöses, evangelikal geprägtes Umfeld. So ging er zunächst in eine deutsche christliche Gemeinde, die jedoch eine geringere Bedeutung für ihn hatte als die in seiner Heimat. Relativ bald heiratete er auch eine deutsche, ebenfalls bewusst gläubige Frau. Nicolo begann ein Studium und sein Leben verlief erst einmal ideal und ohne nennenswerte Probleme. Nach ein paar Monaten Ehe stieß er jedoch auf ein Buch von Richard Dawkins, das er zunächst mit Schriften von C.S. Lewis verglich, wobei er Lewis die besseren Argumente zuschrieb. Trotz allem markierte die Dawkinslektüre den Beginn einer intellektuellen Reise in den Zweifel und war Auslöser dafür, dass er sich auch mit den Thesen anderer atheistischer Autoren auseinandersetzte.

Sechs Monate lang erhielt Nicolo den Schein seines christlichen Lebens nach außen hin weiter aufrecht, während er sich innerlich immer weiter vom Glauben entfernte. Er kämpfte stark darum, seinen Glauben zu behalten, war letztendlich jedoch nicht in der Lage dazu, da die Zweifel am Christentum und überhaupt an der Existenz eines Gottes immer stärker wurden. Die Argumente, mit denen er sich auseinandersetzte, gewannen schließlich die Oberhand.

Ich habe weiter als Christ gelebt und habe eigentlich mit niemandem darüber geredet. Ich wollte das mit mir und mit Gott ausmachen. Ich habe viele Bücher gelesen und viel in der Bibel gelesen, über Monate ging das so. Und ich habe viel gekämpft und langsam, langsam merkte ich: Das passt hier nicht. Hier ist was falsch. Und dann habe ich gesagt: Ich glaube nicht mehr an Gott.

Nach dieser Entscheidung gingen weitere Monate ins Land, bevor Nicolo begann, mit seiner Frau darüber zu reden. *„Ich hatte Angst vor den Gesprächen mit meiner Frau, aber auch mit meiner Familie und meinen Freunden. Aber ich konnte ja nicht so weitermachen, als wäre nichts gewesen."* Die Entscheidung, sich von Gott, seinem Glauben und seinem christlichen Leben zu trennen, hatte für Nicolo große Auswirkungen. Seine Frau, viele seiner Freunde und ebenso seine Geschwister und Eltern können diesen Schritt bis heute nicht nachvollziehen. Es begann für ihn ein schmerzhafter Prozess, der vor allem starke Auswirkungen auf seine Ehe hatte. Nach zwei Jahren kam es dann auch zur Trennung. *„Nachdem ich mich von Gott abgewandt hatte, hat sich mein Leben sehr verändert, und das konnte und wollte meine Frau nicht akzeptieren. Wir haben viele Gespräche geführt und nach Lösungen gesucht, aber sie wollte einen gläubigen Mann, und das war ich nicht mehr."*

Nicolos Dekonversion war mehr als ein geistiger Akt, ein rein inneres Abwenden von Gott, sie bedeutete einen Einschnitt in sein gesamtes Leben. Auch wenn ihm die Ausmaße nicht von Anfang an klar waren bzw. nicht klar sein konnten, hat er den Schritt sehr bewusst vollzogen. Er setzte sich ausführlich mit Gott, seinem Glauben und sich selbst auseinander, wog Argumente und Gegenargumente ab, bis er für sich selbst zu einem überzeugenden Ergebnis kam:

Ich sehe kein richtiges Argument, keinen richtigen Beweis, sodass ich sagen könnte: „Es gibt Gott." Ich glaube, dass es für das, was ich früher geglaubt habe, gereicht hat. Da ich heute keine besseren Argumente finde, bleibe ich skeptisch. Ich würde auch nicht sagen, dass ich nicht glaube, dass es einen Gott gibt. Ich würde sagen, ich habe keine Beweise, dass es einen

Gott gibt. Ich bin also theoretisch ein Agnostiker, aber ich sehe mich selbst als Atheist.

Seine tief gehende intellektuelle Auseinandersetzung mit dem Glauben begann, wie beschrieben, nicht erst mit der Lektüre von Richard Dawkins, aber durch sie setzten sich die ersten ernsthaften Zweifel in seinen Gedanken fest:

Das Buch war der Auslöser für mein Nachdenken, ich habe mir damals Notizen gemacht, und die waren eigentlich sehr negativ und haben mich nicht überzeugt. Aber ich bin sehr wissenschaftlich interessiert und Dawkins ist ein großer Biologe, und das, was er gesagt hat, hat bei mir viel ausgelöst. Und dann haben mich seine Fragen nicht mehr losgelassen und ich habe immer mehr darüber nachgedacht, was an meinem Glauben eigentlich Sinn macht. Ich fand meine neuen Gedanken einfach vernünftig.

Es waren mehrere Aspekte, über die Nicolo nachgedacht hat und die ihn letztendlich dazu brachten, mit seinem Glauben an Gott zu brechen. Der erste war Dawkins Argumentation für die Evolution aus biologischer Sicht. Für Nicolo war es zuvor selbstverständlich, die Bibel möglichst wörtlich zu nehmen und auch in Familie und Gemeinde ging man ganz selbstverständlich von der Richtigkeit des Kreationismus aus. Dawkins biologische Argumente erschienen Nicolo nun einfach schlüssiger.

Ein weiterer Punkt war das Alte Testament, das Praktiken wie Sklavenverkauf schildert und eine aus seiner Sicht altertümlichen Moral enthält. Es wurde ihm immer erklärt, dass er sich an die Bibel halten solle und dass die ganze Bibel Gottes Wort sei. Nicolo stellte aber fest, dass sich bei nüchterner Betrachtung doch jeder nur an die Dinge hielt, die ihm besonders passten. *„Das war ein starkes Argument für mich, das mich sehr bewegt hat: dass wir natürlich alle auf der Suche nach Wahrheit sind, aber dafür scheint es im Christentum keine objektiven Regeln zu geben, das war mir alles zu subjektiv."* Diese Beobachtung stärkte den Zweifel am Absolutheitsanspruch, den er bislang mit der Bibel verband. Außerdem störte er sich an manchen moralisch-theologischen Lehren: *„Ich mochte es ungern, wenn zu Kindern gesagt wurde: ‚Wer nicht daran glaubt, kann kein vollkommenes Leben haben. Wer nicht daran glaubt, kommt in die Hölle.' Wenn das jemand denkt, ist mir das egal, aber das zu Kindern zu sagen, finde ich unverantwortlich."*

Ein weiterer Faktor, der den Zweifel stärkte, war für Nicolo die Ähnlichkeit der verschiedenen Religionen. Wenn er sich mit den Weltreligionen beschäftigte, dann stellte er fest, dass es doch viele Parallelen und gemeinsame Phänomene gab. Dennoch achteten sich die einzelnen Religionen nicht, sondern betrachteten sich gegenseitig als falsch. Von einem evolutionstheoretischen und kulturellen Standpunkt gesehen, hatten sich alle Religionen jedoch über Jahrtausende entwickelt und die Kulturen ihrer Anhänger geprägt. Die Religionen hatten sich aus dieser Perspektive sozusagen die Menschen ausgesucht und nicht umgekehrt. Nicolo fragte weiter: Wie konnten Gläubige dann so einfach behaupten, die andere Religion wäre falsch? Nur weil man da nicht hineingeboren war?

Auch den Umzug nach Deutschland mit dem daraus resultierenden Kultur- und Lebensstilwechsel hält Nicolo rückblickend für einen wichtigen Punkt in der Geschichte seiner Dekonversion. Denn so wurde erst der Rahmen dafür geschaffen, seinen Glauben mit einigem Abstand zu reflektieren. Letztlich führten all die verschiedenen Aspekte zu dem weitreichenden Entschluss, sich von Gott abzuwenden. *„Ich habe einen hohen Preis dafür bezahlt, aber ich würde es heute wieder machen. Und wenn neue Argumente für Gott kommen würden? Klar, dafür wäre ich offen, wobei ich es mir ehrlich gesagt nicht vorstellen kann."*

Diese für Nicolo konsequente Entscheidung veränderte sein Leben und hatte vor allem auf seine Beziehungen große Auswirkungen. Er hat die Gemeinde verlassen, den Wohnort gewechselt und in einer anderen Stadt ganz neu angefangen. *„Ehrlich gesagt dachte ich zwischendrin, dass die Welt untergehen würde. Ich hatte mir das alles leichter vorgestellt. Deswegen hat es auch so lange gedauert, bis ich überhaupt darüber sprechen konnte."*

Nicolo sieht im Rückblick mittlerweile einige Fehler, die er begangen hat, zum Beispiel in Bezug auf die Trennung von seiner Frau: *„Man trennt sich ja nie aus einem Grund, da gab es am Ende vie-*

le Dinge, die schwierig waren." Auch seine Eltern waren enttäuscht und konnten seine Entscheidung nicht nachvollziehen. Überhaupt hat seine Entkehrung die familiären Beziehungen zu seinen in Italien lebenden Verwandten belastet. Lediglich mit einer Schwester, die ebenfalls in Deutschland lebt und sich vom Glauben distanziert hat, ist das Verhältnis nach wie vor gut.

Nach der Dekonversion und dem Wechsel von Wohn- und Arbeitsort hat Nicolo keinen Kontakt mehr zu christlichen Gruppen und einzelnen Christen. Eine Ausnahme bildet der Jugendpastor seiner ehemaligen Gemeinde in Deutschland, mit dem er hin und wieder E-Mails schreibt.

Nicolo ist ein Beispiel dafür, wie Gedanken des neuen Atheismus langsam Raum im Denken und Leben nehmen. Fand Nicolo die Anfragen am Anfang nur interessant, wurden sie mit der Zeit immer existenzieller. Dabei ist auffällig, dass er sich alleine damit auseinandersetzte, also weder Gemeinde noch Familie oder Freunde in diesen Prozess mit hineinnahm. Erst als er eine Antwort für sich gefunden hatte, ist er damit an die Öffentlichkeit gegangen.

Die Grübelnden – Magdalena

Anders als die Zweifelnden zweifeln die Grübelnden nicht nur auf der kognitiven Ebene bzw. an Inhalten des Glaubens, sondern quasi ganzheitlich: Sie zweifeln an ihrer persönlichen Gottesbeziehung, an der Echtheit ihres Glaubens und immer wieder auch an sich selbst. Wie sich insbesondere am folgenden Porträt zeigt, ist dieser Grundzug des Grübelns nicht einfach nur ein Persönlichkeitsmerkmal, sondern in der Regel eng verwoben mit den, in diesem Fall widrigen, Umständen.

Magdalena ist 34, lebt in Wiesbaden und arbeitet nach einem Studium der Betriebswirtschaft als Abteilungsleiterin im Personalmanagement. Sie ist in einer christlichen Familie aufgewachsen und damit, wie sie sagt, *„ganz klassisch in den Glauben hineingewachsen"*. So klassisch ist ihre christliche Sozialisation bei genauerer Betrachtung jedoch (hoffentlich) nicht, da sie in ihrer Familie geistlichen und psychischen Missbrauch erlebte. Ihr Vater war außerordentlich engagiert in der Gemeinde, studierte seine Bibel sehr intensiv und verfügte über besondere Geistesgaben. Von deren Wirkung distanziert er sich zwar mittlerweile, weil er sie inzwischen psychologisch zu deuten versteht, damals aber brachte er sie ausgiebig zum Einsatz. Zwar gab es in der Familie massive Probleme, die darin bestanden, dass die psychisch kranke Mutter ihre Kinder misshandelte und *„systematisch zugrunde richtete"*, doch Seelsorger aus der Gemeinde versicherten ihm, dass dies der Preis für seine besonderen Gaben sei.

Magdalena beschreibt eindrücklich, wie ihre Mutter zu Hause eine *„Herrschaftsstruktur"* aufbaute, die zum Ziel hatte, sämtliche Handlungen ihrer Kinder zu regulieren:

> *Die hat es wirklich geschafft, so viele Regeln aufzustellen, für jede Bewegung unseres Körpers, für die Art und Weise, wie wir sprechen, wann wir sprechen, wann wir auf Toilette gehen, wann wir essen. Es gab überhaupt keine Möglichkeit, sich einigermaßen natürlich zu entwickeln.*

Magdalena erklärt, dass die psychischen Misshandlungen ihrer Mutter immer wieder in Zusammenhang mit dem Glauben bzw. mit konkreten Inhalten der Bibel gebracht wurden. So wurden bei vielen

Ausbrüchen der Mutter Bibelverse zitiert und bei kleinsten Regelüberschreitungen der Kinder vor dem zu erwartenden Zorn Gottes gewarnt, der den der Mutter noch übertreffen würde. Ihre Mutter impfte ihr gezielt ein, *„dass Gott alles hört, jeden sieht und darüber hinaus geheime Gedanken erkennt"*. *„Damit wurde der einzige Punkt, den sie nicht überwachen konnte – das Lesen der Gedanken – von Gott persönlich übernommen."* Die Macht ihrer Mutter, die sich als *„verlängerter Arm Gottes"* verstand, führte dazu, dass Magdalena sie immer wieder als den *„personifizierten Teufel"* fürchtete.

Neben der Familie gab es noch die Gemeinde, in der Magdalena ihre gesamte Kindheit verbrachte und in der sie *„alle Karriereschritte, die es da irgendwie gibt"* durchlief. Die Gruppierung beschreibt Magdalena zwar als sehr konservativ, rigide und fundamentalistisch, gleichzeitig sei sie aber *„eine Art Resilienznische"*[45] gewesen, die sie für sich nutzen konnte, um *„ein bisschen Normalität" zu erleben"*. Die Gemeinde und ihre Aktivitäten wurden zum Schutzraum: *„Zu Hause war es unerträglich, ich habe eigentlich immer nur darauf hin gelebt, dass ich wieder in die Gemeinde darf, und habe allein schon deswegen dort alle Aufgaben angenommen, die es gab."* So nahm Magdalena am Kindergottesdienst, an der Jungschar und am Jugendkreis teil und engagierte sich, wo es nur ging.

Die Normalität, die sie in der Gemeinde suchte, war jedoch *„sehr eingeschränkt"*, weil diese *„ganz enge Strukturen"* aufwies, *„die aber an keine Rationalität gekoppelt waren, die ich irgendwie hätte nachvollziehen können"*. Magdalena erinnert sich auch daran, dass sie schon in früher Kindheit Schwierigkeiten hatte, biblische Geschichten wie die von Jona im Wal, der Arche Noah etc. glauben zu können.

Ihr größter, sie ständig begleitender Konflikt bestand jedoch darin, ihre Erfahrungen in der Familie mit dem *„liebenden Gott"* zusammenzubringen, von dem in der Gemeinde berichtet wurde. Dies erlebte sie als überfordernde und nicht leistbare *„Auflage"*: *„Gott einerseits lieben zu müssen und gleichzeitig auch fürchten zu müssen. Ihn zu fürchten, war für mich überhaupt kein Problem. Aber ihn zu lieben – dieses Wesen zu lieben … Ich weiß nicht, wie das funktionieren soll."* Diese doppelte Forderung ist für sie bis heute nicht nachvollziehbar. Auch ist es ihr unbegreiflich, wie ihr Vater es *„wirklich ernsthaft in seinen Glauben integrieren konnte"*, dass die Gabe, die er von Gott geschenkt bekommen hatte, dazu führte, dass seine Kinder misshandelt wurden.

Weiter berichtet Magdalena, dass sie schon sehr früh damit angefangen habe, den Pastor der Gemeinde aufzusuchen, um von ihr wahrgenommene Widersprüche innerhalb der Bibel zu thematisieren. Darüber hinaus wandte sie sich an mehrere andere Gemeindemitglieder, in der Hoffnung, den Glauben an Gott verstehen und in einer Weise leben zu können, die wohltuend war. Aus den Reaktionen des Pastors und vieler anderer schloss Magdalena, dass ihre Fragen als Provokation erlebt wurden. Daraufhin begann sie, viel zu lesen, und hoffte, auf diese Weise Antworten zu erhalten. Neben der Bibel zog sie theologische und philosophische Literatur hinzu. Die Lektüre war verbunden *„mit dem größten Wunsch"*, dass sie die Widersprüche, die sie permanent erlebte, auflösen könne und dadurch eine Möglichkeit fände, zu glauben. So stieß sie mit vierzehn Jahren beim Lesen auf die Prädestinationslehre, mit der ihre Vermutung, dass sie von Gott nicht angenommen sei, *„plötzlich eine theologische Dimension"* bekam. Schon früher hatte sie ständig gebetet, dass sie verstehen und glauben dürfe, doch fortan flehte sie Gott an, dass sie *„zu den Auserwählten"* gehöre.

Später kam ein neuer Pastor in die Gemeinde, der Magdalena und ihre Fragen sehr ernst nahm. Sie empfand seinen Glauben als *„von vorne bis hinten durchdacht"* und sah, *„dass er Gott wirklich liebt und dass das eine ganz wohltuende Realität in seinem Leben war"*. Gleichzeitig lösten dieser Pfarrer sowie andere Mitglieder der Gemeinde, die sie als positiv erlebte, *„eine tiefe Sehnsucht aus, die nie gestillt wurde"*. Sie wünschte sich, *„so sein zu können wie diese Menschen, mit ihrer unendlichen Freude an Gottes Wort, ihrer Geborgenheit und Leichtigkeit, die sie durch den Glauben erleben"* durften. Demgegenüber empfand Magdalena selbst eine Schwere und *„eine Last vor diesem Gott, der uns so viel abverlangt"*.

Diese Schwere erlebte sie auch immer wieder in der Gemeinde. Neben der Freiheit – den Möglichkeiten, Freundschaften zu pflegen und sich in gewisser Weise ein Stück soziale Normalität zu verschaffen, was ihr zu Hause verwehrt blieb – spürte sie immer wieder, zum Beispiel nach Gottesdiensten, deprimierende Gefühle in sich aufkommen. In Anbetracht der Tatsache, dass alle anderen Anwesenden

„danach immer so total erquickt waren und gestärkt für die Woche“, verbot sie sich diese traurigen Gefühle.

Konkret machten ihr neben inhaltlichen Widersprüchen, die sie in der Lehre wahrnahm, u.a. viele Aussagen der regelmäßig gesungenen Lobpreislieder zu schaffen. *„Da, denke ich, kann man auch den Namen seines Freundes einsetzen. Das würde dann auch funktionieren, weil das so inhaltsleer und geistlos ist.“* Ähnliches empfand sie, wenn Mitchristen begeistert über Erlebnisse mit Gott berichteten: *„Das hat mich immer fertiggemacht, diese Freudigen, die so glücklich sind, dass Gott ihnen schon wieder geholfen hat, indem er den Computer heil gemacht hat.“* Magdalena drängte sich immer wieder das Gefühl auf, dass der Glaube, wie er in ihrer Gemeinde und von vielen anderen gelebt wurde, wenig durchdacht war und häufig nicht viel mehr Inhalt aufwies als den kollektiven Wunsch nach Gemeinschaft. Dabei ging es ihrer Meinung nach oft um die Befriedigung egoistischer Motive *„und nicht darum, sich Gott wirklich zu nähern als einer ganz lebendigen Realität im Leben. Und es ist einfach sehr bequem, das christliche Leben – wenn man es kann.“*

Der wohl größte Widerspruch, der Magdalenas Glauben durchzog, war, dass er einerseits eine unheimliche Angst und viele andere ablehnende Gefühle in ihr provozierte, gleichzeitig aber auch Sehnsüchte und Vorstellungen auslöste, die sie überaus attraktiv und erstrebenswert fand und zum Teil heute noch findet. Vor allem die Vorstellung eines Wesens, *„das die Menschen erschaffen hat, es dabei ganz gut mit ihnen meinte, sehr viel Wert auf Individualität gelegt hat und auf Gemeinschaft, auf Liebe. So etwas ganz Lebensbejahendes in Kombination mit einer totalen Sinnhaftigkeit und auch noch einer Lösung für die Schuld, die man sich aufgeladen hat. Also das wäre optimal, etwas Besseres gibt es ja eigentlich nicht.“* Jedoch gelang es Magdalena nie, sich diese positive Glaubensvorstellung selbst anzueignen.

Heute ist sich Magdalena nicht sicher, überhaupt je geglaubt zu haben. Zwar habe sie sich *„sehr, sehr bemüht“* zu glauben und sich damit zu identifizieren versucht, jedoch fand sie den Glauben *„immer so überfordernd“*. Und so beschreibt sie ihr Leben seit der Zeit, wo sie *„in der Lage war zu denken“*, bis in ihre Mittzwanziger als verzweifelten Versuch zu glauben. Sie meint:

Ich habe danach gelebt. Ich habe diese ganzen Regeln befolgt und diese Handlungen, die ein Christ so im Laufe des Tages ausübt, getan. Also dass er betet, dass er sich Zeit nimmt für die Stille Zeit, dass er versucht zu handeln, zu reflektieren und sein Leben in Einklang zu bringen mit den Anforderungen des Neuen Testaments und so weiter. Das habe ich wirklich ernst genommen. Ich habe es allerdings nie mit einer Leichtigkeit tun können, nie mit einer ehrlichen Dankbarkeit.

Stattdessen hat sie immer eine enorm *„große intellektuelle Anforderung"* erlebt, *„weil es schwer ist, mit den Widersprüchen in der Bibel zu leben und auch emotional hinterherzukommen"*.

Dafür, dass Magdalena den Kampf mit bzw. um den Glauben aufgab und sich von ihm distanzierte, gab es keinen konkreten Auslöser. Zwei für sie bedeutsame Ereignisse haben ihrer Meinung nach in diesem Prozess aber eine Rolle gespielt: Zum einen ist da ihre gescheiterte Ehe und die damit verbundenen enttäuschenden Reaktionen ihrer christlichen Freunde, von denen viele statt tröstender Worte Vorwürfe äußerten oder sie in ihrer Krise ignorierten, anstatt Beistand zu leisten. *„Die haben ein sehr verletzendes Verhalten gezeigt und seitdem war ich auch gar nicht mehr in diesen Kreisen, ich habe mich das gar nicht mehr getraut."* Neben der schmerzhaften Situation, verlassen worden zu sein, machte ihr auch die theologische Dimension dieses Ereignisses sehr zu schaffen. Ging sie den Schritt in die Ehe doch sehr bewusst und ernsthaft und war sich dabei vollkommen im Klaren, diesen Bund vor einem lebendigen Gott zu schließen. Mit der Trennung geschah also bereits eine erste Distanzierung von christlichen Kreisen.

Eine zunehmende Entfernung vom Glauben ergab sich zweitens durch ihr Studium.

Ich bin ganz rational geworden im Studium. Ich habe mich sehr viel mit rationalen Fragen beschäftigt. Und ich glaube, dass ich mir dadurch eine andere Denkart erlaubt habe. Wenn man fünf Tage die Woche in der Gemeinde ist und immer wieder auch diese geistliche Sprache zu hören bekommt, hat das natürlich eine Präsenz im Kopf. Und dieser Präsenz habe ich mich entzogen.

So beschäftigte sie sich intensiv mit den Themen Macht und Herrschaft, wodurch sie einen ganz anderen Blick auf das bekam, was sie ehemals als selbstverständlich erlebt hatte. Es existierte für sie auf einmal eine *„Parallelwelt"*, die ihr *„deutlich sympathischer"* war. Sie vergleicht ihre neue Sichtweise mit einer Brille, durch die sie viele geistliche Praktiken ganz neu einordnen konnte. Mit ihr sah sie, dass sich viel in der Gemeinde um das *„Regieren von Seelen"* drehte, das durch Seelsorge, gegenseitiges Sündenbekenntnis, das Freisprechen von okkulter Belastung etc. seinen Ausdruck fand. Sie berichtet von Pastoren, *„die mich in Abhängigkeitssysteme brachten. Die auch die Seelsorge benutzt haben, dass ich meine Sünden vor ihnen bekenne und sie mich dann sozusagen freisprechen. Sowieso auch diese ganze dämonische Geschichte, Okkultismus war bei uns in der Gemeinde ein ganz großes Thema. Eigentlich war jeder okkult belastet, ich auch, und natürlich lässt man sich dann auch regelmäßig freisprechen. Das sind für mich Praktiken, da geht es um Macht und um Regierung von Seelen."*

In dieser Phase – nach dem Scheitern ihrer Ehe und während des Studiums – war sie sehr kritisch und fand *„kein gutes Haar"* mehr an der Gemeinde. Gleichzeitig beschreibt sie, dass ihr diese *„andere Brille"* ermöglicht habe, viele Dinge, die sie immer schon als merkwürdig oder unangemessen wahrgenommen hatte, nun sehr konkret beim Namen zu nennen. Die neue Sicht auf ihre Wirklichkeit wurde auch von Freunden aus dem Studium geteilt und ließ sich deutlich leichter zu eigen machen als der christliche Glaube.

Als Magdalena sich dann endgültig vom Glauben abwandte, erlebte sie das als einen *„ganz großen Befreiungsschlag"*. Sie fühlt sich heute befreit von zwanghaften Gedanken wie: *„Ich muss jetzt noch ganz schnell in der Bibel lesen, dann kann ich das richtige Buch lesen, das ich eigentlich lesen will."* Befreit aber auch von dem damit verbundenen Stress, die Gebote des Glaubens, die von der Gemeinde immer wieder erweitert bzw. vervollständigt wurden, zu erfüllen, und befreit von der Angst vor zu erwartenden Konsequenzen bei Regelüberschreitungen, die im Prinzip allgegenwärtig war. Schon alleine die Tatsache, dass man Gott nie genug lieben kann, bereitete ihr Druck: *„Alles, was mir wichtig war neben Gott, war für mich so ganz labil, weil ich immer dachte: ‚Gott wird dir das nehmen. Du ehrst ihn* *nicht genug, du liebst ihn nicht genug. Was soll er denn sonst tun, als dir alles zu nehmen, was dir lieb ist?'"* Auch fühlt sie sich befreit von der Schwere und von anderen beklemmenden Gefühlen, die sie in ihren Glaubensbemühungen empfand. Noch heute ist es so, dass sie bei bestimmten Begriffen das *„Schaudern"* überkommt. Auch die Vorbereitungen auf das Gespräch für dieses Buch haben sie belastet.

Trotz der Abwendung vom Glauben und der damit verbundenen deutlichen Erleichterung erlebt sie, wie Themen des Glaubens nach wie vor in ihr arbeiten und sie beschäftigen. Die *„Ernsthaftigkeit"*, die sie durch den Glauben *„erlernen musste"*, *„verwandelt sich nicht so schnell in Oberflächlichkeit"*. Da sie heute nicht mehr gezielt nach theologischer und religiöser Literatur sucht oder die Bibel studiert, muss sie sich in der Folge viele Fragen, auf die der Glaube klare Antworten hat, selbst beantworten. Allen voran steht die Sinnfrage. *„Wenn das nicht mehr der Sinn ist, muss man ja schauen, was dann der Sinn ist."* Dass sie trotz der großen Spannungen und Leiden, die sie beim Glauben bzw. beim Kampf um den Glauben erlebte, überhaupt so lange durchhielt, erklärt sie mit der Angst, die immer noch in ihr wohne. *„Ich möchte nicht in Sinnlosigkeit enden. Ich möchte auch nicht sterben. Ich möchte eigentlich auch ewig leben."*

Magdalena beschreibt als Resümee ihrer langen Glaubensbemühungen, dass die vielen Versuche, sich selbst zu disziplinieren, immer wieder nach Antworten zu suchen, den Rat anderer Christen einzuholen, bei ihrer Suche nach Gott ins Leere gelaufen seien. *„Letztendlich hat mich das kein Stück näher gebracht. Man kann sich nicht entscheiden, das zu glauben. Das geht nicht. Wahrscheinlich ist es wirklich so eine Art Geschenk, das die einen bekommen und die anderen nicht."*

„Wer bin ich, wenn ich (nicht mehr) glaube?“: wenn der Glaube zu klein wird

Die Zerrissenen – Frank

Bei denjenigen, die sich den Zerrissenen zuordnen lassen, besteht eine innere Spannung. Diese muss nicht unbedingt im wortwörtlichen Sinne als großes Reißen an Seele und Geist wahrgenommen werden. Die Betreffenden können aber immer wieder die Erfahrung machen, dass sie sich im Vergleich zu anderen Christen als anders erleben, oder sie haben das Gefühl, in zwei Welten zu leben: der christlichen Welt und der Welt außerhalb der Gemeinde. Sie sind mit ihrem Leben und Glauben zunächst meist fest in einer christlichen Gemeinschaft verankert. Doch merken sie zunehmend, dass dies ihrer Identität nicht gerecht wird. Das Besondere an diesen Gesprächspartnern bestand darin, dass sie es nicht, wie andere, schafften, die beiden Welten in Einklang zu bringen. Das Leben in der Gemeinde und auch das eigene Bild als Christ wurden als nicht mehr stimmig mit der eigentlichen Persönlichkeit erfahren.

Frank, ein Schauspielstudent, ist zum Zeitpunkt des Interviews 23 Jahre alt. Nach dem Abitur in Augsburg zog er zum Studium ins Ausland. Er ist ein offener Typ mit einer positiven Ausstrahlung und vermittelt den Eindruck, sein Leben zu genießen. Frank gehörte nie einer offiziellen Denomination an, sondern besuchte eine freie Gemeinde, die von seinen Eltern gemeinsam mit Freunden gegründet worden war.

> *Meine Eltern haben sich eine andere Form von Glauben gesucht, die ihnen zugesprochen hat, eben von der katholischen Kirche zur Freikirche. Die Gemeinde, in der ich aufgewachsen bin, war ursprünglich deren Bibelkreis. Sie hat sich dann bis zu meiner Geburt zu einer Gemeinde von ungefähr 50 oder etwas weniger Mitgliedern entwickelt.*

So wuchs er schon als Kind in diese Gemeinschaft hinein. Der Glaube war ein prägendes Thema in seinem Elternhaus und, begründet durch die Entstehungsgeschichte der Gemeinde, auch in seinem sozialen Umfeld.

Das war schon immer so, dass bei uns die Religion, der Glaube in der Familie, eine sehr wichtige, sehr zentrale Rolle gespielt hat. Also wurde uns auch als Kindern immer beigebracht, dass der Glaube, Gott und Jesus Christus zu unserem Leben dazugehören. Es wurde auch von mir verlangt, dass ich sonntags mit in den Gottesdienst gehe. Es stand eigentlich völlig außer Frage, mal zu sagen: „Ich bleib heute zu Hause." Zumindest so lange, bis ich, ich würde mal behaupten, vierzehn oder fünfzehn Jahre alt war.

Noch heute hat er viele positive Erinnerungen an seine Kinder- und Jugendzeit in der Gemeinde. Obwohl er die Art des Glaubens als eng beschreibt, spricht er von einer wohlbehüteten Kindheit und davon, dass er dazu erzogen wurde, *„einen eigenen Kopf"* zu haben.

Im Teenageralter wurde der eigene Glaube auch in der Gemeindejugend wichtiger und so vollzog schließlich auch Frank einen Bekehrungsschritt:

Ich glaube, so im Alter von dreizehn, vierzehn Jahren haben die Ersten in der Gemeinde gesagt: Ich möchte das jetzt mal offiziell machen mit dem Glauben. Ich bekehre mich und möchte Jesus offiziell als meinen Erretter annehmen. Ich möchte quasi deutlich und offen für meinen Glauben einstehen. Das war also die Zeit, in der es etwas ernster wurde. In der man nicht einfach nur in den Kinderdienst gegangen ist und dieses natürlich auch große soziale Netz der Gemeinde genießen konnte, sondern wo man sich tatsächlich auch mal Gedanken machen sollte. Da habe ich etwas länger gebraucht als manch andere. Aber ich habe mich dann tatsächlich irgendwann auch bekehrt. Das war im Alter von fünfzehn Jahren in Dänemark auf so einem Jugendwochenende.

Besonders beeinflusst war Frank dabei von der Atmosphäre, die auf der Freizeit herrschte, und davon, dass es bei seinen Geschwistern und Freunden schon seit einiger Zeit einen „Trend" zur Bekehrung gab. In seinem persönlichen Glaubensleben spielten vor allem Erfahrungen auf emotionaler Ebene und Musik eine entscheidende Rolle.

Die theologische Lehre seiner Gemeinde war für ihn eher nebensächlich. Zentral war in seinem Glauben eine stark persönliche, ja „personifizierte" Beziehung zu Jesus, der beispielsweise auch einfach *„mit am Tisch"* sitzen konnte – so nah wurde er erfahren.

Die Atmosphäre in der Gemeinde erlebte Frank überwiegend als sehr positiv und er denkt noch heute gerne an diese Zeit zurück. Bei Besuchen in seiner alten Heimatstadt kommt er deshalb mitunter auch mit zum Gottesdienst. In seiner aktiven Zeit in der Gemeinde war er in verschiedenen Aufgabenbereichen ehrenamtlich aktiv.

Die Dekonversion von Frank verlief als Prozess, lässt sich also nicht an einem einzelnen Ereignis festmachen. *„Und dann kamen, je älter ich wurde, immer mehr Dinge, Gedanken oder irgendwelche Tatsachen, irgendwelche Ereignisse, die mich von dieser Überzeugung, dass ich in dieser Gemeinde mit diesem Glauben leben will, etwas abgebracht haben."* Irgendwann bemerkt er die Spannung des Lebens in zwei Welten. Er führt dies auf verschiedene Gründe zurück. Zum einen besuchte er nicht, wie seine Geschwister und Freunde aus der Gemeinde, die freie christliche Schule am Ort, sondern eine staatliche. Hier war er gut vernetzt, hatte Freunde und lernte so alternative Lebens- und Glaubensentwürfe kennen. Auch der Einstieg in das Hobby der Schauspielerei erweiterte seinen Horizont.

> *Einerseits die Sache, dass ich auch außerhalb der Gemeinde und außerhalb von christlichen oder religiösen Kreisen sehr viel getan habe. Mit sechzehn, siebzehn Jahren habe ich mit dem Theater angefangen, bei uns in der Schule und dann auch außerhalb der Schule. Das wurde zu einem sehr großen, wichtigen Hobby und war auch eine sehr zeitintensive Sache. Und da kam ich natürlich in Berührung mit etwas weniger braven und christlichen Menschen. Also, es ist schon ein anderes Leben, es ist schon auch einfach eine andere Szene am Theater und in Künstlerkreisen. Damit meine ich jetzt nicht, dass das alles schlechte Leute wären, dass es da gleichzeitig immer Drogen gibt. Da musste ich mich vor meiner Mutter immer rechtfertigen, dass es zwar andere Kreise sind, aber nicht unbedingt schlechtere Kreise.*

In dieser Phase traf Frank auch auf einige prägende Personen, die seinen Horizont weiteten:

> *Dann kommt noch hinzu, dass ich einen Religionslehrer hatte, den ich sehr toll fand. Der hat in der Oberstufe und bis zum Abi meinen Religionsunterricht gehalten. Er ist eigentlich evangelischer Theologe, geht aber mit seiner katholischen Frau in die Messe und hat eine sehr ungewöhnliche Einstellung zum Glauben, die einfach sehr viel weiter gefasst ist. Er war ein sehr offen denkender Mensch, bei dem ich irgendwann begriffen habe, dass eigentlich alle Religionen oder alle Glaubensauffassungen Versuche sind, eine Glaubenserfahrung für einen persönlich herzustellen. Er ist viel wissenschaftlicher an einen Glauben herangegangen und für ihn war die Bibel eben nicht einfach diktiertes Wort, sondern es waren alles Menschen, die das geschrieben haben mit einem bestimmten Grund, mit einer bestimmten Absicht, mit einer bestimmten Auffassung, sodass man innerhalb der Bibel auch schon Tausende von verschiedenen Auffassungen findet. Und das war für mich etwas sehr Neues.*

Ein zweiter wichtiger Mensch war für ihn sein Theaterregisseur: *„Aber weniger, weil wir uns jetzt direkt mit dem Thema Glauben und Religion auseinandergesetzt haben, sondern eher, dass ich durch ihn so ein etwas anderes Leben kennengelernt habe."* Religion und Glauben lehnte Frank nicht auf einmal ab, aber sie wurden im eben zitierten Sinn für ihn mehr und mehr zu einem Mittel, mit dem man religiöse Erfahrungen erklären und ausdrücken kann. Dabei kann für Frank keiner dieser Ausdrucksweisen ein Vorrang gegeben werden. *„Der Glaube in der Gemeinde kam mir wie ein zu ernst genommenes Modell vor, wie eine zu ernst genommene Selbsthilfe. Es war auch immer etwas pädagogisch."*

Ein weiterer Faktor war für Frank das Entdecken seiner Homosexualität.

> *Dann habe ich festgestellt, dass ich homosexuell bin und dass ich eigentlich auch gar kein Problem damit habe, dass ich*

schwul bin, dass sich das aber nicht vereinen lässt mit meiner Glaubensgemeinschaft. Auch da ist mir sehr wichtig zu sagen, dass ich trotzdem eine große Toleranz und eine große Offenheit von den Leuten erfahren habe, denen ich das gesagt habe. Das waren am Anfang natürlich ganz, ganz wenige. Aber auch von meinen Eltern, wobei das viel später war.

Obwohl er persönlich also keine Ablehnung erfuhr, wurde ihm dennoch Gebet angeboten, um seine *„Homosexualität ablegen zu können"*. Und die in der Gemeinde erteilten Ratschläge zum Umgang mit seiner Situation konnte Frank auf Dauer nicht für sich annehmen. Eindrücklich ist eine Situation, in der er einen der Jugendleiter um Rat bat, weil er sich in einen anderen Jungen verliebt hatte.

Natürlich wurde mir nahegelegt, zu beten, aber quasi auch, dass ich erst mal keinen weiteren Kontakt mit diesem Typen haben sollte. Und das habe ich tatsächlich eine Zeit lang hinbekommen, aber irgendwann dann halt einfach nicht mehr. Und mit der bewussten Entscheidung, ich pfeife jetzt auf den Rat der Jugendleiter und treffe mich mit dem Typen, weil ich einfach verliebt bin. Ich meine, hey Gott, das ist die Pubertät, da ist es ziemlich eins vom Schlimmsten, wenn du verliebt bist und dir selbst und deinem Gewissen Vorwürfe machen musst, wenn du dich mit ihm triffst und hin und her und vor zurück. Ich habe irgendwann gesagt, nein, ich möchte mich mit ihm treffen.

Ein Vorfall in einer befreundeten Gemeinde im Ausland, in der ein Musiker nach seinem Coming-out nicht mehr im Gottesdienst mitwirken durfte, machte ihm schließlich deutlich bewusst, dass er auf einer bestimmten Ebene nie voll zur Gemeinde würde gehören können. Diese Faktoren – die Homosexualität war dabei nur einer von mehreren Aspekten – führten dazu, dass er sich im Alter von ca. siebzehn Jahren Schritt für Schritt aus der Gemeinde zurückzog:

So ein bisschen immer mit dem Wissen, ich kann dort jederzeit hinkommen, aber ich könnte jetzt nicht einen Freund mit in die Gemeinde bringen. Da würde trotzdem immer irgendwie versucht werden, mit mir daran zu arbeiten, dass ich das vielleicht irgendwie ablegen kann. Auch der Gedanke, dass man irgendwie etwas hat und das ablegen könnte – das hat mich wahrscheinlich gestört. Es ist nicht so, dass ich gesagt habe, das kotzt mich an, sondern das ist viel unbewusster abgelaufen. Ich habe einfach gemerkt, ich passe nicht genau in dieses System hinein.

Frank sieht selbst das Spezielle an seiner Situation und bemerkt, dass es bei einer anderen Persönlichkeitsstruktur auch anders hätte laufen können.

Da sehe ich auch eine Gefahr. Ich war zum Glück relativ selbstständig, relativ selbstbewusst, sodass ich sagen konnte: „Ich trau mich trotzdem zu sagen, ich bin homosexuell, und habe auch noch Freunde draußen. Auch wenn ich die Gemeinde dann verlassen muss, geh ich dadurch nicht unter." Aber wenn jemand wirklich schüchtern ist und in einer Gemeinde ist und sagt, er ist schwul, ich glaube, da kann es ihm ganz schön schwerfallen, weil er eher noch verunsichert wird, indem man ihm sagt: „Dafür können wir ja beten, da müssen wir etwas dran machen, das kriegen wir schon wieder hin."

Für Frank waren letztendlich auch andere Punkte ausschlaggebend, sich von der Gemeinde zurückzuziehen und seinen Glauben zu hinterfragen:

Ich habe mir gedacht, vielleicht versteckt sich hinter den Geschichten, hinter den vielen Gleichnissen und Bildern einfach eine große höhere Wahrheit. Aber mir ist das zu sehr auf die menschliche Schiene gezogen. Dass man sagt, Jesus ist so und Jesus ist so und Gott ist so und Gott ist so und wirklich schon beinahe Jesus zum Freund macht, der hier mit uns am Tisch sitzt. Das war mir irgendwann zu klein gedacht. Ohne dass ich das jemals so aufgeschrieben hätte und gesagt hätte, dass ich wegen diesen und diesen Punkten aussteige. Ich glaube, dass es mehr unterbewusst geschehen ist, das möchte ich noch mal dazusagen.

Frank erhielt auf seinen Rückzug aus der Gemeinde keine negativen Reaktionen, was ihm besonders positiv auffiel, da er bei einer Schulfreundin, die sich von den Zeugen Jehovas löste, mitbekam, mit wie viel Druck ein solcher Prozess ablaufen kann. Frank respektiert nach wie vor gläubige Menschen mit ihren Ansichten.

Es ist immer noch eine sehr warme Gemeinschaft und ich werde da auch immer sehr freundlich aufgenommen, falls ich an Weihnachten oder an irgendwelchen Festen doch mal mitkomme. Aber trotzdem bin ich nicht mehr dabei und kann auch nicht mehr diesen kindlichen Glauben zurückholen. Ich sehe, dass meine Geschwister durchaus alles so für sich übernommen haben, was meine Eltern ihnen beigebracht haben, und sehe auch, dass ihnen das gefällt und dass es für sie stimmt, und komme dann auch nicht auf die Idee, ihnen das austreiben zu wollen.

Den klassischen Lebensentwurf in seiner Gemeinde (Heirat, Kinder, bürgerliches Leben) lehnte und lehnt er nicht grundsätzlich ab, betrachtet ihn aber für sich als nicht stimmig. Dadurch bekam er mehr Distanz zur Gemeinde und der dort dominierenden Art, den christlichen Glauben zu leben. Religiösen Praktiken (Gebet, Meditation, Einkehr ...) misst er weiterhin einen wichtigen Stellenwert zu (für diejenigen, denen es guttut), füllt diese Rituale für sich aber anders (z. B. mit Kampfsport).

Der Glaube, wie Frank ihn in seiner Kindheit kennengelernt und in seiner Jugend gelebt hat, passte irgendwann nicht mehr zu seiner Identität und seinen Erfahrungen. Nicht mehr zu glauben ermöglichte es ihm, zu seiner Persönlichkeit zu stehen und nicht mehr zwischen zwei Welten pendeln zu müssen.

Die Entwachsenen – Gregor

Ganz anders als bei Frank, der ja eine Zeit lang bewusst als Christ lebte und dann Glauben und Gemeinde als immer unstimmiger mit seinem Leben empfand, verhält sich der Fall von Gregor. In seinem Bericht wird deutlich, dass es bei ihm nie dazu kam, dass er einen eigenen erwachsenen und bewussten Glauben entwickelte. Auch bei ihm spielt die Entwicklung der eigenen Identität eine Rolle für das heutige Nicht-(mehr-)Glauben.

Gregor ist ein 35-jähriger, sehr reflektiert erscheinender Netzwerkadministrator und lebt in Hamburg. Seine Familie stammt ursprünglich aus Polen, wo er auch die erste Zeit seines Lebens bis zum Beginn der Pubertät verbrachte. Seine Kindheit und seine Familie sind stark vom Katholizismus geprägt – wie es häufig in Polen der Fall ist. *„Man sagt immer, die Polen wären katholischer als der Papst, was damals etwas schwierig war, weil der Papst ja ein Pole war."* Mit Mutter und Großmutter ging er regelmäßig in die Messe und betete oft und ernsthaft. *„Ich denke, ich war ein normales gläubiges Kind."* Mittlerweile versteht er sich als überzeugter und wissenschaftlich aufgeklärter Atheist.

Neben den bereits erwähnten Einflüssen von Mutter und Großmutter, die tief religiös und gläubig waren, prägte ihn aber auch der eher skeptische Vater, der sich mit ihm zwar nie direkt über das Thema Glaube unterhielt, jedoch auch durch sein stilles Vorbild eine Botschaft vermittelte.

> *Ich weiß bis heute nicht ganz genau, warum, aber er hat sich nie beteiligt. Er war nie mit uns in der Kirche. Zum Teil sicherlich deshalb, weil meine Mutter seine zweite Frau war, was von der Kirche her natürlich nicht gern gesehen wird. Ich glaube aber nicht, dass das der einzige Grund war, warum er nicht mehr zur Kirche ging. Ich habe aber persönlich nie mit ihm darüber gesprochen.*

Es passt zum Gesamtbild der Entwachsenen, dass Gregor selbst keine bewusste Entscheidung für den Glauben getroffen hat. Soweit er sich zurückerinnern kann, glaubte und betete er. Es war ein ganz natürlicher Bestandteil seines Lebens als Kind. Auch wenn die Atmosphäre in seinem Elternhaus religiös geprägt war, nahm er an keinen kirchlichen Gruppentreffen teil; genauso war es ihm unbekannt, selbst in der Bibel zu lesen. An den Kommunionsunterricht hat Gregor nur vage Erinnerungen. Der Firmunterricht, den er bereits in Deutschland absolvierte, fand in einer lockeren Atmosphäre statt; geistliche Inhalte sind ihm jedoch nicht im Gedächtnis geblieben.

Gregors Glaube als Kind war ernsthaft und tief. Er entwickelte sich jedoch nie zu einem Erwachsenenglauben weiter. Mehrere familiäre Schicksalsschläge ließen Gregor einen kindlichen Zorn auf Gott entwickeln.

> *Irgendwann gab es da einen kleinen Bruch, da wurde mein Vater brutal zusammengeschlagen von einigen Leuten, es folgte eine ziemlich lange Krankheitsgeschichte, inklusive Gehirntumor und Bestrahlung und all so was. Während der ganzen Zeit habe ich als gläubiges Kind ganz fest gebetet, dass es ihm besser geht und dass er gesund wird, bis er irgendwann gestorben ist. Ich war damals extrem enttäuscht, ich habe es nicht richtig verstanden, warum Gott mich nicht erhört hat, ich war ziemlich sauer. Mein Opa, auch eine sehr wichtige Bezugsperson für mich, ist dann auch relativ schnell krank geworden. In der Zwischenzeit sind wir nach Deutschland ausgewandert; meine Mutter und ich hatten das schon mit meinem Vater geplant, aber seine Krankheit kam dazwischen. Als wir dort angekommen waren, haben wir in den ersten Tagen erfahren, dass mein Opa gestorben ist. Das war ein zweiter Schlag und ich habe gedacht: „Warum lässt er mich im Stich? Das funktioniert ja offensichtlich nicht. Ich bete hier, ich bin immer gut gewesen, warum wirkt es nicht, warum passiert nichts?“*

Gregors Reaktion an dieser Stelle war entscheidend. Er glaubte zwar weiterhin an die Existenz Gottes, zog sich jedoch mit seiner Wut zurück und beschäftigte sich nicht mehr mit dem Glauben. *„Die Wut wurde immer weniger, sie rückte eher ein bisschen in den Hintergrund, und ich gewöhnte mich einfach daran, ohne Gott zu leben. Ich ging nicht mehr in die Kirche, ich habe nicht mehr gebetet.“*

Später, im Zusammenhang mit der Firmung, setzte er sich erneut damit auseinander und stellte fest, dass er zwar den Zorn kaum noch spürte, dass aber auch kein Glauben mehr vorhanden war. So wie er keinen Zeitpunkt und kein Ereignis nennen kann, bei dem er zum Glauben kam, kann er sich an keinen konkreten Moment erinnern, an dem er seinen Glauben verloren hat. Während er heranwuchs und seine Identität ohne weitere religiöse Einflüsse ausbildete, ließ er also, fast unbemerkt, den Glauben seiner Kindheit hinter sich.

> *Und ich glaube, das war für recht viele Jahre so, dass es einfach so auslief. Ich war nicht mehr wütend, ich habe einfach nicht teilgenommen, war atheistisch eingestellt, obwohl ich das gar nicht so bezeichnet habe. Auch das Wort Atheismus hatte für mich damals keine Bedeutung, ich kannte das gar nicht.*

Sein formaler Austritt aus der römisch-katholischen Kirche hatte vor allem pragmatische Gründe: *„Ich bin damals weniger aus ideologischen Gründen ausgetreten. Ich habe gerade mein erstes Gehalt bekommen und dachte mir: ‚Was, so viel Geld wollt ihr von mir haben? Nein, tut mir leid, das mach ich nicht.' Aber heute würde ich aus ideologischen Gründen austreten."* Da der Verlust des Glaubens bei Gregor ein unbewusstes Phänomen ist, das ablief, während er seiner Kindheit entwuchs, herrscht bei ihm eine gewisse Sprachlosigkeit darüber. *„Über meine Abkehr würde ich gerne mehr erzählen, wie das passiert ist, aber ich kann mich beim besten Willen nicht daran erinnern."*

Gleichwohl kann Gregor die Umstände benennen, wie er zum überzeugten Atheisten wurde. Diesen Aspekt seiner Identität gestaltete er sehr bewusst. Mehrere Jahre nachdem er seinen Glaubensverlust bemerkte, hatte er bei der Lektüre eines Werks von Richard Dawkins ein Aha-Erlebnis. Ihm wurde deutlich, dass es auch andere Menschen gab, die seine Erfahrungen und Ansichten teilten.

> *Ich habe angefangen, mich damit zu beschäftigen, welche Bedeutung Religion für die Menschen hat. Wie kommt sie zustande? Wie leben die Menschen ihre Religion aus? Welchen Einfluss haben Religion oder gewisse Religionen auf das Leben*

der Menschen? Welchen Einfluss hat das auf ihre Gedanken, auf ihre Einstellungen, auf die Taten, die sie vollbringen usw.? Dann fing ich an, mich damit zu beschäftigen, Bücher zu lesen, den „Gotteswahn" von Richard Dawkins, aber auch andere. Mittlerweile schaue ich auf YouTube sehr viele Videos. Teilweise über streng religions-atheistische Themen, teilweise auch über wissenschaftliche Themen, welche ich sehr spannend finde. Ja, das ist der Punkt, wo ich gerade stehe, dass ich mich damit beschäftige, mir eine Meinung gebildet habe über Religion.

Seitdem informiert er sich über den sogenannten neuen Atheismus. Seine Überzeugungen drückt er durch einen Button aus, den er hin und wieder trägt und auf dem steht: „Ohne Gott wunschlos glücklich". Ab und an wird er so in Gespräche verwickelt, ohne dass er gezielt für den Atheismus werben würde. Im Umgang mit seiner nach wie vor gläubigen Mutter, die von seiner Abkehr vom Glauben seiner Einschätzung nach persönlich verletzt ist, hat sich ein für beide annehmbares Arrangement ergeben. *„Ich bin auch recht vorsichtig mit meiner Mutter, die immer noch gläubig ist und die ich einfach in ihrem Glauben lasse. Aber wir haben da eher einen Nichtangriffspakt. Also, sie versucht mich nicht irgendwie zu triezen mit ihrem Glauben, und ich versuche sie auch nicht zu bekehren."* Diese Zurückhaltung übt er auch im Umgang mit anderen Gläubigen.

Die Tatsache, dass Gregor nicht mehr glaubt, lässt sich wie gesagt wohl darauf zurückführen, dass er nie eine erwachsene Form des Glauben entwickelte. Anders als bei Frank, der ein bewusst christliches Leben führte und dabei immer mehr in ein Spannungsfeld mit seiner sich entwickelnden Erwachsenenidentität kam, setzte bei Gregor die Auseinandersetzung mit dem Glauben erst ein, als er bei ihm schon längst nicht mehr existent war.

„*Wo ist Gott?*": wenn Gott enttäuscht

Die Geplagten – Andreas

Bei denjenigen, bei denen das Leitmotiv für die Dekonversion in ihrer Gottesbeziehung auszumachen ist, spielt bei dem ersten Typ das Hadern mit Schicksalsschlägen, Leiderfahrungen und unbeantworteten Gebeten, also die klassische Theodizeefrage (Warum lässt Gott Leid zu?), die zentrale Rolle.

Andreas ist 30 Jahre alt und studiert Wirtschaftswissenschaften. Vor dem Studium absolvierte er bereits eine kaufmännische Ausbildung. Gemeinsam mit seiner immer noch gläubigen Frau besucht er eine landeskirchliche Gemeinschaft in Rheinland-Pfalz, in der er sogar an einigen Stellen nach wie vor in der Mitarbeit aktiv ist. Andreas wuchs als Ältester von fünf Geschwistern in einer russlanddeutschen Familie auf. Als er zehn Jahre alt war, zogen sie nach Deutschland. Dass seine jüngste Schwester an einem Hirntumor verstarb, war der erste in einer ganzen Reihe von Schicksalsschlägen, die Andreas mehr und mehr an der Existenz eines Gottes, der sich um die Menschheit und speziell auch um ihn kümmert, zweifeln ließen. *„Ich kann das nicht vereinbaren mit ‚Gott ist Liebe'."*

Da seine Familie bewusst christlich lebte, war Andreas schon seit seiner Kindheit Teil einer baptistischen Gemeinschaft. Im Alter von sechzehn Jahren besuchte er eine Evangelisationsveranstaltung, bei der er den Eindruck hatte, persönlich angesprochen zu sein. Als Reaktion darauf besuchte er noch einmal einen Glaubenskurs, ließ sich taufen und wurde Mitglied in seiner freien Gemeinde.

Andreas berichtet von einem großen Verantwortungsgefühl, das er in Bezug auf Gott und den Glauben hatte. Das drückte sich unter anderem in einer Vielzahl von gemeindlichen Aktivitäten aus, in die er sich phasenweise fast täglich investierte. Er leitete verschiedene Gruppen, vor allem im Jugendbereich, sprach auch mit Freunden viel über seinen Glauben und wurde für einige von ihnen sogar zu einer Art Seelsorger. Im Zentrum seines eigenen Glaubens stand bei ihm der Wunsch nach einer innigen, freundschaftlichen Beziehung zu Gott, die er aber nicht in der erhofften Weise erfuhr. Da Andreas selbstständiges Denken sehr wichtig ist, wollte er Ungereimtheiten in der Lehre und im Glauben nicht einfach ignorieren, sondern ihnen auf den Grund gehen und dazu stehen. Daher setzte er sich mit der Frage nach Gottes Allmacht und seiner Liebe auseinander. So wurden seine Zweifel verstärkt.

In der christlichen Gemeinschaft seiner Kirche machte Andreas auf der anderen Seite fast nur positive Erfahrungen. Auch heute noch nimmt er zusammen mit seiner Frau am Gemeindeleben teil, obwohl er mittlerweile kein Mitglied mehr ist. Er fühlt sich dort einfach wohl, auch wenn er bemerkt, dass es in christlichen Gruppen die Tendenz gibt, die eigene Situation besser darzustellen, als sie in Wirklichkeit ist. Andreas sieht darin zwar auch ein allgemein menschliches Phänomen, doch fällt es ihm vor allem unter Christen als problematisch auf. Für die Gemeinde stellt sein formaler Austritt kein Problem dar.

Vom Typ her charakterisiert Andreas sich als kritisch und hinterfragend. Die Krankheit und der Tod seiner Schwester verstärkten die Zweifel, die Andreas schon zuvor wiederholt am Glauben hatte. *„Mein Problem ist, ich habe einfach kein Vertrauen zu Gott. Ich verstehe ihn nicht, ich verstehe seine Wege nicht, die ich verstehen möchte. Aber Gott hat sie mir nicht erklärt. Und so funktioniert eine Beziehung irgendwie nicht."* Hier zeigt sich, dass Andreas' Glaube stark von dem Bild Gottes als freundschaftliches und väterliches Gegenüber geprägt ist – der an den entscheidenden Stellen jedoch offenbar nicht zur Hilfe bereit ist: *„Ich habe dann reflektiert über mein ganzes Leben oder was ich alles als göttliche Erfahrung betrachtet habe, und das waren alles so Banalitäten und bei wirklich wichtigen Sachen habe ich irgendwie nicht das Gefühl gehabt, dass da was Göttliches oder wie auch immer passiert ist."*

Die unbeantworteten Fragen nach Gottes Liebe für die Welt und auch für ihn persönlich ließen ihn sich vom Glauben entfernen. Hinzu kamen weitere schmerzhafte Erfahrungen wie der Tod mehrerer Freundinnen:

> *Zwischendurch hab ich ein paar Erfahrungen im Leben gemacht, wo ich festgestellt habe, dass ich Gott einfach nicht verstehe. Wie er ist oder warum das so ist. In meinem Umfeld sind einige Menschen gestorben. Ein Schlüsselerlebnis: Da waren Freundinnen von mir, die waren jünger als ich, alle zu-*

sammen unterwegs mit dem Auto zum Geburtstagfeiern, und die hatten einen Unfall, sind alle bis auf eine gestorben.

Ein letzter ausschlaggebender Grund waren die Ereignisse rund um eine schwierige berufliche Situation seiner Frau. Zunächst schien sich, nicht zuletzt auch auf vertrauensvolles Gebet hin, eine Lösung abzuzeichnen. Er nahm sich vor, in der Gemeinde öffentlich von diesem Glaubenserlebnis zu berichten. Doch kurz vor diesem Moment änderten sich die Umstände zum Negativen. Es ging so weit, dass seine Frau sich sogar nach einer neuen Arbeitsstelle umsehen musste. Nach diesem Ereignis, das das Fass quasi zum Überlaufen brachte, wandte Andreas sich im Alter von achtundzwanzig Jahren endgültig vom Glauben ab. Er empfindet das als Erleichterung, da er so die Widrigkeiten des Lebens einfach annehmen kann, wie sie sind. Es ist für ihn eine Entlastung, sie nicht mehr in einen theoretisch-theologischen Rahmen hineinzwängen zu müssen. Die Bürde, mit einer kognitiven Dissonanz zwischen dem Bild Gottes als liebendem Vater und seinen Erfahrungen leben zu müssen, ist endlich von ihm genommen. So war auch der Tod seiner Schwester nicht *„der Grund, warum ich jetzt nicht mehr glaube. Weil das hatte ich damit schon so gut wie abgeschlossen. Im Grunde genommen hat es mir sogar vielleicht geholfen, darüber hinwegzukommen, weil ich das Gefühl hatte, ich muss niemandem mehr die Schuld geben."*

Bewusst wollte er im Gottesdienst erklären, warum er seine Gemeindemitgliedschaft niederlegte. Die Reaktionen darauf, auch auf die Begründung, dass er keinen persönlichen Glauben mehr habe, waren aus seiner Sicht überaus positiv. Mittlerweile ist Andreas an einem Punkt angelangt, an dem er sagt, dass es ihm nicht mehr möglich sei, an etwas Übernatürliches zu glauben. *„Ich habe mich bewusst dagegen entschieden, irgendwie das Göttliche in Sachen zu sehen."*

Andreas legt Wert darauf, dass er sich nicht als Agnostiker sieht, sondern als jemand, der nicht an Gott glaubt. Er ist trotz allem weiterhin in der Gemeinde aktiv, wird geschätzt und fühlt sich wohl in der Gemeinschaft. Auch die Beziehung zu seiner Frau hat sich nicht verschlechtert, vielmehr hat sie ihm in diesem Prozess beigestanden, ohne selbst an Gott zu verzweifeln: *„Meine Frau versteht mich auf* *jeden Fall, sie hat den ganzen Prozess mitgemacht und ich spreche auch mit ihr offen darüber. Sie kann mich in vielen Punkten verstehen, nur: Sie kriegt halt irgendwie die Kurve und ich eben nicht.“*

Das Beispiel von Andreas verdeutlicht, dass auch bei guten Kontakten mit anderen Christen Ereignisse eintreten können, die Menschen dazu führen, nicht mehr glauben zu können. Das gute soziale Beziehungsnetz in der Gemeinde und auch eine individuelle Begleitung durch Seelsorge konnten nicht verhindern, dass sein Glaube an Gott durch leidvolle und schwere Ereignisse so erschüttert wurde, dass es ihm schließlich nicht mehr möglich war, an einen persönlichen und liebevollen Gott zu glauben. *„Irgendwann mal hat es mich halt gestört. In einer Beziehung sollte das auf Gegenseitigkeit beruhen, auch das Vertrauen.“*

Die Enttäuschten – Patrick

Bei den Enttäuschten geht es um diejenigen, die sich ihrer persönlichen Gottesbeziehung unsicher sind und sich irgendwann frustriert von Gott abwenden. Dazu erzählen wir die Geschichte von Patrick. Er ist vierunddreißig, ledig, lebt in Aachen und arbeitet als Projektmanager bei einer Nichtregierungsorganisation. Lange Zeit war er aktiver, überzeugter und leidenschaftlicher Christ, doch vor einigen Jahren hat er sich vom Glauben verabschiedet, weil er sich zunehmend von Gott ent- und vom christlichen Glauben getäuscht fühlte.

Patrick wuchs in einem evangelischen Elternhaus auf, in dem der Glaube jedoch nicht aktiv gemeinsam gelebt wurde. Auch Gebet oder gemeinsamer Gottesdienstbesuch spielten keine Rolle. Im Rückblick auf seine Kindheit kann sich Patrick trotzdem nicht an eine Zeit erinnern, wo er *„bewusst ohne Gott gelebt hätte"*. Es war für ihn immer klar, *„dass es wohl einen Gott gibt, der sich irgendwie um einen kümmert"*. Mit etwa zehn Jahren nahm Patrick an einem Kinderzeltlager in den Sommerferien teil und bekam so ersten Kontakt zur evangelischen Kirchengemeinde vor Ort. Es folgten ein zweites Kinderzeltlager, dann die Teilnahme als Helfer und der Konfirmandenunterricht. Patrick arbeitete außerdem in einem neu gegründeten Jugendcafé der Kirchengemeinde mit und wurde bald Teil des Leitungsteams. Dort lernte er Mitglieder eines freien christlichen Jugendverbandes kennen, nahm fortan an deren Jugendkreis teil und wurde Mitarbeiter bei einer Jungschar.

Sein Interesse am Glauben und sein Engagement in christlichen Kreisen nahmen Schritt für Schritt zu. So begann, was er seine „Glaubensreise" nennt. Patrick wuchs immer mehr in den Glauben hinein, so wie er *„ganz allgemein mehr und mehr ins Leben reingewachsen"* ist. Auf dieser Glaubensreise lernte er durch Zivildienst und Studium und die dadurch wechselnden Wohnorte in größeren deutschen Städten auch unterschiedliche Gemeinden kennen. Er fühlte sich in diesen zwar nicht immer auf gleiche Weise zu Hause, engagierte sich jedoch überall: durch Lobpreisleitung, die Gestaltung von Studentengottesdiensten, Hauskreisleitung oder durch Predigen. Bei seinen Predigten suchte er *„ernsthaft nach dem, was uns die Bibel und der Glaube übers Leben zu sagen haben"*.

Obwohl er sich im Großen und Ganzen in diesen Gemeinden

überall wohlfühlte, gab es doch immer wieder Dinge, die ihn befremdeten. Sei es, dass er bei der Geburtstagsfeier in den Gemeinderäumen keinen Alkohol ausschenken durfte oder dass es Mitchristen gab, die sich im Gottesdienst hinstellten und ohne jede Zurückhaltung von ihren Gotteserfahrungen und dem Reden Gottes in ihrem Leben berichteten – „Zeugnis gaben". Von einer freien alternativen Gemeinde, der er zuletzt und als Erwachsener am längsten angehörte, war er jedoch wirklich begeistert. Von Stil und Sprache waren die Mitglieder nah an seinem Alltag dran, vor allem aber spürte er, *„dass da eine ganz große Leidenschaft war bei den Leuten, die ganz viel von sich und von Gott erwartet haben und auch ganz viel auf der Suche waren"*. Zudem gab es eine Gemeindeleitung, die ihn *„im Denken und Handeln super herausgefordert hat"* und die in ihrem Leitungsstil eine *„große Weite und eine große Weisheit"* an den Tag legte.

Patrick engagierte sich auch auf überkonfessioneller und überregionaler Ebene, meist im freikirchlichen Bereich, vor allem in der Jugendarbeit. Dadurch entwickelte sich sogar eine berufliche Perspektive und er plante, in den „hauptamtlichen Dienst" zu gehen.

In dieser ganzen Zeit glaubte Patrick sehr ernst und tief und doch – oder gerade deswegen – war sein Glaube immer wieder von (Selbst-)Zweifeln durchzogen. Er empfand einen *„Rest Unsicherheit, der sich irgendwie immer mit durchzog. Sowohl was inhaltliche Dinge anbelangte als auch was lebenspraktische Dinge anging"*. Auf der einen Seite nahm er seinen Glauben in einer positiven Bewegung der Veränderung wahr, auf der anderen Seite war aber immer auch das Gefühl da, noch nicht genug zu glauben oder noch nicht angekommen zu sein.

Er beschäftigte sich beispielsweise als Erwachsener bald mit der Frage nach der Erwachsenentaufe, also in seinem Fall der bewussten „Wieder"-Taufe im Erwachsenenalter, da er bereits als Kind getauft worden war. Einerseits sagte er sich: *„Also eigentlich ist alles okay, so wie es ist, du musst dir da jetzt keinen Kopf drum machen. Gott wird dich nicht verdammen, weil du als Kind getauft wurdest und da hinterher ‚Ja' zu gesagt hast. Aber auf der anderen Seite dachte ich wieder: Vielleicht erwartet er das doch von mir."* Möglicherweise, so überlegte er weiter, stellte eine Kindertaufe normalerweise überhaupt kein Problem für Gott dar, aber wegen Patricks Zögern und seinen Vorbehalten gegenüber einer je nach Blickwinkel erneuten oder „richtigen" Taufe würde ein Problem für Gott daraus und Gott dächte: *„Aha, da ist wohl noch was im Schwange, was zwischen uns noch nicht geklärt ist. Hast du dich mir eventuell noch nicht richtig ausgeliefert?"*

So haderte er lange Zeit mit dieser Frage und wartete darauf, dass Gott zu ihm spräche und ihm Gewissheit schenkte. Doch dies geschah nicht: *„Das war dann halt auch nicht so, dass ich gebetet habe, und dann hat Gott mir geantwortet und gesagt: ‚Nee, ist alles gut', oder: ‚Hallo, ich wäre doch dafür, sich beim nächsten Taufkurs bitte anzumelden.' Dann hätte ich gesagt: ‚Okay, weil ich weiß, was du willst, mach ich das.'"* Dadurch jedoch, dass er *„keine klare Ansage bei diesen Dingen spürte"*, blieb bei ihm in Bezug auf das Thema Taufe dauerhaft das Gefühl, *„hier fehlt irgendwie was"*. Daher ist die Frage nach der Erwachsenentaufe für ihn ein klassisches Beispiel für Themen, wo er sich gedanklich im Kreis gedreht hat, sowie für etwas, was ihn *„echt runtergezogen oder gebremst hat"*.

Was Patrick auf seiner Glaubensreise zentral umtrieb – deutlich wurde das auch bei der Frage nach der Taufe –, war die *„Sehnsucht nach Erfahrung mit Gott und Erleben von Gott"*. Für ihn war klar: *„Ich möchte Erfahrungen mit Gott sammeln, ich möchte eine Gotteserfahrung haben."* Dass die Gotteserfahrung zentraler Bestandteil des Glaubens und der Wunsch nach ihr legitim sei, führt er auf zwei Grundüberzeugungen zurück, die für ihn *„für eine Grundlinie in der Bibel stehen"*. *„Das eine ist das alttestamentarische ‚Wenn ihr mich von ganzem Herzen sucht, dann will ich mich von euch finden lassen', und das andere, dass im Neuen Testament Jesus uns Gott als einen liebenden Vater vorstellt."*

Die eine Grundüberzeugung, Gott als liebender Vater, ist für ihn eine der wichtigsten Grundwahrheiten der Bibel und als solche könne man sie auch bei allen unterschiedlichen christlichen Denominationen finden – ob bei Katholiken oder Pfingstlern. Natürlich könne man immer sagen:

> *Dieser liebende Vater ist ja nur eine Metapher, die ihre Grenzen hat. Aber wenn man so ein Bild wählt, dann soll man*

> *es doch bitte mit Bedacht wählen, gerade als Jesus und Sohn Gottes. Wenn man das sagt, dann sind für mich bei „liebender Vater" zwei Dinge zentral: Das eine ist irgendeine Art von Kommunikation, das andere ist irgendeine Art von persönlicher Begegnung oder Nähe.*

Das Gefühl, diese persönliche Begegnung mit Gott nicht zu haben oder nie „wirklich" gehabt zu haben, bereitete ihm immer wieder Probleme: *„Manchmal habe ich gedacht: ‚Wenn* das *noch nicht mit ganzem Herzen gesucht ist, was willst du denn dann noch?'"* Gleichzeitig hinterfragte er sich selbstkritisch: *„Habe ich denn jemals von ganzem Herzen gesucht? Suche ich jetzt gerade von ganzem Herzen?"* Und er stellte sich vor, wie Gott zu ihm sagte: *„Aber halt, du hast ja noch nicht richtig genug, noch nicht gut genug gesucht."* Er fragte sich auch, ob es vielleicht noch „unversöhnte Dinge" in seinem Leben gebe, eine Sünde, die er noch nicht bekannt hatte. Und wieder kam es ihm vor, als antworte Gott ihm: *„Aber ich sage dir nicht, welche, da musst du erst drauf kommen und es als Sünde bekennen und dann hast du mich von ganzem Herzen gesucht. Und dann lasse ich mich auch von dir finden."*

Aus seinen Fragen, seinen Zweifeln und seiner Glaubensreise heraus ergab sich somit die ganz grundsätzliche Frage: *„Was ist denn Glauben nun eigentlich? Ist Glaube eine Entscheidung oder ist Glaube ein Geschenk?"* Da Patrick das, was er als zentralen Bestandteil des Glaubens betrachtete, nicht erfuhr, stellte er zunehmend infrage, ob er überhaupt wirklich glaubte:

> *Bin ich bereit, mich ganz auf Gott zu verlassen? Und ist der Glaube tatsächlich dieser Schritt ins Ungewisse, und habe ich mich dem überhaupt jemals wirklich ausgeliefert? Und auf der anderen Seite dieses: Wenn Glaube ein Geschenk ist, warum schenkt ihn mir keiner? Vielleicht bettele ich zu sehr, keine Ahnung. Oder auch: Wenn das das Geschenk ist, das ich kriegen sollte, dann finde ich es nicht so toll. Da habe ich bei anderen schon tollere Geschenke gesehen.*

Ein weiterer schwieriger Punkt war, wenn christliche Freunde und Bekannte von Erfahrungen im Glauben erzählten. Problematisch für ihn waren dabei weniger die Christen, die ohne jeden Zweifel und vermeintlich ohne jede Reflexion ihre Erfahrungen mit Gott vor sich hertrugen und mit ihrem „Gott hat mir gesagt, dass …" um sich warfen, sondern *„diejenigen, die ich sehr schätze und bei denen ich weiß, dass sie ihre Worte wohl wählen und abwägen. Wo ich dann dachte: ‚Ich freue mich für dich, dass du Gotteserfahrungen hattest, aber das macht es für mich gerade fast noch krasser.' Zu merken, es gibt andere Kinder in Gottes Kindergarten, die mit solchen Erfahrungen versorgt werden. Und ich nicht."*

Schließlich haderte Patrick auch mit seinem Hadern und sagte sich: *„Was soll denn das Hadern und Klagen und Sauer-Sein? Das ist ja tatsächlich wie das bockige Kind auf dem Kindergeburtstag."* Und doch bleibt am Ende der ihn verunsichernde Gedanke, *„dass Gott nichts mit mir zu tun haben wollte, weil ich mich an den entscheidenden Stellen gedrückt habe oder so."*

Zwischenzeitlich half ihm bei seinen Kämpfen die Erkenntnis, dass in den Korintherbriefen *„Glaube als Geistesgabe genannt wird. Und das fand ich einen spannenden Punkt, sodass ich dann dachte: Eventuell kann ich einfach besser predigen, aber ich kann halt nicht so gut glauben."* Auch entdeckte er durch die Diskussionen um „Glauben in der Postmoderne" und in zentralen Aussagen von Jesus zum Reich Gottes ein *„Verständnis von der sozialen Dimension des Evangeliums"*. Zusammen mit der Idee von Glaube als (bei ihm nicht vorhandener) Geistesgabe weckte das den Gedanken: *„Vielleicht ist es ja auch ganz cool für jemanden wie mich, der mit der Geistesgabe Glauben nicht so toll ausgestattet ist, zu sagen: Dann konzentriere ich mich nicht so sehr auf die Dimension des Evangeliums zwischen mir und Gott, sondern da geht es ja noch um mehr, um eine soziale Dimension."* Dies gab seinem Glauben zwar für eine Zeit *„neuen Anschub"*, letztlich merkte er jedoch auch hier: *„Am Ende trägt es nicht, am Ende will ich die Frage von Gott beantwortet haben"*.

In letzter Konsequenz führten sein unerfülltes Sehnen und die für ihn nicht in Erfüllung gehenden Zusagen und Verheißungen der Bibel und des Glaubens dann zu der Frage:

> *Wenn das, was mir am Glauben so zentral erscheint und mir persönlich so wichtig ist, so gar nicht stattfindet, vielleicht stimmt das dann einfach alles nicht? Vielleicht gibt es gar keinen Gott, sodass nicht verwunderlich ist, dass ich von ihm nichts mitbekomme? Vielleicht habe ich am Ende meinen Glauben und mein Leben auf einer menschlichen Erfindung gegründet?*

Die Vermutung, dass diese Sicht auf Gott und Glauben die zutreffende sein könnte, setzte sich mehr und mehr durch.

Für Patrick waren all diese Fragen, Zweifel und Überlegungen nicht nur eine intellektuelle Auseinandersetzung, sondern etwas, das ihn sehr in Beschlag nahm und bei dem er irgendwann das Gefühl hatte, es mache ihn *„existenziell kaputt"*. Dabei war es keineswegs so, dass Patrick alles nur mit sich alleine ausmachte. Er nahm auch Freunde, seine Gemeinde und deren Leitung in seine Zweifelphasen und Betrachtungen mit hinein. Doch das Grundgefühl blieb, das Gefühl *„von Hängen zwischen Baum und Borke, dieses Sehnen nach Erfahrung, und an manchen Stellen nicht genau zu wissen: Ist das jetzt okay so, oder ist hier jetzt was ganz im Argen und müsste eigentlich anders sein – und dieses grundsätzliche Bedürfnis nach einer ganz unmittelbaren Gotteserfahrung."* Genau das war es, was *„letztendlich den Ausschlag gegeben hat, dass ich irgendwann gesagt habe: Jetzt ist Schluss, ich kann und will das nicht mehr."* So kam er zu dem Punkt, an dem er sich sagte:

> *Ich bin so fertig, ich brauche Abstand, ich werde jetzt erst mal nur noch das glauben, was ich glauben kann und will, nur noch das beten, was ich beten kann und will, und nur noch das tun, was ich tun kann und will. Das war so ein Schritt, der brachte dann Stück für Stück so eine Distanzierung mit sich.*

Er resümiert, dass *„zum Ende hin der Zugang des Glaubens für mich nicht mehr meinem Leben dienlich war, also ich nicht mehr das Gefühl hatte, das ist ein guter, hilfreicher Zugang zum Leben. Das war lange Jahre anders."*

In dieser Zeit formulierte er auch einen Abschiedsbrief an seine damalige Gemeinde und zog sich endgültig aus dem Glauben zurück. Sein Umfeld ging auf sehr unterschiedliche Weise mit seiner Dekonversion um. Seine Gemeinde *„hat super reagiert"*. Zum Beispiel erhielt er Unterstützung von der Gemeindeleitung, die ihm deutlich machte: *„Auch wenn du nicht glaubst, du kannst so lange bei uns Mitglied sein, wie du willst, wir schicken dich nicht weg."* Seine *„Christen-Freunde"* reagierten zwar alle *„auf coole Art und Weise"*, aber *„sehr, sehr unterschiedlich"*. Während die einen sagten, *„ist krass und schade und tut mir leid und weh für dich, aber macht jetzt zwischen uns keinen großen Unterschied. Ich kann Christ sein und du musst kein Christ sein, das ist ja okay"*, gab es die anderen, *„die mit einer ganz großen Ernsthaftigkeit gesagt haben: ‚Krass, was bedeutet das eigentlich für unsere Freundschaft?'"* Denn mit dem Glauben brach auch eine mit diesen Freunden geteilte Sicht auf das Leben weg. Interessant fand er außerdem manche Reaktion von Freunden oder Verwandten, die keine Christen waren. Manche sagten: *„Ach Mensch, das freut uns aber für dich, endlich bist du weg von dem Quatsch."* Er war überrascht zu erfahren, was sie also wohl vorher gedacht hatten.

Patrick wurde vom Glauben tief geprägt, daher ist auch seine Auseinandersetzung mit ihm nach der Dekonversion nicht beendet: *„Man schließt nicht ab und sagt: Okay, dann ist es jetzt abgeschlossen, und alles andere ist jetzt so wie Pfandwegbringen oder so. Sondern man merkt dann schon, wie tief sich bestimmte Dinge eingebrannt haben."* Im Laufe des Gesprächs hinterfragt er kurzzeitig sogar seine Dekonversion: *„Manchmal frage ich mich, ob ich nicht im tiefsten Innersten eigentlich doch noch glaube, dass es Gott gibt, und dass ich jetzt sozusagen versuche, ihm mein Spiel aufzudrängen. Nach dem Motto: Ich will jetzt so lange nichts mit dir zu tun haben, bis du dich mir endlich zeigst."*

Patrick bedauert heute in einem gewissen Sinne, nicht mehr zu glauben, andererseits bemerkt er, *„dass es ganz viele Punkte gab, an denen das auch sehr befreiend war"*. Als geradezu *„unglaublich befreiend"* empfindet er beispielsweise, dass sein *„Alltag nicht mehr von einer moralischen Sinnglocke überstülpt"* ist.

> *Dieses Gefühl, nicht mehr alles in den großen Plan einbetten zu müssen. Sondern man kann einfach mal mit Freunden Kaffee trinken gehen, einfach nur, weil man mal mit Freunden Kaffee trinken gehen will. Alles hatte immer Bedeutung und war sehr aufgeladen.*

Doch auf der anderen Seite macht ihm genau das zu schaffen:

> *Das war schon auch was ganz Hilfreiches, zu wissen, da gibt es einen Halt gebenden Rahmen und eine große Erzählung, in die mein Leben eingebettet ist. Das ist ja auch was Tolles, Teil von einer großen Erzählung zu sein. Und umso nichtiger und bedeutungsloser kommt einem das Leben vor, wenn das dann wegbricht.*

So erlebt er, dass ihm aufgrund der Entscheidung gegen Gott und den Glauben jetzt *„noch mal auf einer anderen existenziellen Ebene der Boden unter den Füßen weggezogen"* wird. Er spricht von einer *„großen Leere, die das mit sich bringt"*, sowie dem Schmerz, zu merken: *„Da ist jetzt nichts mehr. Mit was füll ich das jetzt?"* Gleichzeitig fragt er sich:

> *Was bleibt denn, wenn ich meinen Glauben nicht mehr habe? Einerseits als Sinnfrage: Warum soll ich morgens noch aufstehen? Aber auch in Bezug auf Ethik und Moral – die hatten bis dahin ein Fundament und etwas, worauf sich diese Fragen zurückverfolgen ließen. Und jetzt? Warum soll ich nicht rumlaufen und alle Leute verprügeln oder mich daneben benehmen, im Laden mir einfach was nehmen, ohne es zu bezahlen, wenn ich es hinkriege? Warum sollte ich nicht auf einmal anfangen, FDP zu wählen? Wo beziehe ich meine Wertorientierung her? Im ersten Moment war das sehr verstörend und sehr schmerzhaft, das so mitzukriegen. Zu merken, krass, da ist nix mehr, da ist viel Fatalismus und viel Nihilismus, die übrig bleiben.*

Im Rückblick resümiert Patrick über seinen ehemaligen Glauben: *„Das war kein Fake und keine Heuchelei, sondern da ist richtig was in meinem Leben passiert. Mein Leben war davon geprägt, auch auf gute Art und Weise."* Zurück bleibt für ihn das Gefühl, von Gott und vom Glauben getäuscht und enttäuscht worden zu sein, und die ernüchternde Erkenntnis, über viele Jahre sein Leben auf einem Trugschluss gebaut zu haben.

Fazit der Lebensgeschichten

Acht Menschen mit ihren Charakteren, ihren Lebensgeschichten und ihren Erfahrungen brachten uns vier zentrale Leitmotive bei der Dekonversion in ihren acht Ausprägungen näher. Betrachten wir sie noch einmal in einer Übersicht:

Die Geschichte von **Claudia** war das erste Beispiel für das Leitmotiv der **Moral.** Hier zeigte sich, dass die Einengung, unter der sie litt, nicht nur von einzelnen Personen wie zum Beispiel Leitern ausging, sondern dass die Gemeinde insgesamt als System Strukturen aufwies, die manipulative und einengende Auswirkungen auf die einzelnen Mitglieder hatten. In Kombination mit engen moralischen Erwartungen entstand so eine Atmosphäre, aus der sich Claudia trotz häufiger Versuche, eine Veränderung herbeizuführen, schließlich befreien musste, um nicht daran zu zerbrechen. Was dabei jedoch zerbrach, war ihr Glaube. Claudia stand somit beispielhaft für die **Eingeengten**.

Ines hingegen kam durch die im Auslandsjahr erfahrenen Verletzungen in eine Situation, in der ihr Glaube zusammenbrach. Vielleicht hätte es auch aus einem anderen Anlass dazu kommen können, doch ist zu vermuten, dass sie sonst eher prozesshaft ihren Glauben verändert hätte. Zur Bearbeitung der von tief gehenden und grenzverletzenden Erfahrungen ausgelösten Depressionen sah sie keinen anderen Ausweg, als mit ihrem Glauben zu brechen, um wieder in ein Stadium der psychischen Stabilität zu gelangen. Ines vertrat daher in einer besonders starken Ausprägung die **Verletzten**.

Nicolo als **Zweifelnder** scheint ein geradezu klassisches Beispiel für das Leitmotiv des **Intellekts** zu sein. Sein Verstand kam mit dem Glauben in einen Konflikt, der, von Zweifeln erschüttert, schließlich aufgegeben wurde. Bei genauerer Betrachtung wird eine weitere Nuance sichtbar: Ein wichtiger Umstand, durch den dieser Zweifel überhaupt erst zugelassen werden konnte, ist der Wechsel in ein neues Umfeld. Da die Veränderung der Lebenssituation auch bei anderen Gesprächspartnern eine Rolle spielte, jedoch nicht so sehr als Ursache, sondern eher als Katalysator wirkte, werden wir uns in Kapitel 3 noch genauer damit auseinandersetzen.

Magdalena zeigt in ihrer Dekonversionserzählung, dass bei **Grübelnden** ein existenzieller Zweifel an Gott, einem selbst und dem eigenen Glauben ausschlaggebend ist. Einerseits prägte sie dieser Glaube tief, jedoch gelang es ihr nie, sich ganz mit ihm zu identifizieren, sodass sie ihn schließlich aufgab bzw. den Versuch aufgab, zu glauben.

Im Bereich derjenigen, bei denen Fragen der **Identität** die Dekonversion auslösen, zeigte die Geschichte von **Frank** sehr deutlich, in welch unterschiedlichen Bereichen die Diskrepanz zwischen der Welt der Gemeinde und dem eigenen Leben an einem Menschen reißen kann. Das beginnt beim eigenen Selbstverständnis, setzt sich fort bei der Sexualität und geht bis hin zu Vorstellungen über die Alltags- und Lebensgestaltung. Frank vertrat somit die **Zerrissenen**.

Gregor dagegen ist eher ein dem Glauben **Entwachsener**. Die bei ihm fehlende Entwicklung eines Erwachsenenglaubens war jedoch nicht ohne Anlässe und ohne Bezug zu anderen Ereignissen. Seine Wut auf Gott und die Frage nach dem Leid in der Familie machen das deutlich. Letztendlich gaben sie jedoch nicht den entscheidenden Ausschlag, sondern hatten, wie der Kulturwechsel bei **Nicolo**, eine unterstützende Wirkung.

Schließlich ließen sich auch beim Leitmotiv der **Gottesbeziehung** zwei Ausprägungen feststellen. **Andreas** wurde wiederholt von Schicksalsschlägen heimgesucht, die in der Summe schließlich dazu führten, dass er sich vom Glauben an Gott abwandte, da er diese Erfahrungen nicht mehr mit dem ihm vermittelten Gottesbild in Übereinstimmung bringen konnte. In gewissem Sinne ist Andreas somit ein von Gott **Geplagter**.

Patrick schließlich ist typisch für die Gruppe der Nicht-mehr-Glaubenden, bei denen die Gottesbeziehung zunehmend als enttäuschend erlebt und irgendwann als Ganzes als Täuschung bewertet wird. Er gehört damit zu den **Enttäuschten**.

Diese Kurzbeschreibungen sind natürlich bereits eine Zuspitzung und Vereinfachung komplexer Lebensgeschichten und biografischer Erfahrungen. In den Porträts mussten daher einige Aspekte unerwähnt bleiben. Die Erfahrungen der sieben anderen Interviewpartner sind zudem bislang nur indirekt eingeflossen. Aus diesem

Grund werden wir im folgenden Kapitel weitere Faktoren aufzeigen, die parallel zu den hier beschriebenen Leitmotiven in den Geschichten auftauchten.

Kapitel 3

Wenn am Ende der Glaube nicht mehr trägt: weitere Aspekte von Entkehrung

„Der Glaube bringt mir keinerlei Nutzen, weder auf rationaler noch auf emotionaler Ebene."

Roland

„Christliche Moralvorstellungen haben zu einer übertriebenen Erziehung geführt, die zu einer sozialen Inkompetenz geführt hat. Zudem sind christliche Moralvorstellungen nicht unbedingt biblisch begründet."

Cedric

Nachdem wir in Kapitel 2 acht Beispielgeschichten erzählt haben, wollen wir in diesem Kapitel die wichtigsten Ergebnisse unserer Interviewstudie nun nicht mehr entlang von Einzelfällen, sondern anhand ausgewählter Aspekte betrachten. Was sind weitere Gründe, die zu einer Dekonversion führen können? Welche Rolle spielt dabei die vorherige Glaubensgeschichte? Und wie sah das Gemeindeumfeld der Betreffenden aus?

Im Weiteren werden wir uns nicht nur auf die acht eben ausführlich vorgestellten Gesprächspartner beschränken, sondern immer wieder auch auf die anderen Bezug nehmen. Damit diese Personen in ihrer Geschichte und Persönlichkeit vor Augen sind, stellen wir sie nun in Form von Kurzporträts ebenfalls kurz vor.

Die anderen sieben: Kurzvorstellungen der übrigen Gesprächspartner

Marek

Marek hat, wie Gregor, polnische Wurzeln und war ursprünglich römisch-katholisch. Allerdings zog er in einem wesentlich jüngeren Alter, nämlich mit drei Jahren, mit seiner Familie nach Deutschland. Zum Zeitpunkt des Interviews ist er 33 Jahre alt und lebt mit seiner Frau in Hildesheim, wo er im wissenschaftlichen Bereich tätig ist. Zu seiner Kindheit gehörte der regelmäßige Kirchgang ebenso wie das Selbstverständnis, gläubig zu sein. In der Familie wurde der Glaube jedoch nur wenig thematisiert. Während seiner Gymnasialzeit auf einer Schule in katholischer Trägerschaft war der wöchentliche Besuch des Schulgottesdienstes verpflichtend, Marek nahm auch meist gerne daran teil. Sein Glaube war stark von einer traditionellen katholischen Frömmigkeit geprägt, sein Gottesbild blieb jedoch eher unscharf. Besondere Erlebnisse, die zu seinem Glaubensverlust führten, kann er nicht nennen, wohl aber den Zeitraum, in dem dieser geschah. Er fiel zusammen mit dem Beginn des Studiums, dem Auszug von zu Hause und der Auseinandersetzung mit Philosophie und Wissenschaftstheorie.

Mareks Frau teilt seine Ansichten über Religion, sodass die beiden auch bewusst auf eine kirchliche Trauung verzichteten, was zu familiären Spannungen, vor allem mit seinen Eltern, führte. Von Zeit zu Zeit nutzt er soziale Medien, um atheistische Beiträge, die ihm interessant erscheinen, weiterzuleiten. Sich selbst bezeichnet er heute als Agnostiker.

Marco

Der 27-jährige Marco arbeitet als freier Lektor in Essen, zuvor studierte er verschiedene Natur- und Geisteswissenschaften. Er stammt aus einem bewusst gläubigen Elternhaus, wobei der Glaube seines Vaters eher in eine liberal-politische, der seiner Mutter in eine „klassisch-fromme“ Richtung tendiert. Marco selbst war zeit seines Lebens in der Kirche engagiert und ist es auch heute noch. Unter anderem nahm er Aufgaben als Gemeindevorstand und Prädikant war.

Nach eigener Auskunft hatte er niemals so etwas wie eine religiöse Erfahrung. Mittlerweile glaubt er nicht mehr an die Existenz eines göttlichen Wesens, schätzt jedoch nach wie vor die christliche Überlieferung als ethisch-existenzielle Richtschnur. Prägend war für ihn die Auseinandersetzung mit Auschwitz sowie die Erkenntnis, dass vieles im Glauben kulturell geprägt und in gewisser Weise zufällig-beliebig ist. Marco ist noch immer stark in seiner Gemeinde engagiert, weil er es als seine Pflicht ansieht, die dortige politisch-ethische Arbeit weiterzuführen und voranzutreiben. Bemerkenswert ist, dass er, im Gegensatz zu Andreas, der ja ebenfalls weiterhin in die Gemeinde geht, als „anonymer Areligiöser" lebt, sein Nicht-mehr-Glauben also nicht öffentlich gemacht hat.

Thomas

Thomas arbeitet als Ingenieur. Beim Interview ist er 25 Jahre alt und lebt in Aachen. Er wuchs durch seine Familie in eine klassisch baptistische Gemeinde mit langer Tradition hinein, wobei seine Mutter aus der römisch-katholischen Kirche konvertiert ist. Ihren Glauben empfindet er als rational aufgeklärt, den des Vaters jedoch als deutlich konservativer. Thomas selbst nahm bis in seine Teenagerjahre hinein an den verschiedenen Angeboten seiner Gemeinde teil, die er heute als teilweise fundamentalistisch charakterisiert. Dabei fehlten ihm jedoch vor allem gute Beziehungen zu Gleichaltrigen. Besonders positiv sind ihm daher verschiedene Sommerlager in Erinnerung geblieben. Mit ungefähr fünfzehn Jahren nahm seine Motivation zur Teilnahme am gemeindlichen Leben immer mehr ab, sodass er schließlich nur noch an den großen Festen den Gottesdienst besuchte.

Thomas sieht seinen Glauben heute als Teil der Erziehung an und hat offenbar, auch in seiner Jugendphase, keinen eigenständigen Erwachsenenglauben ausgebildet, wenngleich er sich zu Beginn des Studiums noch einmal intensiv darum bemühte Neben dem Herauswachsen sieht Thomas seine Dekonversion auch durch sein Studium bedingt. Thomas glaubt heute nicht mehr an eine übernatürliche Dimension.

Anke

Die 28 Jahre alte Anke stammt aus einer evangelischen Pfarrersfamilie. Sie arbeitet als Biologin und lebt gemeinsam mit ihrem Freund in Koblenz. Das familiäre Leben ihrer Kindheit war stark vom Glauben geprägt. Er war ein so selbstverständlicher Bestandteil, dass es Anke schwerfällt, besondere Ereignisse oder Situationen zu benennen, in denen er eine besondere Rolle spielte. Gebet und christliche Kinderbücher waren für sie eine alltägliche Sache und auch in den Kindergottesdienst ging sie regelmäßig. Mit ungefähr zwölf Jahren bekehrte sie sich bewusst auf einer Sommerfreizeit. Ihr Glaube war stets sehr gefühls- und erlebnisorientiert. Regelmäßige überregionale Freizeiten und Seminare, bei denen sie mitarbeitete, waren für sie besondere Highlights. Im Anschluss hatte sie jedoch häufig auch ein schlechtes Gewissen, wenn sie es zum Beispiel nicht schaffte, im Alltag regelmäßig Stille Zeit zu machen. Anke brachte sich auch in ihrer eigenen Gemeinde ein, zum Beispiel im Konfirmandenunterricht und beim Lobpreis. Da es dort aber insgesamt wenig Angebote für Jugendliche gab, war sie viel unterwegs, um bei christlichen Veranstaltungen dabei zu sein und Freunde zu treffen. Sie genoss die Gemeinschaft, den Spaß und die Events, nahm jedoch auch immer eine Tendenz zur Heuchelei und Doppelmoral wahr. An diesem Verhalten begann sie sich mit der Zeit immer mehr zu stören und zu reiben. Ihre Dekonversion ging schließlich einher mit dem Beginn des Studiums und dem Einstellen der Mitarbeit auf Freizeiten. Anke hatte dabei ein Schlüsselerlebnis, als ihr während eines Konzertes bewusst wurde, dass die Gefühle, die sie immer dem Heiligen Geist zugeschrieben hatte, auch auf einer weltlichen Veranstaltung erfahrbar waren. Für sie kommt dieses Phänomen heute einer *„Massenhysterie"* gleich.

Martina

Die 27-jährige Logopädin Martina ist verheiratet und lebt mit ihrem Mann in Erfurt. Sie stammt aus einer landeskirchlichen Gemeinschaft und wuchs in einer christlichen Familie auf, mit der sie gemeinsam in die Gemeinde ging. Das Familienleben war dadurch stark vom christlichen Glauben geprägt und Martina engagierte sich ehrenamtlich.

Eine eigene persönliche Entscheidung für den Glauben traf Martina in ihrer Teenagerzeit. Später verlor der Glaube für sie zunächst an Wichtigkeit, gewann durch die Beziehung zu ihrem späteren Mann jedoch erneut an Bedeutung. Der Glaube war für sie ein Teil des Alltags und sie legte ihn auch ihren Entscheidungen zugrunde. Gebet, allein und in Gemeinschaft, sowie der Glaube an Gottes Führung waren in ihrem Glauben zentral. Heute denkt sie, dass sie dadurch einen Teil ihrer Eigenverantwortung aus der Hand gegeben hat. Als problematisch erlebte sie außerdem, dass sie im Gegensatz zu ihrem christlichen Umfeld nie das Gefühl hatte, Gott wirklich hören oder wahrnehmen zu können.

Der Beginn ihres Dekonversionsprozesses hängt mit dem Umzug nach Erfurt zusammen. Ihr und ihrem Mann fiel es schwer, Anschluss in einer Gemeinde zu finden. Ihr Mann lernte durch Freunde eine neue, freiere Art des Glaubens kennen, die ihre eigene bisherige Praxis infrage stellte. Das zuvor aktive gemeinsame geistliche Leben schlief mit der Zeit immer mehr ein. Schließlich kam Martina zu der Überzeugung, dass es eigentlich keinen Unterschied machte, ob sie nun glaubte oder nicht. Im Gegensatz dazu ist ihr Mann nach wie vor gläubig. Sie selbst fühlt sich in religiösen Veranstaltungen zunehmend unwohl. Allerdings bemerkt Martina auch heute noch, dass ihr Denken und Handeln stark von ihrer christlichen Herkunft geprägt sind.

Sophia

Sophia lebt heute in Heidelberg, wo sie in einer pädagogischen Fachrichtung studiert. Zuvor hat sie eine theologische Ausbildung gemacht. Ihr Glaube war geprägt durch ihre Familie, die eine Freie evangelische Gemeinde besuchte. Sie nahm an allen Gruppen, die für ihr jeweiliges Alter angeboten wurden, teil und leitete auch einen Schülerbibelkreis. Während sie sich mit sieben Jahren zum ersten Mal „bekehrte", ließ sie sich erst später, im Alter von 17 Jahren, taufen. Sie genoss die Anerkennung, die sie in der Gemeinde erhielt; besonders im Lobpreis brachte sie sich ein. Sie war außerdem in einem Jugendbund und später auch in der christlichen Studentenarbeit aktiv, fuhr auf Freizeiten und zu Missionseinsätzen im Ausland. Gleichzeitig merkte sie seit ihrer Kindheit, dass sie unter dem oftmals moralisierenden Glauben ihrer Mitchristen litt.

Während ihrer theologischen Ausbildung kam sie immer mehr Widersprüchen in Glaube und Theologie auf die Spur, auf die sie trotz Nachfragens bei ihren Dozenten und Leitern keine befriedigenden Antworten erhielt. Insgesamt zog sich ihre Dekonversion über sechs Jahre hin, wobei wiederholt kleinere Ereignisse diesen Prozess unterstützten, von den bereits erwähnten unbeantworteten Fragen bis hin zu den Moralvorstellungen ihres christlichen Umfeldes. Die Entscheidung, nicht mehr zu glauben, hat Sophia als Befreiung erlebt. Mit der zunehmenden Entfernung vom christlichen Glauben ist ihr christlich geprägtes Gewissen schwächer geworden, was sie als sehr positiv beschreibt. Sophia schätzt Christinnen und Christen immer noch sehr und bewertet den Glauben an eine Religion als etwas Positives, wünscht sich aber für die Gläubigen einen reflektierteren Glauben, als sie selbst ihn in ihren Gemeinden erlebt hat.

Doreen

Doreen ist 22 Jahre alt und lebt in Paderborn. Sie stammt aus einer protestantischen Großfamilie und besuchte neben der evangelischen Kirche auch die Kreise landeskirchlicher Gemeinschaften und später den Jugendkreis eines christlichen Jugendbundes. Nach einer Ausbildung zur PTA arbeitet sie heute in einer Apotheke.

Doreen erlebte in ihrer Jugend zahlreiche Missbräuche, von emotionalem, geistlichem bis hin zu sexuellem Missbrauch, Letzteres auf einer christlichen Veranstaltung. Die Teenagerzeit war für sie von der Suche nach Freiheit geprägt, die sie in immer neue Extremsituationen trieb. Gleichzeitig setzte sie sich intensiv mit dem Glauben auseinander, hatte wiederkehrende Ent- und Bekehrungserlebnisse. Bei ihrer ersten Entkehrung ging sie so weit, dass sie ihre Bibel und all ihre christlichen Sachen verbrannte.

Vor drei Jahren beschloss Doreen, nicht mehr mit Gott zu reden und keine Kirche oder christliche Veranstaltung mehr zu besuchen. Wenn sie doch einmal in einen Gottesdienst geht oder sich mit christlichen Inhalten auseinandersetzt, bekommt sie noch heute körperliche Schmerzen. Trotzdem lebt sie in der inneren Spannung, dass Gott doch existieren könnte.

Wenden wir uns nun weiteren Aspekten von Entkehrung zu und beginnen wir mit der Vorgeschichte.

„Es war vollkommen normal zu glauben": Glaube und Glaubensentwicklung

Was war das eigentlich für ein Glaube, den unsere Gesprächspartner verließen? In diesem Unterkapitel wollen wir dazu zwei Aspekte genauer betrachten. Zunächst schauen wir auf die Bedingungen, unter denen sich der Glaube entwickelte. Im Anschluss untersuchen wir die Charakteristika, die dieser Glaube aufwies.

Christliche Sozialisation und Glaubensverlust

Die meisten derjenigen, die wir interviewt haben, sind in einer christlichen Familie aufgewachsen und wurden somit „religiös sozialisiert". Frühe Prägungen durch die Familie gehen meist sehr tief und sind noch grundlegender, als wir uns vorstellen können. Die Ergebnisse aus Jahrzehnten Entwicklungspsychologie, Bindungs- und Persönlichkeitsforschung unterstreichen, was schon der jüdische Religionsphilosoph Martin Buber einprägsam formulierte: Das Ich entwickelt sich am Du. Denn frühe Prägungen gehen der Entstehung eines bewussten Selbst voraus, oder wie es ein österreichischer Schriftsteller des 20. Jahrhunderts auf den Punkt bringt: „Es wird uns ein fremder Hut aufgesetzt auf einen Kopf, den wir noch gar nicht haben." Anders formuliert könnte man sagen, dass jede Person sich durch Pubertät und Adoleszenz zur eigenen Identität durchkämpfen muss. Dieser Prozess läuft nicht immer problemlos ab, sondern erzeugt innere und äußere Konflikte.

Der Glaube, den christlich sozialisierte Kinder, „mit der Muttermilch aufnehmen", wird zunächst als etwas völlig Normales, Natürliches und Selbstverständliches erlebt. Man ist *„von Anfang an"* bzw. *„schon immer"* dabei gewesen, wie Andreas beschreibt. Gregor betont: *„Es war vollkommen normal zu glauben, in die Kirche zu gehen und zu beten."* Marek meint nur lapidar: *„Man machte das halt."* Auch Anke beschreibt, dass in ihrer Familie *„nie außer Frage stand, dass es Gott gab"* und es somit auch für sie *„immer klar war, dass es Gott gibt"*: *„Statt Baggerbücher habe ich Bibelbilderbücher gelesen."*

So groß das Geschenk einer christlichen Erziehung auch sein kann, Kinder christlicher Familien stehen in ihrem Heranwachsen vor der besonderen Herausforderung, sich den Glauben als eigenständige Person quasi nochmals zu eigen zu machen. Während ungefähr die eine Hälfte unserer Interviewpartner, die christlich sozialisiert wurde, davon berichtet, dass sie Schritt für Schritt in den Glauben hineinwuchs, erzählen die anderen, irgendwann eine bewusste Entscheidung getroffen bzw. ein Bekehrungserlebnis gehabt zu haben. Interessanterweise geschah dies in den meisten Fällen auf einer Freizeit, nur Andreas bekehrte sich auf einer Pro-Christ-Veranstaltung (*„Irgendwie hat mich das emotional berührt“*). In ein paar Fällen fällt das Bekehrungserlebnis der Kinder auch mit dem der Eltern zusammen.

Häufig kann man sich Fremdes leichter zu eigen machen als schon Bekanntes und Selbstverständliches. Dies gilt auch für den Glauben. Unter christlich sozialisierten Kindern und Jugendlichen gibt es daher häufiger das Phänomen der Mehrfach-Bekehrung. Beispielsweise berichtet Sophia, dass es bei ihr *„immer wieder zu kleineren Bekehrungen kam“*. Erst von der Taufe mit siebzehn, die für sie *„ein total bewusstes Erlebnis“* war, dachte sie: *„Das ist jetzt die endgültige Bekehrung.“*

Trotz des meist vorhandenen christlichen Elternhauses unterscheiden sich die Interviewpartner durch den Frömmigkeitsstil, der in ihren Familien gelebt wurde, sowie durch die Glaubenspraktiken, die sie von klein auf kennenlernten – hierzu gehören vor allem Gottesdienstbesuch und Gebet. Beispielsweise berichtet Gregor, dass er als Kind viel gebetet habe und davon überzeugt war, *„dass da auch jemand wirklich zuhört“*. Vom Gottesdienstbesuch wird häufiger berichtet, dass dieser als eine Art Zwang erlebt wurde: *„Es wurde auch von mir verlangt, das ich sonntags mit in den Gottesdienst gehe. Es stand eigentlich völlig außer Frage, mal zu sagen: ‚Ich bleib heute zu Hause.‘“* Während einige ihre christliche Sozialisation als problematisch bis missbräuchlich erlebt haben, beschreibt die Mehrheit unserer Gesprächspartner sie aber als positiv oder mindestens neutral. Beispielsweise erlebte Frank den Glauben seiner Familie zwar als eng, jedoch spricht er von einer wohlbehüteten Kindheit.

Anke berichtet davon, dass in ihrer Familie Inhalte des Glaubens kaum thematisiert wurden: *„Es war einfach so, wusste ja auch jeder Bescheid."* Andere erzählen hingegen von einem intensiven und bewussten Glaubensleben im Elternhaus. In Andreas' Familie wurde beispielsweise oft gemeinsam in der Bibel gelesen und über Themen des Glaubens gerne und viel diskutiert. In Martinas Familie zog sich der Glaube *„komplett durch den Alltag":*

> *Wenn Entscheidungen anstanden, dann war immer die erste Frage: „Was würde denn Gott jetzt davon halten?" Und wenn es irgendwie Probleme gab oder Fragen oder Zweifel, dann wusste ich auch, ich konnte mit meinen Eltern dafür beten oder ihnen das einfach sagen, dass sie dafür beten.*

Martina gehört im Übrigen zu denjenigen, die ihrer familiären Prägung in ihrer Dekonversionsgeschichte eine wichtige Rolle zuweisen. Sie beschreibt, dass sie immer gespürt habe, dass den Eltern in Bezug auf sie *„das Wichtigste"* war, dass sie glaubt. Noch heute kann sie mit ihrer Mutter oder manchen ihrer Geschwister nicht über ihren Glaubensverlust sprechen, ohne das Gefühl zu haben, sie dadurch persönlich zu verletzen. Anders war das hingegen bei ihrem großen Bruder, der sich bereits in seiner Jugendzeit gegen den Glauben entschied. Einerseits akzeptierten das die Eltern, andererseits erlebte sie, wie es ihre Eltern belastete. Eindrücklich beschreibt sie emotionale Szenen, wie der Rest der Familie in dessen Abwesenheit hingebungsvoll für den großen Bruder betet. Auch bekam sie mit, wie ihre Mutter nach dem Tod der nicht-gläubigen Oma mit der Frage rang, wo diese jetzt sei. Trotz bzw. gerade wegen der Intensität des Glaubens in der Familie meint sie, dass sie rückblickend den Eindruck habe, ihr Glaube sei *„mehr eine Erziehungsform"* gewesen.

Auch in Ines' Geschichte gibt es neben der berichteten Verletzung im Auslandsaufenthalt noch einen anderen Strang. Sie erlebte in ihrer Familie einerseits einen sehr ernsthaften und intensiven Glauben, hatte andererseits aber immer wieder das Gefühl, dass der Glaube der Eltern sehr stark von der schweren Erkrankung ihres Vaters bestimmt war, sodass er ihr manchmal gar wie ein *„Trostpflaster"* vorkam. Insbesondere bei ihrer Mutter hat sie das Gefühl: *„Der Glaube stützt sie irgendwie, aber wenn die Stütze weg wäre, dann müsste sie* *einfach mal überlegen, was sie im Leben will, und müsste halt was ändern."* Rückblickend meint sie: *„Ich würde jetzt mal behaupten: Wenn meine Eltern gesund wären und ich in einer glücklich christlichen Familie aufgewachsen wäre, wäre ich wahrscheinlich schon wieder gläubig."* Bis heute verschweigt sie den Eltern ihre Dekonversion und beschreibt den Prozess des Glaubensverlusts auch als *„einen Ablöseprozess"* von ihnen.

Betrachtet man, was unsere Interviewpartner über ihre Eltern erzählt haben, dann ergeben sich drei Erkenntnisse:

Erstens scheint der Glaube der Kinder oft bestimmt durch das Wechselspiel des (Nicht-)Glaubens von Vater und Mutter. Dies zeigt sich sehr gut bei Doreen. Der Vater selbst kommt aus einer christlichen Familie und war sehr engagiert in der Gemeinde, deren Leiter er war. Doreen beschreibt seinen Glauben als eher frei und offen. Er brachte ihr bei, dass das Reden mit Jesus etwas ganz Normales sei, und vertrat die Meinung: *„Glaube muss frei machen, muss Weite schaffen, muss die Hoffnung im Fokus haben."* Sie beschreibt ihn gar als *„kleinen Revoluzzer"*, der irgendwann *„aus der Gemeinde rausgeschmissen wurde, weil er bestimmte Sachen zu rational angegangen ist"*. Die Mutter von Doreen, die erst als Erwachsene zum Glauben kam, wird von Doreen hingegen als ängstlich und gesetzlich wahrgenommen. So erzählt sie, dass ihre Mutter sich in der Gemeinde immer sehr fremd gefühlt habe und immer Angst hatte, bestimmte Dinge nicht richtig zu machen, was sie dazu brachte, alles, was *„als Regeln formuliert wurde"*, überzuerfüllen: *„Sie wollte ja dazugehören."* Doreen berichtet, wie sie selbst bis heute etwas von dieser Zerrissenheit zwischen Offenheit und Gesetzlichkeit in ihrem Leben spürt. Auch wenn die elterliche Prägung in diesem Fall kaum als ursächlich für den Glaubensverlust bezeichnet werden kann, so haben wir doch immer wieder gesehen, dass sie den Hintergrund bildet, auf dem sich der Dekonversionsprozess abbildet, und ihn damit beeinflusst.

Zweitens zeigt sich sehr deutlich, dass vor allem die Mütter – hier bilden Doreen und Magdalena mit ihrer psychisch kranken Mutter die Ausnahmen – als häufig nicht nur wichtigere oder zentralere, sondern auch als positivere Prägungskraft für den Glauben beschrieben wurden. In den meisten Fällen wurde der Glaube der Mutter als intensiver erlebt; so wurden die Kinder meist von ihr in geistliche Praktiken wie das Gebet eingeführt.

Die dritte Erkenntnis bezüglich der Eltern ist, dass die Väter häufig in ein Extrem tendieren, also entweder als gläubig und gemeindlich sehr engagiert oder aber als nur locker oder nicht wirklich gläubig bezeichnet wurden. Beispielsweise erzählt Marek, dass sein Vater den Glauben zwar als für ein *„im Kern vielleicht brauchbares Konzept"* hält, er damit aber *„eigentlich herzlich wenig am Hut"* hat. Auch Gregor beschreibt seinen Vater als einzige Ausnahme in einer ansonsten gläubigen Familie, zumindest beteiligte dieser sich nie am gemeinsamen Kirchgang, gab sich immer wieder skeptisch gegenüber Glaubensfragen und las lieber Bücher von Erich von Däniken.

Hin und wieder wurden auch die Großeltern (aber auch hier eigentlich immer die Großmütter) sowie Geschwister oder Partner als für den Glauben prägende Personen genannt. Jedoch konnten wir hier keine Muster erkennen.

Die meisten unserer Interviewpartner haben eine durchschnittliche, für ihre jeweilige Denomination typische religiöse Sozialisation erlebt. Ausnahmen wie Magdalena bestätigen die Regel. Bis auf die Entwachsenen (die sich ja eigentlich nie bewusst für den Glauben entschieden haben) haben sie den Glauben eigenständig angenommen – entweder durch eine bewusste Entscheidung oder Schritt für Schritt. Natürlich gab es in Einzelfällen immer auch Brüche, nirgendwo gibt es den „perfekten christlichen Werdegang", jedoch konnten wir kein übergreifendes Kriterium, wie zum Beispiel eine dysfunktionale Familie, feststellen, das für die spätere Dekonversion verantwortlich sein könnte. So hilfreich eine gute christliche Erziehung und Sozialisation also als Basis für den Glauben sein kann, so wenig ist sie Garantie dafür, dass Kinder gläubig werden und gläubig bleiben. Diese Erkenntnis mag keine große Überraschung sein, hat sich hier aber nochmals bestätigt. Betrachten wir nun den Glauben selbst etwas genauer.

Der Glaube, der verloren ging

Wenn man danach fragt, warum Menschen ihren Glauben verlieren, kommt man immer wieder auf die Frage zurück, was Glaube eigentlich ist. So hatten wir im Laufe unseres Forschungsprozesses zum

Beispiel immer wieder spannende Diskussionen darüber, wann man sagen kann, dass jemand glaubt und wann nicht mehr. Wir merkten, dass sich die Auseinandersetzung mit ehemals Gläubigen alleine deswegen schon lohnt, weil man sich selbst bewusster darüber werden muss, was Glaube für einen überhaupt ist und bedeutet und wie man diesen für andere verständlich beschreiben kann.

Wenn man sich anschaut, welcher Glaube bei unseren Interviewpartnern verloren ging, dann ergibt sich ein sehr heterogenes Bild. Zur Erinnerung: Wir hatten uns entschieden, den christlichen Glauben, von dem unsere Interviewpartner dekonvertierten, im Vorfeld nicht näher zu definieren. Wer angab, im christlichen Sinne geglaubt zu haben und dies heute nicht mehr tut, war für uns als potenzieller Gesprächspartner interessant. Wichtig war uns nur, die unterschiedlichen Denominationen und Konfessionen zu berücksichtigen. Daher kommt es, dass wir große Spannbreiten haben in dem, wie geglaubt wurde: von Menschen wie Gregor oder Thomas, deren Glaube wohl nie sehr tief verwurzelt war, bevor er wirklich reifen und wachsen konnte, hin zu Menschen wie Ines, die beschreibt *„sehr radikal"* geglaubt zu haben. Oder Nicolo, der von sich sagt: *„Es gibt mehrere Arten von Christen, und ich war so ein Christ, der komplett verliebt in die Bibel, in Gott, in das Christliche war."*

Doch nicht nur in Intensität oder Radikalität unterscheiden sich unsere Interviewpartner. Ein großer Unterschied besteht beispielsweise zwischen Magdalena und Marco. Magdalena ist sich im Nachhinein gar nicht mehr sicher, ob sie überhaupt jemals geglaubt hat oder ob sie nicht über viele Jahre hinweg immer wieder nur verzweifelt versucht hat, zu glauben. Bei Marco hingegen ist es genau anders herum, bei ihm ist eine gewisse Unschärfe erkennbar. Denn einerseits bezeichnet er sich als nicht-(mehr-)gläubig, da er nicht an die *„Existenz von einem transzendenten Wesen"* glaubt, andererseits meint er, dass die biblischen Gesetze und Weisungen für ihn nach wie vor bindend seien, *„weil ich finde, dass das sinnvoll ist, was da steht, und weil ich finde, dass die Alternativ-Götter, die wir haben, zum Beispiel der Mammon, der heute die Welt regiert, eine ganz schlechte Alternative sind, unter der die Menschen entsetzlich leiden"*.

Eine große Bandbreite zeigt sich schließlich auch in der Eigenständigkeit des Glaubens, der verloren ging. Ein Extrem auf der einen Seite sind Menschen wie Patrick und Magdalena, die kaum einen Stein des Glaubens auf dem anderen ließen und jeden einzelnen Glaubensinhalt persönlich reflektierten und abwogen. Eher in die andere Richtung extrem verhielt sich Claudia: *„Ich habe dann auch viel von dem Glauben, der in der Gemeinde gepredigt wurde oder auch unausgesprochen da war, einfach angenommen."*

So viel zu den Unterschieden im Glauben, der verloren ging. Was zeigt sich jedoch, wenn wir uns genauer ansehen, was geglaubt wurde und wie der Glaube praktiziert wurde? Gab es dort Übereinstimmungen?

In Bezug auf Glaubensinhalte kam das Thema Gottesbild am häufigsten vor. Der christliche Glaube gründet sich meist auf die Überzeugung von der Existenz eines übernatürlichen Wesens, das einem wohlgesonnen ist und zu dem man wie zu einem liebenden Vater oder einem guten Freund eine persönliche Beziehung haben kann. So war für Frank klar: *„Jesus ist dein bester Freund."* Und Marek war überzeugt, *„dass es ein übermenschliches Wesen gibt, das mir in irgendeiner Form zur Seite steht"*. Für Nicolo war es der *„Gott der Liebe"*, zu dem er eine Beziehung hatte:

> *Im Grunde war er der liebende Gott, der für die Menschheit gekommen ist und für uns gestorben ist. Also eine Person, zu der ich Zugriff hatte, die alles Mögliche für mich tun wollte und schon getan hatte, die einen Plan für mich hatte, jemand, dem mein Leben nicht egal war. So eine Art Vater.*

Auch für Andreas war klar, *„dass Gott so ein guter Freund ist, irgendwie so wie eine innige Beziehung mit einem Freund, den man gut versteht, dem man alles anvertrauen kann und der für einen sorgt"*.

Neben dem Glauben an Gott als liebenden Vater bzw. Jesus als besten Freund wurde auch die Bibel als Gottes Wort als zentrale Überzeugung genannt. Diesen positiven Glaubensinhalten stehen jedoch auch negative gegenüber. Sie lassen sich grob kategorisieren in „Glaube als Angst vor Verurteilung bzw. der Hölle" und „Glaube als Heils(un)gewissheit". Beispielsweise beschreibt Anke, dass sie bei Zweifeln dachte, *„Satan versucht dich auf seine Seite rüberzuziehen"*. Drastischer noch beschreibt Sophia, die schon im Kindergarten anderen Kindern eifrig von Teufel und Hölle erzählte, dass sie immer wieder Angst hatte: *„Wenn ich mich an bestimmte Regeln nicht halte, dann werde ich verurteilt, dann gibt es keine bedingungslose Annahme mehr."*

Wieder andere wie beispielsweise Frank erzählen, eigentlich seien ihnen die Glaubensinhalte überhaupt nicht wichtig gewesen – *„weil ich damit gar nicht so viel anfangen konnte"* –, sondern vielmehr *„die Glaubenserfahrung durch die Musik und die Gemeinschaft"*. Für andere hingegen war die Erfahrung zentral, dass Gott sie in ihrem Leben persönlich führt und ihnen Zeichen gibt. So sagt Ines: *„Ich habe jahrelang versucht, Gottes Willen rauszufinden. Und ich habe auch ganz oft keine Entscheidung getroffen, weil ich um Gottes Willen gebetet habe, damit ich selbst nicht die Verantwortung übernehmen muss."*

Die häufigsten Erwähnungen in Bezug auf die Glaubenspraxis betreffen das Dreigespann von Gottesdienstbesuch, Gebet und Bibellesen. Natürlich gab es auch hier wieder einige Unterschiede. Auf der einen Seite steht Marek, für den das Gebet mehr einer Art *„Backup"* entsprach, das man anwenden konnte, wenn im Leben Probleme auftauchten, die man nicht selbst beheben konnte. Auf der anderen Seite ist Ines, die sich fragte: *„Also, wenn mein Gebet Einfluss hat, wie kann ich dann leben, wie kann ich dann irgendwas anderes machen? Dann muss ich ja permanent auf den Knien liegen."*

Daneben wurde noch häufig Lobpreis genannt. Weitere Aspekte, die für die Ausübung des Glaubens wichtig schienen und erwähnt wurden, waren Evangelisieren bzw. Missionseinsätze, Gottes Willen tun, Kinder- und Jugendarbeit, Auseinandersetzung mit Theologie, Selbsterforschung, Erstkommunion, Zeugnis geben, Seelsorger sein, Hauskreis, Heilung, Prophetien, Unterstützung für andere, kein Sex vor der Ehe und Kontakt mit Gott. Somit ergibt sich ein buntes Bild.

Insgesamt zeigen sich im ehemaligen Glauben unserer Interviewpartner also einerseits sehr große Unterschiede bzw. Bandbreiten, andererseits aber auch in vielem ein eindeutiger „Mainstream" bezüglich des Glaubensinhalts (Existenz eines einem wohlgesonnenen übernatürlichen Wesens, als Vater oder Freund beschrieben, zu dem man eine Beziehung haben kann) und der Glaubenspraxis (Gottesdienst, Gebet, Bibellesen).

Es zeigte sich, dass eine Dekonversion aus ganz unterschiedlichen Glaubensinhalten und Biografien heraus geschehen kann. Inwiefern bestimmte Formen eine Abkehr vom Glauben stärker begünstigen als andere, kann auf der Grundlage unserer Daten allerdings nicht genauer gesagt werden.

„... dass Christen einfach nur Menschen sind": Erfahrungen mit Gemeinschaft

Wie sich bereits in der Online-Befragung zeigte und dann auch in den Porträts deutlich wurde, spielen die Erfahrungen in Gemeinden und Kirchen in einigen Dekonversionsprozessen eine wichtige Rolle. Zunächst ist festzuhalten, dass nahezu alle unserer Gesprächspartner auch von positiven Erfahrungen und Erlebnissen berichteten. Mit Abstand am häufigsten wurde die Gemeinschaft selbst genannt, das heißt die Menschen, der erlebte Zusammenhalt und die in der Kirche/Gemeinde gelebten Freundschaften. Claudia berichtet beispielsweise, dass sie die Leute aus dem Hauskreis ihrer Gemeinde *„total gern"* gehabt habe und sich mit ihnen sehr gut unterhalten konnte. Sophia erinnert sich vor allem an die gute Gemeinschaft in ihrer Gemeinde; sie habe sich in ihrer großen Jugendgruppe mit allen sehr gut verstanden und sich mit manchen auch über die Gemeinde hinaus getroffen. Daher nehme sie aus dieser Zeit auch *„ein generell positives Grundgefühl"* mit. Anke erinnert sich sehr positiv an die Gemeinschaft unter den Mitarbeiterinnen und Mitarbeitern bei Jugendfreizeiten sowie den *„riesigen Spaß"*, den sie dort gemeinsam hatten. Während sie in der Schule eher zu den Außenseitern gehörte, war sie auf den Freizeiten jemand, *„den jeder kannte"* und wo jeder wusste: *„Die Anke ist eine ziemlich coole Sau, mit der kannst du jeden Scheiß machen."* Auch Frank genoss das *„große soziale Netz der Gemeinde"* und die *„tolle Gemeinschaft mit ihrem sehr angenehmen Gruppengefühl"*, die sich insbesondere zu Beginn der Pubertät von der Gemeinschaft der Klassenkameraden unterschied. Denn hier wurde niemand wie in der Schule ausgeschlossen.

Was viele Dekonvertiten neben den positiven Gemeinschaftserfahrungen aus ihrer Zeit in christlichen Gruppen mitgenommen haben, sind bestimmte Fähigkeiten und Kompetenzen. Anke zählt beispielsweise auf, dass sie durch ihre frühere Mitarbeit nun *„wunderbar Vorträge halten, erzählen, organisieren und Gruppen anleiten"* kann. Zudem hat sie gelernt, *„anzupacken"*:

> *Wenn es dann hieß, die Technik muss aufgebaut werden oder es muss irgendwas gemacht werden, dann wurde da nicht groß rumdiskutiert, dann sind alle, die dastanden, losgestürmt und haben das einfach gemacht. Und das ist was, was mir heute sehr zugute kommt, einfach dieses Losgehen, Rangehen, das hat mir sehr viel gebracht.*

Auch Martina meint, dass sie durch die Leitung von Teenkreisen, das Halten von Themen, durch Treffen mit anderen Leitern und Predigern und nicht zuletzt durch Schulungen sehr viele soziale Fähigkeiten erlernt habe. Auch Patrick berichtet, dass er über den Glauben hinaus ganz viel gelernt habe, zum Beispiel *„kluges Umgehen mit Themen und mit menschlichen Situationen"*. Sophia meint, bei ihren Missionseinsätzen *„so eine kleine Liebe zum Ausland entwickelt"* zu haben. Und Thomas findet es wertvoll, dass er über die ganzen biblischen Geschichten etwas gelernt hat, *„was ja auch Bestandteil unserer Kultur ist"* und das er nicht missen wolle.

Von einer Atmosphäre der Offenheit und Toleranz berichten Frank und Sophia, in diesen Fällen auf die ganze Gemeinde bezogen. So war Sophia eine Zeit lang in einer Kirche, in der die Leute sehr offen waren; ihr imponierte, *„dass sie alle irgendwie was Eigenes geglaubt haben"*. Magdalena und Marco hingegen erzählen von intensiven und ernsthaften Auseinandersetzungen mit biblischen Inhalten, die sie sehr geschätzt haben. Magdalena hat diese Erfahrung ausgerechnet in einem Hauskreis gemacht, *„wo ein sehr fundamentalistischer Konsens herrschte"*, die Bibel aber sehr intensiv studiert wurde, inklusive des Studiums der Originaltexte. Deshalb fand sie diesen Hauskreis *„eigentlich ganz gut"* und eine gute Kontrasterfahrung zu vielen Erlebnissen in Gottesdiensten und Hauskreisen, die sie als oberflächlich bewertet.

Marco schätzt an seiner Kirchengemeinde rückblickend, *„dass* *da ganz stark theologisch am Text gearbeitet wurde, also ein starkes theologisches Interesse in der Gemeinde war, und dass zum Beispiel nach Gottesdiensten immer ein inhaltliches Predigtnachgespräch beim Kaffeetrinken stattfindet. Wo dann wirklich noch mal eine halbe bis dreiviertel Stunde über die theologischen Inhalte der Predigt diskutiert und der Prediger unter Umständen auch richtig auseinandergenommen wird."* Diese Gemeindeerfahrung setzt er in Gegensatz zu einem *„spirituell-frömmelnden Ansatz"*, den er in anderen Gemeinden als vorherrschend erlebt hat. *„Da geht es immer eher so darum: was kann man den Menschen für nette Geschichten erzählen und die so ein bisschen glücklich und selig machen."*

In besonders positiver Erinnerung blieben zudem besondere Aktivitäten wie Freizeiten, Jugendwochenenden oder Missionseinsätze. So erinnert sich Thomas *„an diese Jungscharfahrten, wo dann alle gemeinsam in einem Zelt geschlafen haben, man Sport gemacht hat, gesungen hat, Wanderungen gemacht hat usw. Das fand ich immer ganz schön."* Manche nannten auch die Musik in der Gemeinde, das heißt, *„die Musik zu hören und die Musik zu machen"*, als eine wichtige und positive Erfahrung.

Diesen positiven Erfahrungen stehen jedoch auch viele negative gegenüber. An häufigsten genannt wurden bestimmte Verhaltensvorschriften, die als unsinnig empfunden wurden, bzw. dass erwartet wurde, dass man einen bestimmten Verhaltenskodex übernimmt, was einen gewissen Anpassungsdruck erzeugte. Zum Beispiel berichtete Claudia von genauen Vorstellungen in Bezug darauf, wie man sich als Frau in der Gemeinde zu kleiden habe: *„nicht zu kurz, nicht zu tief ausgeschnitten, nicht zu hochhackig"*. Zudem habe man allgemein erwartet, dass man *„immer freundlich"* sei, das heißt: *„lächeln, nicken, nett sein und nicht zornig sein"*. Insbesondere Letzteres fand Claudia schwierig, weil es für sie völlig okay war, zornig zu sein. *„Weil: Gefühle sind einfach da. Wo mich etwas aufregt, da schimpf ich auch, wenn mir das hilft, dass ich nachher leichter bin."* Im Nachhinein merkte Claudia, dass sie viel von dem Verhaltenskodex in ihrer Gemeinde übernommen hatte, teils weil sie einfach *„in diese Gruppe reingesogen"* wurde, teils aus anderen Gründen: *„Ich musste mich natürlich anpassen, damit ich da angenommen bin, dass ich Musik weitermachen kann, das war mir schon sehr wichtig."*

Sophia erzählt, dass sie schon immer heimlich geraucht habe, was sie sich jedoch nie getraut habe, öffentlich zu sagen, *„weil das total verpönt war"*. Sie denkt rückblickend, dass gerade aufgrund der Tatsache, dass ihr Gemeinschaft so wichtig war und sie dort positive Erfahrungen machte, *„diese ganzen Probleme"* entstanden sind. Sie habe erfahren: *„Wenn ich mich an bestimmte Regeln nicht halte, dann werde ich verurteilt, dann gibt es keine bedingungslose Annahme mehr."* Einige wenige berichteten sogar davon, dass ungeliebte Verhaltensweisen dämonisiert wurden. Beispielsweise erfuhr Doreen in der Gemeinde als Reaktion auf kritische Nachfragen drastische Ablehnung der folgenden Art: *„Du zweifelst, da ist was Böses in dir, das darfst du nicht, aber zum Glück haben wir einen Gott, der groß ist und der lieb ist und der so Sachen vergibt."*

Wie erwähnt führten nicht erst solche Dämonisierungen, sondern auch schon die Erwartungen, sich an einen bestimmten Verhaltenskodex anzupassen, bei einigen unserer Gesprächspartner zum Empfinden eines starken Drucks. Der konnte bereits ausgelöst werden, wenn man bei sich eine Abweichung vom scheinbar normalen, problemlosen Glauben der anderen feststellte. Martina erzählt:

> *Das hat mir dann auch echt Schuldgefühle gemacht. Also, dass ich immer an vielen Sachen zweifle oder da noch mal eine Nachfrage habe oder so. Oder das nicht einfach so glauben kann oder das nicht so stehen lassen kann. Und das hat mich irgendwie ein bisschen unter Druck gesetzt.*

Einen schlechten sozialen Umgang miteinander, der bis hin zu Mobbing reichte, hat Marco erlebt:

> *Es gab in der Kirche sehr viele schlechte Erfahrungen, die ich gemacht habe. Und die beziehen sich eigentlich fast alle auf den Umgang der Menschen miteinander und auf so Sachen wie Mobbing. Also, ich bin in der Landeskirche bis in die oberen Gremien vorgestoßen und habe da sehr, sehr viel mitbekommen und muss sagen: Die Kirche ist völlig verseucht von machtgierigen Leuten, die keine anderen Interessen zu haben scheinen, als andere zu unterdrücken und auszunutzen. Das*

finde ich ganz, ganz krass. Denn gerade die Kirche bietet ja seelsorgerliche, pädagogische und psychologische Unterstützung in diesem Bereich an und weiß also ganz genau, wie diese Mechanismen funktionieren. Und trotzdem wird es richtig stark praktiziert. Als ich das dann irgendwann durchschaut habe, war das für mich fast eine Schockerfahrung.

Ein ähnliches Erlebnis, wenn auch in weniger drastischem Ausmaß, machte Andreas:

Nachdem ich mich bekehrt habe, war der erste Schock für mich, als ich zum ersten Mal festgestellt habe, dass die heile Welt ein bisschen vorbei war. Zum Beispiel dadurch, dass ich nach der Taufe als Gemeindemitglied die erste Gemeindeversammlung miterlebt habe, wo die Leute nur unter sich sind und Sachen besprechen, die sonst niemand mitkriegt. Das war eigentlich ein kleiner Schock, weil sonst immer alle so lieb waren, und da gab es richtige Diskussionen und zum Teil so dicke Luft.

Die Ursache des problematischen Verhaltens von Christen bringt Andreas dann auch auf den Punkt:

Ganz grundsätzlich ist mir in letzter Zeit bewusst geworden, dass Christen einfach nur Menschen sind. Das heißt, alle Probleme, die es in der Welt gibt – Neid, Hass und das alles –, gibt es in der Gemeinde genauso, wenn nicht noch schlimmer. Da ist es vielleicht sogar noch schlimmer, weil das viel stärker mit Heuchelei verbunden ist. Es gibt halt so oft Masken. Wo du denkst: Eben haben wir noch voll den Quatsch gemacht, voll den Scheiß, und jetzt steht er vorne und erzählt hier irgendwie was ganz anderes.

Auch einige andere unserer Gesprächspartner thematisierten das heuchlerische Verhalten von Christen. So formuliert Martina pointiert: *„Ich hatte ein Problem damit, dass die Christen nicht so sind, wie sie singen."* Und Anke ärgerte sich sehr über *„diese Heuchlerge-*

schichten", das heißt die Erfahrung, dass den Gemeindemitgliedern hinsichtlich mancher Punkte *„lieber war, dass ich lüge, als dass ich mich hinstelle und die Wahrheit sage, nur weil ihnen die Wahrheit nicht gepasst hat. Das fand ich schon ziemlich traurig."*

Als schlecht in der Gemeinde wurden somit vor allem die problematisch empfundenen Verhaltensregeln, der Druck, den diese produzierten, das negative Verhalten von Christen sowie deren Heuchelei erlebt.

Zudem wurden einzelne Elemente des Gottesdienstes negativ erlebt. Während Claudia im Gottesdienst vor allem die *„total starren Strukturen"* störten, erlebten Magdalena und Patrick manche Erfahrungsberichte („Zeugnisse") als sehr negativ. So ärgert sich Patrick über Christen, *„die sich vorne hinstellen und sagen: ‚Gott hat mir gesagt und dann hat Gott zu mir gesprochen und ich bin gestern mit dem Herrn spazieren gewesen.'"* Und Magdalena erzählt, wie in ihrem Porträt bereits kurz erwähnt: *„Das hat mich immer fertiggemacht, diese Freudigen, die so glücklich sind, dass Gott ihnen schon wieder geholfen hat, indem er ihren Computer heil gemacht hat."*

Claudia litt außerdem unter schlechten Predigten:

> *Es war einfach ein Riesenschwerpunkt auf Predigt, die war oft eineinhalb Stunden lang und der Gottesdienst dauerte eindreiviertel Stunden. Da sind Prediger eingeladen worden, die nur einen Scheiß dahergeredet haben und sich ständig widersprochen haben und keinen roten Faden hatten. Und dann hört halt einfach keiner mehr zu und keiner ist dabei.*

Magdalena bekam regelmäßig *„die totale Krise"* bei *„diesen Worship-Songs"*, die so *„inhaltsleer und geistlos"* sind. Jedoch beklagt sie Letzteres nicht nur beim Lobpreis, sondern noch viel grundsätzlicher:

> *Ich weiß nicht, ob ich in den falschen Gemeinden war, aber die waren dominiert von einer Oberflächlichkeit, die ich echt nicht nachvollziehen kann. Weil der Glaube etwas so Komplexes und auch die Bibel so komplex ist, dass ich überhaupt nicht verstehen kann, wie man mit so phrasenhaften, schablo-*

> *nenhaften ...Oh, nee. Ich merke schon, dass ich wieder richtig sauer werde. Diese Gottesdienste, die ich erlebt habe, das war eine Phrase, nichts anderes.*

Eine ähnliche Oberflächlichkeit erlebte auch Andreas, dem bezüglich mancher Fragen, wie man Gottes Handeln verstehen könne, kommuniziert wurde: *„Ja, wir verstehen das nicht, aber wir haben das auch nicht zu verstehen."*

Die teilweise bemängelte Oberflächlichkeit ist jedoch nicht das einzige negative Phänomen, das in den verschiedenen Kirchen und Gemeinden beobachtet wurde. Ein weiteres Charakteristikum ist eine starke Polarisierung. Martina:

> *Da war immer ganz klar: „So läuft es. Das ist richtig, und das ist falsch." So ein ganz krasses Schwarz-Weiß-Denken im Prinzip. Und später war vieles grau, und das kannte ich von vorher nicht. Und damit konnte ich dann in meinem Glauben nicht so richtig umgehen.*

Und Sophia beklagt, dass ihr *„viele andere Wahrheiten irgendwie vorenthalten"* wurden.

Problematisch für Ines ist im Rückblick der inkompetente Umgang mit schlechten Erfahrungen. So wurde in der Gemeinde bei Problemen suggeriert, dass man an Schwierigkeiten letztlich nur wachsen könne, zudem wurden Probleme häufig vergeistlicht und damit verschoben: *„Wenn man ein Problem hat, dann überlegt man sich nicht rational, was man jetzt tun soll und versucht irgendwie eigenständig und mit Verantwortung zu handeln, sondern dann betet man halt."* Als schwierig empfand sie auch ein magisches Verständnis von geistlichem Kampf, wie es in manchen charismatischen Kreisen vorhanden ist. Von einem Camp berichtet sie:

> *Die beten irgendwie einen Raum ein und stellen da irgendwie Engel auf. Wenn das nicht geistlich vorbereitet ist, kommt dann gleich der Teufel? Ich habe da auch erlebt, dass ein Mädel irgendwelche Fratzen gesehen hat. Also, ich habe das für mich immer noch nicht klar, weil es einerseits Sinn macht, wie*

ich es die ganzen Jahre geglaubt habe, dass da irgendwie ein geistlicher Kampf ist. Und andererseits habe ich das Gefühl, das engt mich wahnsinnig ein, und ich finde diese Weltsicht nicht gesund. Die sehen, dass irgendwie die Stadt oder die Leute im Besitz des Teufels sind, dass das alles kaputt ist und dass da die Herrlichkeit Gottes kommen muss. Alles ist verzweifelt und so möchte ich eigentlich nicht mehr leben.

Nicht nur an Extremen wie diesen zeigt sich, dass es hier nicht nur um vereinzelte negative Erfahrungen geht, sondern teils System dahintersteckt. Damit ist gemeint, dass es in manchen Gemeinden sehr problematische Strukturen und Gemeindekulturen gibt, die massive Auswirkungen auf Einzelne haben können. In Kapitel 4 werden diese unter dem Stichwort „Macht und Missbrauch" daher noch einmal genauer betrachtet.

Um noch einmal zusammenzufassen: Den vielen positiven Erfahrungen in den Gemeinden stehen auch viele negative gegenüber. Am stärksten positiv wurden die Gemeinschaft bzw. daraus resultierend Freundschaft, Verbundenheit und Zusammenhalt erlebt. Genau dieser Aspekt der Gemeinschaft kann jedoch auch problematisch sein. Denn die am häufigsten genannten negativen Punkte in Gemeinden waren ein bestimmter Verhaltenskodex, der Druck, den dieser erzeugte, sowie das negative soziale Verhalten von Christen, insbesondere deren Heuchelei. All dies hängt ebenfalls direkt mit dem Thema Gemeinschaft zusammen.

So problematisch unser heutiger Individualismus sein mag und so wichtig und unverzichtbar Gemeinschaft ist, hat sie potenziell immer auch eine Schattenseite, wie man aus Soziologie und Gruppenpädagogik weiß. Gemeinschaft wird, wie das Wort schon sagt, in der Regel durch das definiert, was man gemeinsam hat. Damit wird jedoch nicht nur nach außen, zu „den anderen" hin, die Unterschiedlichkeit (über)betont, sondern auch nach innen kann jede Abweichung als Bedrohung der Gemeinschaft eingestuft werden. Auf diese Weise entstehen in fast jeder sozialen Gruppe bestimmte soziale Normen und Verhaltenserwartungen, deren Nicht-Einhaltung bestraft wird und die einen bestimmten Gruppendruck erzeugen. Nur weil dies häufig vorkommt, ist es jedoch nicht unproblematisch. Denn es gibt ein großes Spektrum, wie man in Gruppen damit umgehen kann und wie somit die Gruppenatmosphäre geprägt wird. Dabei ist es zentrale Aufgabe der Leitung, eine möglichst offene Atmosphäre zu fördern, die bei aller Leidenschaft für gemeinsame Ziele die Vielfalt und Unterschiedlichkeit der Individuen als Gewinn betrachtet, statt Einheitlichkeit anzustreben und Abweichung abzustrafen.

Zudem wurde es schließlich als besonders schwierig empfunden, dass Christen für die eigenen problematischen Verhaltensweisen scheinbar besonders blind sind bzw. dass sie diese selten thematisieren und oft (geistlich) verschleiern: Stichwort Heuchelei. In Kapitel 4 gehen wir noch einmal gezielt darauf ein. In diesem Zusammenhang sei jedoch bereits Dietrich Bonhoeffer zitiert, an dessen Mahnung sich Kirche und Gemeinde regelmäßig selbstkritisch reflektieren können:

> *Es kann sein, dass Christen trotz gemeinsamer Andacht, gemeinsamen Gebetes, trotz aller Gemeinschaft im Dienst allein gelassen bleiben, dass der letzte Durchbruch zur Gemeinschaft nicht erfolgt, weil sie zwar als Gläubige, als Fromme Gemeinschaft miteinander haben, aber nicht als die Unfrommen, als die Sünder. Die fromme Gemeinschaft erlaubt es ja keinem, Sünder zu sein. Darum muss jeder seine Sünde vor sich selbst und vor der Gemeinschaft verbergen. Wir dürfen nicht Sünder sein. Unausdenkbar das Entsetzen vieler Christen, wenn auf einmal ein wirklicher Sünder unter die Frommen geraten wäre. Darum bleiben wir mit unserer Sünde allein, in der Lüge und der Heuchelei; denn wir sind nun einmal Sünder.*[46]

Interessant ist auch, dass die Dekonvertiten neben der Gemeinschaft vor allem die in Gemeinde und Gemeindearbeit erlernten Fähigkeiten und Kompetenzen als positiven Gewinn betrachten. Hier stellen Kirchen und Gemeinden ihr Licht wohl allzu oft unter den Scheffel und sind sich der wichtigen Bildungsverantwortung, die sie gesellschaftlich wahrnehmen, zu wenig bewusst.

Zuletzt sei darauf verwiesen, dass das Beklagen von Oberflächlichkeit und Schwarz-Weiß-Denken zusammen mit der als positiv empfundenen intensiven inhaltlichen Auseinandersetzung mit Bibel und Theologie durchaus zum Nachdenken bringen kann. Setzen wir mittlerweile vielleicht zu häufig auf Erlebnisse und fromme Gefühle, dreschen wir zu viele Phrasen und gehen zu wenig in die Tiefe?

„Ich kam an den Punkt, an dem es keinen Sinn mehr machte": Gründe für die Dekonversion

Die vier Leitmotive in ihren acht Ausprägungen, die den stärksten Ausschlag zu einer Dekonversion gaben, wurden im zweiten Kapitel schon vorgestellt. Dennoch tauchten auch andere Gründe wiederholt auf; sie waren zwar nicht so gewichtig, trugen aber dennoch ihren Teil zum Glaubensverlust bei. Ein großer Teil von ihnen begegnete uns bereits in den Ergebnissen der Online-Befragung, doch nach den ausführlichen Gesprächen ließ sich noch besser einschätzen, welches Gewicht die einzelnen Gründe für die Betroffenen haben.[47]

Motive aus der Online-Befragung im Spiegel der Interviews

Der Bereich „Zweifel an der Lehre" wurde zwar in einem Großteil der Interviews erwähnt, spielte jedoch, mit Ausnahmen wie zum Beispiel bei Nicolo, keine so ausgeprägte Rolle bei der Dekonversion, wie man nach der Häufigkeit der Nennungen hätte erwarten können. Lediglich bei denjenigen, bei denen das Leitmotiv des Intellekts besonders ausgeprägt war, war das der Fall. Bei unseren Gesprächen wurden dieses Thema sowie die „Zweifel an der Bibel" übrigens verstärkt von Männern angesprochen.

Viel mehr von Bedeutung für eine Entkehrung war dagegen das Thema der Mündigkeit und Emanzipation. Unter anderem war bei Sophia ausschlaggebend für die Abkehr vom Glauben *„die theologische Auseinandersetzung mit biblischen Themen wie Sünde und die Vorstellung von Himmel und Hölle. Ich habe gemerkt, dass sich viele Widersprüche bei mir nicht haben auflösen lassen."* Marco nennt das Abwerfen seines religiösen *„Korsetts"* ebenfalls ganz deutlich eine *„Form von Emanzipation"* und auch bei Frank ist dieses Motiv, wie beschrieben, wichtig.

Negative Erfahrungen mit anderen Christen sowie mit Kirchen und Gemeinden tauchten mit großer Regelmäßigkeit auf. Besonders bei

Claudia und Ines waren diese negativen Erlebnisse im Kontext von Moral, gekoppelt mit Macht, zentral, wenn nicht gar die Ursache für den Prozess. Magdalena erlebte, dass sie *„unter dem Zwang stand zu heiraten, weil ich sonst nur so wenig Kontakt wie möglich zu meinem damaligen Freund hätte haben können"*.

Die Erkenntnis, dass der eigene Glaube eher zufällig war und von Faktoren der Kultur und des Umfelds abhing, hatte in den Interviews keinen besonders großen Einfluss. Einzig Nicolo, Anke und Thomas sprachen dieses Thema direkt an. So ist Nicolo beispielsweise mittlerweile der Ansicht, dass er vor allem deswegen Christ wurde, weil er in einer christlichen Familie aufgewachsen ist.

Negative Erfahrungen, die durch den Glauben selbst verursacht wurden, sind in den Interviews eher eine Randerscheinung, wohingegen die fehlenden Auswirkungen und das ausbleibende Gefühl vor allem bei denjenigen mit dem Leitmotiv Gottesbeziehung eine nicht zu unterschätzende Rolle spielen. In den vorgestellten Porträts ist das vor allem bei Patrick und Andreas der Fall.

Viel häufiger als in der Online-Befragung ging es in den Lebensberichten um die Diskrepanz von Glauben und Leben. Die Ursache ist vermutlich, dass die ausgewählten Gesprächspartner fast alle über einen längeren Zeitraum Erfahrungen mit dem Glauben und in christlichen Gemeinschaften gemacht haben. Außerdem konnte in den Interviews ausführlicher und differenzierter auf dieses Thema eingegangen werden, da hierfür mehr Raum zur Verfügung stand als im Fragebogen.

Überhaupt keine Bedeutung, weder in den Interviews noch in der Vorerhebung, hatte der Wechsel zu einer anderen Religionsgemeinschaft. Dies kann an der Auswahl der Teilnehmer liegen oder auch daran, dass ein Wechsel der Religion eher eine Folge oder Begleiterscheinung einer Dekonversion ist.

In den Gesprächen tauchten darüber hinaus noch weitere Gründe für den Verlust des Glaubens auf. Sie ergänzen die bisherigen und werden nun mit einigen Beispielen vorgestellt.

Zeitlicher Verlauf
Die Rede von einem Dekonversions*prozess* hat es bereits angedeutet: Für die überwiegende Mehrheit unserer Gesprächspartner war die Dekonversion kein plötzliches, einschneidendes Erlebnis, *„wie beispielsweise ein Erdbeben in Lissabon"*. Sie verlief vielmehr über einen längeren Zeitraum in einzelnen Schritten oder auch fließend. Mit Ausnahme von Claudia wurde dieser Aspekt auch ausdrücklich angesprochen: *„Es hat sich eingeschlichen"*, wie Sophia formuliert, die darüber hinaus auch die Dauer des Prozesses benennen kann. Nicht mehr als Christ bezeichnet sie sich seit zwei Jahren, der Prozess habe aber ungefähr vor sechs Jahren begonnen. Auch Gregors Entdecken und Reflektieren seines Nicht-mehr-Glaubens *„war eher so ein fließender Übergang"*.

Martinas Erfahrungen eines schrittweisen Prozesses sind beispielhaft auch für andere: *„Das hat damit angefangen, dass ich nicht mehr in den Gottesdienst gegangen bin und dass ich nicht mehr gebetet habe. Und irgendwann wurde mir das bewusst und ich habe mich damit auseinandergesetzt."* Dabei sollte nicht vergessen werden, dass das Einstellen von Gottesdienstbesuch und Gebet nicht die Ursachen der Dekonversion sind, sondern gewissermaßen schon erste Auswirkungen des Prozesses. Wobei es aufgrund der zahlreichen Wechsel- und Rückwirkungen einzelner Einflussfaktoren und Folgen schwer auszumachen ist, was Ursache und was Folge ist.

Für Thomas, der *„nicht bewusst versucht hat, vom Glauben abzukommen"*, stellte der Prozess eine *„total normale Entwicklung"* dar, die sich als logische Konsequenz seiner veränderten Lebensumstände ergab (Beginn des Studiums). Wie das Ganze vor sich ging, vermag er gar nicht mehr genau zu beschreiben. Die erwähnte Änderung der Lebensumstände spiegelt sich in einigen Biografien wider und wird uns noch beschäftigen.

Hin und wieder gab es auch einschneidende Erlebnisse wie bei Anke, die bei einem Konzertbesuch plötzlich feststellte, dass sie dort dieselben Emotionen hatte, die sie sonst im Lobpreis verspürte und als vom Heiligen Geist verursacht betrachtete:

> *Irgendwann war ich mal auf einem Konzert und stellte fest, dass das in dieser Massenhysterie genauso funktioniert. Man*

tanzt, man singt, man winkt. Gut, man hat nicht gebetet und nicht gekniet, aber ansonsten war das genau das Gleiche und da habe ich mich dann irgendwann gefragt: Was ist jetzt der Unterschied? Was macht ein Konzert anders als eine Jugendfreizeit oder als Glaube insgesamt? Ich dachte halt immer: Du hast doch was gespürt, du hast doch den Heiligen Geist in dir gespürt! Das ist doch der Beweis! Dann habe ich aber gedacht: Okay, wenn das der Beweis ist, dann muss Heavy Metal auch irgendwie göttlich sein.

Diese Situation wurde für Anke zu einer Art umgekehrtem Erweckungserlebnis. Mit einem Schlag war ihr klar, dass der Glaube, wie sie ihn kannte und lebte, letztlich eine Beliebigkeit hatte. Das, was sie bislang als Zeichen der Gegenwart Gottes erlebt hatte, konnte sie auch auf andere Art erfahren. Der Glaube wurde dadurch in gewissem Sinne austauschbar.

Auch wenn es solche einschneidenden Erlebnisse gab, stellen diese meist nur ein Element in einem komplexen Prozess dar. „Spontan-Dekonversionen", ähnlich wie es zuweilen von Bekehrungen berichtet wird, finden offenbar nicht oder nur äußerst selten statt.

Änderung des Umfelds

Eine Änderung des Umfelds, die direkt im Zusammenhang mit der Dekonversion stand, wurde von knapp der Hälfte unserer Gesprächspartner erwähnt. Beispielsweise hat dieser Prozess für Martina *„mit dem Umzug nach Paderborn angefangen"*. Sie fand am neuen Ort keine Gemeinde, die für sie passend erschien, und ließ sich auch recht lange Zeit, eine solche zu suchen. In der Folge änderte sich mit dem Wohnort auch ihre soziale Situation, und sie hatte deutlich weniger Kontakt zu anderen Christen.

Während einerseits also problematische Erfahrungen mit anderen Christen und christlichen Institutionen zu einer Dekonversion führen können, scheint andererseits ein Rückzug, sei er bewusst oder unbewusst, eine ähnliche Wirkung zu haben. Offenbar bewirken der Austausch über den Glauben sowie gemeinsame religiöse Praktiken, wie der Gottesdienstbesuch und Teilnahme an Gruppen und Kreisen, im Allgemeinen eine Stabilisierung des Glaubens.

Gleichzeitig kann eine Veränderung des Umfeldes auch bewirken, dass die Einzelnen offener für neue Einflüsse und Lebensentwürfe werden. Infolgedessen wird die eigene Position neu überdacht. So etwa bei Thomas, der seinen Glauben zunächst nicht hinterfragt hatte, doch *„mit dem Auszug von zu Hause kamen so Fragen, mit denen man sich dann beschäftigt hat"*. Auch für Marek kam *„mit Eintritt ins Studium die Erfahrung der ersten Selbstständigkeit"*. Verstärkt wurde sie dadurch, dass der Studienort mehr als 300 km von seinem Elternhaus entfernt war. Jenseits der gewohnten Routinen begann er, das Leben neu zu betrachten. Nach Nicolos Einschätzung war sein Umzug nach Deutschland und der dadurch geringere Kontakt mit Familie und Freunden *„auch ein Faktor, dass man ein bisschen mehr Ruhe hatte und nicht so viel Druck"*. In dieser Situation war er dann auch offen für neue Gedanken.

Obwohl ein neues Umfeld also durchaus einen Einfluss auf die Dekonversion haben kann, war es bei keinem unserer Gesprächspartner der ausschlaggebende Grund. Vielmehr hatte es wohl eine unterstützende oder vielleicht auch beschleunigende Funktion. So ist es denkbar, dass Nicolo auch in Italien auf ein Buch von Dawkins gestoßen wäre und dadurch begonnen hätte, seinen Glauben zu hinterfragen.

Prägende Personen

Von Personen, die den Prozess der Dekonversion mit begleitet haben bzw. prägend für ihn waren, wurde in knapp der Hälfte der Gespräche berichtet. Ein einheitliches Bild lässt sich daraus allerdings nicht zeichnen. Diese wichtigen Personen können enge Vertraute sein wie Magdalenas Ehepartner, der sich als Erster vom Glauben abwandte, oder Claudias Freund, der diesen Schritt mit ihr gemeinsam ging. In anderen Fällen wurden Menschen genannt, die man mehr oder weniger alle als Autoritätspersonen bezeichnen könnte: der Vater von Gregor, die Seelsorgerin von Ines oder der Religionslehrer und der Regisseur von Frank. Einige wirkten im Stillen, einfach durch ihre Einstellung und ihr Vorbild, andere begleiteten den Prozess der Dekonversion bewusst, so wie die Seelsorgerin von Ines und die Gemeindeleitung von Patrick. An den letzten beiden Beispielen sieht man, dass es durchaus vorkommen kann, dass andere Christen in positiv empfundener Weise eine Dekonversion begleiten können (auch Claudias Freundin wäre hier zu nennen). Gleichzeitig zeigt dies, dass auch eine Begleitung in Glaubenskrisen keine Gewähr dafür ist, dass es nicht zur Dekonversion kommt.

Homosexualität

Auch wenn das Thema Homosexualität nur im Fall von Frank in einem direkten Zusammenhang mit der Entkehrung steht – für ihn war ihre Thematisierung im Zusammenhang mit einem Lobpreismusiker sogar ein Schlüsselerlebnis –, wird sie dennoch von mehreren weiteren Personen thematisiert. Dabei wird sie vor allem als Beispiel für Probleme mit anderen Christen oder für Widersprüche von Glauben und Leben genannt. Für Claudia ist der Umgang ihrer ehemaligen Gemeinde mit dem Thema ein mehrfach genannter Beweis für deren Enge und Intoleranz: *„Ich kann Homosexualität nicht schlecht finden. Und in der Gemeinde bist du irgendwie komisch, wenn du nicht sagst: Homosexualität, das ist schlecht."* Für sie steht diese Einstellung in direktem Kontrast zur gleichzeitig gepredigten Nächstenliebe.

Doreen berichtet von Spannungen in der Familie, weil ihre Mutter aufgrund der Zugehörigkeit zur Gemeinde Probleme mit einem homosexuellen Paar im Freundeskreis des Vaters hatte. Die ganze Situation fiel ihr negativ auf, denn *„ich konnte nicht verstehen, wie die darauf kommen, dass das schwierig ist oder dass man deswegen Menschen ausstößt oder ausgrenzt"*.

Patrick nannte das Thema Homosexualität als Beispiel, um auf Widersprüche und Lebensferne mancher christlichen Lehrmeinungen aufmerksam zu machen.

> *Gott verachtet die Homosexualität, aber er liebt den Homosexuellen. Also, das ist ein schönes Beispiel, zu was für bescheuerten Konstruktionen man kommen kann. Ich würde sagen, das macht für einen Homosexuellen, zu dem du das sagst, keinen Unterschied.*

Ein Ereignis, bei dem ein anderer Christ verurteilend und ohne Sensibilität seine Meinung zur Homosexuellen äußerte, ist Thomas noch in guter Erinnerung: Beim Grillen während einer Exkursion tat sich ein Kommilitone wiederholt *„mit viel krasseren, fundamentalistischen Ansichten"*, als Thomas es aus seiner Heimat kannte, hervor, ungerührt davon, dass ein anderer Student aus der Gruppe homosexuell war.

Auch wenn Homosexualität, wie gesagt, nur bei Frank eine zentralere Rolle einnimmt, ist es bemerkenswert, dass sie doch so häufig thematisiert wurde. Sie scheint besonders dafür geeignet, um Widersprüche und Lieblosigkeiten im Verhalten von Christen aufzuzeigen. Nun mag hier eine gewisse Hilf- und Sprachlosigkeit und weniger böse Absicht die Ursache sein. In der Wirkung sind die beschriebenen Geschehnisse aber offenbar auch für Glaubende von nicht zu unterschätzender Wirkung, vor allem wenn man bedenkt, dass Gemeinden wiederholt als nicht offen für abweichende Meinungen beschrieben wurden.

Selbstverurteilung

Ein guter Teil der interviewten Frauen berichtet im Zusammenhang mit ihrem ehemaligen Glauben von einem schlechten Gewissen bis hin zur Selbstverurteilung. In Anbetracht der Tatsache, dass der Glaube in den Gemeinden in der Regel als befreiend gepredigt wird, ist dies ein weiterer Hinweis auf eine möglicherweise bestehende Diskrepanz zwischen Lehre und Praxis. Für Sophia steht diese Erfahrung im Zusammenhang mit Verhaltensstandards, die tief verinnerlicht wurden.

> *Als ich angefangen habe, die Sachen auszuprobieren, die mir vorher immer verboten worden sind, habe ich immer ein schlechtes Gewissen gehabt. Und ich habe gemerkt, dass ich so stark von meiner Gemeinde und von diesen ganzen Sachen geprägt bin, dass ich dieses schlechte Gewissen eigentlich gar nicht wegkriege.*

Druck im geistlichen Leben, verbunden mit einem schlechten Gewissen, verspürten vor allem Magdalena und Anke. Von *„zwanghaften Gedanken, die ich teilweise echt als Neurosen bezeichnen muss"*, spricht Magdalena. *„Dieses ‚Ich muss jetzt noch ganz schnell* *in der Bibel lesen, dann kann man das richtige Buch lesen, das man eigentlich lesen will' – Dieser Stress, dem ich immer ausgesetzt war, was ich alles erledigen muss."* Auch Anke erzählt: *„Ich habe mich immer fürchterlich schlecht gefühlt, weil ich keine Stille Zeit gemacht habe."* Für Doreen stehen geistlicher Leistungsdruck und das Gefühl, nicht zu genügen, weniger im Zusammenhang mit konkreten Praktiken wie zum Beispiel der Stillen Zeit, sondern beziehen sich eher auf die Grundfrage nach Glaube und Zweifel. *„Du zweifelst und da ist was Böses in dir. Zum Glück haben wir einen Gott, der groß ist und der solche Sachen vergibt. Ich wollte dann da sehr gern dazugehören und habe mich unter Druck gesetzt. Das hat mir dann auch echt Schuldgefühle gemacht."*

Bei unseren Gesprächspartnern betrifft das Problem des schlechten Gewissens also vor allem Frauen. Zweifelsohne spielen hier auch gesellschaftliche Rollenzuweisungen, Persönlichkeitsstruktur und Vorgeschichte der Befragten eine Rolle. Das schlechte Gewissen war bei ihnen allerdings nicht ursächlich für die Dekonversion. Es ist jedoch bemerkenswert, dass die Gesprächspartnerinnen mit der Abwendung vom Glauben auch eine Befreiung von den negativen gedanklichen Mustern erfuhren.

Verhaltenskodex

Von expliziten Problemen mit den (meist unausgesprochenen) Verhaltensregeln ihrer Gemeinde erzählen ebenfalls vor allem die weiblichen Teilnehmer der Interviews. Eine Ausnahme ist Frank, dessen Homosexualität ganz direkt gegen die offiziellen Erwartungen der Gemeinde lief, und auch Thomas, der sich in diese Richtung äußerte. Eng mit Fragen von Glauben und Leben verbunden ist das Thema der Verhaltensvorschriften für Sophia: *„Ich habe gemerkt, wenn ich mich an bestimmte Regeln nicht halte, dann werde ich verurteilt, dann muss ich mein Verhalten ändern oder es gibt keine bedingungslose Annahme mehr; also das war, wofür der Glaube für mich immer gestanden hat."*

Ein Bespiel dafür, dass bestimmte Erwartungen an das Verhalten nicht nur in der Gemeinde, sondern auch in der Familie existierten und religiös begründet wurden, sind, wenn auch in extremer Form, die Erlebnisse von Magdalena, die an *Ihr ständiger Begleiter* von

Claudia Schreiber erinnern. *„Meine Mutter hat es wirklich geschafft, so eine Herrschaftsstruktur aufzubauen und Regeln aufzustellen für jede Bewegung unseres Körpers. Und sie hat das getan schön verziert mit Bibelversen."*

Im Bereich der ehrenamtlichen Mitarbeit auf Freizeiten störte sich Anke an für sie oberflächlichen Verhaltensregeln. *„Diese Heuchelei geht mir auf den Keks, also es gab zwei Sachen, da hat sich die Mitarbeiterschaft komplett thematisch dran aufgerieben, das eine war: Sex vor der Ehe, und das andere war Rauchen auf Freizeiten."* Anke sieht es heute so, dass sie eher extreme Formen von Mobbing hätte verüben können, als die Regeln in Bezug auf Rauchen und Sexualität zu überschreiten. Dass auch hier das Thema Heuchelei mit hineinspielt, ist mehr als deutlich.

Auch Martina erwähnt in Bezug auf abweichendes Verhalten: *„Ich glaube schon, dass es mir leichter gefallen wäre, wenn ich mich hätte ausprobieren dürfen. Es wurde nicht gerne gesehen, wenn man aus der Reihe getanzt ist."* Ines bemerkt in diesem Zusammenhang die Willkürlichkeit der Ansprüche an ihr Verhalten: *„Es gab immer 1000 Regeln. Es war eigentlich immer meine Schuld, wenn ich irgendwas nicht geschafft habe. Die Regeln haben sich auch ganz schön widersprochen."* Pointiert fasst schließlich Magdalena ihre Beobachtungen auf diesem Gebiet zusammen. *„Viele Gemeinden haben ja weit über zehn Gebote und auch über das, was Jesus im Neuen Testament gelehrt hat. Die haben ja für alles eine Regel."*

Es wurde deutlich, dass nicht nur die vier Leitmotive in ihren acht Ausprägungen eine besonders starke Wirkung hatten, sondern dass in jedem Prozess noch weitere Punkte hinzukamen. Diese verschiedenen Faktoren in ihrem Zusammenspiel führten dann letztlich zur Abkehr vom Glauben, die sich in einer jeweils individuellen Lebensgeschichte niederschlägt.

„Das war für mich eine Befreiung“: Nachgeschichte

In den acht biografischen Betrachtungen haben wir gesehen, dass der Umgang mit der eigenen Dekonversion sowie das Leben danach sehr unterschiedlich erlebt werden. Dieses Unterkapitel möchte diesen Aspekt noch weiter beleuchten. Dabei werden wir sozusagen von innen nach außen vorgehen und beim subjektiven Empfinden anfangen. Danach sehen wir uns an, was für Auswirkungen die Dekonversion auf die eigene Familie und Freunde hatte, bevor wir auf das Thema Gemeinde kommen. Zum Abschluss geht es darum, welches Bild die Entkehrten heute von Christen haben.

Die Entscheidung zur Dekonversion und die unmittelbaren Folgen

Was, wie schon beschrieben, alle Befragten eint, ist das Erleben, dass es sich bei ihrer Entkehrung um einen längeren Prozess handelte. Zwar gab es bei Einzelnen auch bestimmte Erlebnisse, Erfahrungen und Erkenntnisse, die einen gewissen Kristallisationspunkt darstellten, aber meist hat sich der Prozess über mehrere Jahre hingezogen, bis es zur endgültigen Abwendung vom Glauben kam. Bei den meisten hatte dies in der Folge eine direkte Auswirkung auf ihr Umfeld, also ihre Partnerschaft, Familie, den Freundeskreis und natürlich auf die Kirche und Gemeinde, in die sie bisher gegangen waren. Diese Auswirkungen wurden ganz unterschiedlich erlebt: von Zustimmung und Erleichterung über Entsetzen bis zum Zerbruch von Ehe und Familie.

Nicolo hat sich im Vorfeld viele Gedanken darüber gemacht, wie sein Umfeld wohl auf seine Dekonversion reagieren würde:

> *Ich habe lange überlegt, wie meine Familie reagieren wird. Und um ganz ehrlich zu sein: Ich hatte mir das leichter vorgestellt. Also, ich hätte nie gedacht, dass die Beziehung zu meiner Frau so beschädigt werden könnte. Und noch weniger dachte ich von meinen Eltern, dass sie mich ab diesem Moment so anders sehen würden. Das waren schon gravierende Auswirkungen. Eigentlich dachte ich, dass es zwei, drei*

schwere Monate geben wird, aber dann ginge alles weiter. Aber das war nicht der Fall.

Während das engste Umfeld von Nicolo sehr negativ reagierte und es ihm schwerfiel, überhaupt mit seiner Familie darüber zu reden, war es bei Andreas ganz anders:

Ich fand es überhaupt nicht schlimm, mit anderen darüber zu reden, was ich erlebt habe. Ich muss niemandem was vormachen, deswegen kann ich ganz normal darüber sprechen. Ich habe mich ein paar Mal mit einem guten Freund getroffen und wir unterhalten uns auch öfter mal darüber, was alles bei mir passiert ist. Das ändert nichts an der Situation, aber es schadet auch nicht.

Diese beiden sehr unterschiedlichen Reaktionen zeigen die Bandbreite der Erfahrungen, die die Dekonvertiten nach ihrer Entkehrung machten.

„Wie ich mich jetzt fühle?" Subjektive Empfindungen nach dem Dekonversionsprozess

An verschiedenen Stellen in diesem Buch wurde bereits beschrieben, dass der Dekonversionsprozess meist das gesamte Wertesystem der Betroffenen infrage stellte und veränderte. War bisher das ganze Leben auf Gott und den Glauben ausgerichtet, müssen nun neue Wege und Werte gefunden werden. War bislang die Frage: „Was würde Jesus tun?" das Leitmotiv, um Entscheidungen zu treffen, müssen sich die jungen Erwachsenen nun fragen: „Was will ich selbst tun?" Dieses Zurückgeworfen-Sein auf sich selbst löste bei den Einzelnen ganz unterschiedliche Reaktionen aus. Die Mehrheit fühlte sich befreit und war froh, fortan unabhängig von dem bisherigen Glaubensdruck eigene Entscheidungen treffen zu können.

Beispielsweise empfindet Claudia den Bruch mit der Gemeinde und dem christlichen Glauben als große Erleichterung. Sie genießt es, sich so verhalten zu können, wie es ihrem Wesen, ihren Ansichten und eigentlichen Überzeugungen entspricht. Vielen christlichen Vokabeln gegenüber empfindet sie mittlerweile eine große

Abneigung. Sie beschreibt ihre Veränderungsprozesse dabei wie folgt:

> *Für mich hat sich in den letzten zwei Jahren irrsinnig viel verändert. Aber nicht nur wegen diesem Schritt, sondern auch drum herum. Ich habe bis vor anderthalb Jahren noch studiert und arbeite jetzt und bin umgezogen und meine Eltern haben sich scheiden lassen. Ich habe sehr viele Ansprüche an mich selbst abgelegt, ich habe sehr viel mehr Selbstvertrauen bekommen, weil ich jetzt das Gefühl habe, dass ich mein Wertesystem selbst entscheide und nicht mehr von außen auf mich drauflegen lasse.*

Interessant ist der Kontext, in dem diese inneren Prozesse ablaufen. Es war bei einigen zu beobachten, dass verschiedene äußere Einflüsse Auswirkungen auf den inneren Entscheidungsprozess hatten, wie zum Beispiel bei Nicolo der Umzug oder bei Ines der prägende Auslandsaufenthalt. Oftmals bilden diese äußeren Einschnitte eine Art Kontrast (im Positiven oder Negativen) zum bisherigen Glauben und regen damit zum Nachdenken an. Dabei werden häufig die bisherigen Glaubensgrundlagen hinterfragt, was in der Folge vieles im Leben, auch nach der Dekonversion, infrage stellt.

Wie im Porträt schon beschrieben, ging es auch Patrick so. Er bedauert es einerseits, nicht mehr zu glauben, da er sein Leben als davon positiv geprägt empfand, andererseits empfindet er Erleichterung und Befreiung. Gleichzeitig beschreibt er die existenzielle Herausforderung des Nicht-mehr-Glaubens als ein Gefühl, als ob einem der Boden weggezogen würde, auf dem Werte und Normen erwachsen.

Für manche war es jedoch auch enttäuschend, wenn sich dieses Gefühl der Befreiung nicht einstellte, wenn anstelle von Gott nichts anderes trat. Diese Art Vakuum gab es bei einigen – eine innere Leere und Unentschlossenheit nach dem Glauben. Wie sollte man sich jetzt verhalten? Magdalena empfindet deshalb bis heute eine Sehnsucht nach Glauben bzw. beschreibt es als beständige Herausforderung, nicht glauben zu können. So muss sie, wie sie feststellt, jeden Tag den Sinn ihres Lebens selbst herstellen.

Eine dritte Gruppe erlebte die Dekonversion als eher normalen, unspektakulären Prozess. Für Marek beispielsweise hat sich durch seine Entkehrung überhaupt nicht viel verändert. Im Gegenteil kann er seine Entscheidungen jetzt für sich selbst besser nachvollziehen:

> *Ich würde sagen: Meine Werte und meine Grundhaltungen sind reflektierter geworden. Bei bestimmten Tugenden orientiere ich mich jetzt eher an der Philosophie. Ich glaube nicht, dass ich früher ein schlechter Mensch war und jetzt plötzlich ein besserer bin. Und erst recht nicht anders herum. Sondern ich kann jetzt irgendwie besser argumentieren, und das finde ich ganz wichtig für mich.*

Ähnlich erging es Thomas, einem der Entwachsenen, der den ganzen Prozess der Dekonversion als *„normale Entwicklung"* bezeichnet. Er glaubt heute nicht mehr an eine übernatürliche Dimension in seinem Leben. Beim Singen in einem Chor hat er jedoch teils *„Flow-Erlebnisse"*, die er mit spirituellen Erfahrungen vergleicht. Bei ihm hat sich seit der Entkehrung nicht viel verändert, die Abkehr vom Glauben wurde von seinem Umfeld problemlos aufgenommen, nur ein paar Kontakte sind verloren gegangen.

Was die meisten eint, ist eine intensive Auseinandersetzung mit dem neuen Lebensstil. Gregor beschreibt seine Gefühle:

> *Also einerseits hat man ein bisschen ein schlechtes Gewissen und fühlt sich als Außenstehender. Aber man ist ja selbst nach außen getreten und das hat ja andererseits auch Vorteile. Man sieht so ein breiteres Bild als die anderen Leute und denkt sich: Warum machen sie ihre Augen nicht auf? Warum können sie ihren Glauben, ihre Dogmen nicht auch mal ein bisschen objektiver betrachten und sehen, was da teilweise für Unsinn dahinter ist? Oder sehen, dass sie sich selbst nicht so einschränken müssten in ihrer Gedankenwelt? Und dann macht mir das ein schlechtes Gewissen, weil man ja nicht auf andere herabsehen will.*

Zusammenfassend kann man sagen, dass es drei unterschiedliche Arten gibt, wie die Konversion erlebt wird. Am häufigsten erfahren die Betroffenen eine Befreiung und Erleichterung. Bei der zweiten Gruppe ist es ähnlich, jedoch hinterlässt das Verschwinden des Glaubens ein Vakuum, das erst neu gefüllt werden muss. Die dritte Gruppe erlebt einen unspektakulären Übergang vom Glauben zum Nicht-Glauben. Die Entkehrten entwickeln neue Strategien und Werte gewissermaßen fließend und haben keinerlei Probleme mit ihrem „neuen Leben".

„Was die anderen sagen": Reaktionen von Familie und Freunden

Eng verwoben mit den eigenen Empfindungen sind die Auswirkungen der Dekonversion in der eigenen Familie und im engeren Umfeld. Nicht selten führt die Abkehr vom Glauben zu Spannungen und Problemen im Beziehungsnetz der Betroffenen:

Innerhalb ihrer Herkunftsfamilie kann Martina mit ihrem Vater offen über die Dekonversion sprechen. Mit der Mutter fällt die Kommunikation diesbezüglich schwerer, da sie den Eindruck hat, diese dadurch zu verletzen. Als Folge der Dekonversion entwickelte Martina eine freiere und selbstbestimmtere Denkweise. Das Verhalten vieler Christen empfindet sie heute als heuchlerisch. In ihrer Herkunftsgemeinde und Schwiegerfamilie hat Martina bis jetzt noch nicht über ihre Dekonversion gesprochen, sondern passt sich in ihrem Verhalten den dortigen Erwartungen an.

Martinas Erfahrungen sind typisch. Die Kommunikation mit der eigenen Familie ist für viele Dekonvertiten sehr schwer, was aufzeigt, wie intensiv der Glauben mit der Familie verknüpft war und zum Teil immer noch ist. Dabei fehlt es oft an Worten, wie Gregor beschreibt:

> *„Ich bin auch recht vorsichtig mit meiner Mutter, die immer noch gläubig ist und die ich einfach in ihrem Glauben lasse. Aber wir haben da eher einen Nichtangriffspakt. Also, sie versucht mich nicht irgendwie zu triezen mit ihrem Glauben, und ich versuche auch nicht sie zu bekehren."*

Und trotzdem kommt es in der Beziehung zu Konfliktsituationen und Auseinandersetzungen. Wie Gregor erzählt, hängen diese sich an ganz banalen Themen auf:

Ich lasse mich aber auch nicht mundtot machen. Ich habe so einen Button, den ich mir an die Jacke pinne. Da steht drauf: „Ohne Gott wunschlos glücklich", und das findet meine Mutter sehr schlecht. „Warum machst du das?" und „das muss doch nicht sein, in deinem Alter so etwas, so eine Message." Und ich sage dann immer: „Ja, warum auch nicht? Du trägst doch auch immer so ein Kreuz um den Hals oder hängst es in deine Wohnung."

Die Betroffenen fühlen sich durch diese Spannungen sozusagen doppelt betroffen. Erst haben sie den ganzen Prozess der Dekonversion durchlebt bzw. oft auch durchlitten, und jetzt stehen sie in einer Konfliktsituation mit den Menschen, die sie lieben. Andreas beschreibt dies so: *„Meine Mutter, die macht sich schon Sorgen. Das ist das, was mich eigentlich auch am meisten stört an der ganzen Geschichte, dass ich quasi meinen Eltern damit so wehtue, da sie denken, dass ich jetzt nicht in den Himmel komme."*

Für Nicolo stellen die schwierigen Erfahrungen im familiären Umfeld eine herbe Enttäuschung dar: *„Eigentlich hatten wir eine gute Beziehung in unserer Familie. Aber wenn du jetzt plötzlich außerhalb dieser Blase bist, kann alles sofort kaputtgehen. Ich weiß, dass meine Eltern mich lieben, aber sie haben trotzdem sehr schlecht darauf reagiert."* Noch schwieriger wird es, wenn die Eltern ihr Kind durch die christliche Erziehung explizit unter Druck gesetzt haben, sodass die Dekonversion auch eine Befreiung von den eigenen Eltern (oder wie bei Magdalena von der Mutter) darstellt: *„Ich habe keinen Kontakt mehr zu meiner Mutter. Das ist für mich die beste Entscheidung, die ich in meinem Leben je getroffen habe. Ich muss mich jetzt nicht mehr ihrem Einfluss aussetzen."*

Leider ist Magdalena nicht die Einzige; es gab auch andere, die durch ihre Erziehung massiv unter Druck gesetzt wurden. In der Folge beeinflusste das ihr Bild von Gott und Glauben so negativ, dass sie Schwierigkeiten hatten, ihr Leben selbstständig zu gestalten. Auffallend bei unserer Untersuchung war, dass die Beziehung zur Mutter in der Zeit nach der Bekehrung oft problematischer verlief als die mit dem Vater.

Neben der Familie wirkt sich die Dekonversion auch auf den engsten Freundeskreis aus. Freunde und Bekannte reagieren ganz unterschiedlich, wie Patrick in seinem Porträt beschrieben hat. Negative Reaktionen haben viele erlebt, weil sie sich aus allen christlichen Kreisen zurückzogen und damit das verbindende Element plötzlich fehlte. Das ist mitunter schmerzhaft, wie Magdalena beschreibt: *„Ich habe fast keine christlichen Freunde mehr. Das sage ich jetzt aber wertfrei. Es ist nicht so, dass ich darauf stolz wäre oder dass ich das besonders gut fände. Aber es ist so. Über viele Freunde, die ich verloren habe, bin ich auch sehr traurig."*

Diese Beispiele zeigen, wie existenziell die Folgen der Entkehrung für die Einzelnen sind und welchen Widerständen sie sich gegenübersehen. Auch wenn bei einigen die Entscheidung von Familie und Freunden akzeptiert und verstanden wurde, waren es doch etwas mehr, die auf Unverständnis stießen. Teils war die Angst, die eigene Dekonversion überhaupt anzusprechen, so groß, dass es bis heute nicht geschehen ist. Dies zeigt deutlich, wie tief das Thema in den Beziehungsstrukturen eingebettet ist, besonders bei denen mit einem christlichen Elternhaus.

Das Bild von Christen und Gemeinde

Der größere Teil unserer Befragten hat eher negative Erfahrungen mit Christen gemacht und hat deshalb auch eine eher negative Meinung von Gemeinde und anderen Christen. Einige erleben und empfinden sie aber auch heute noch, nach der Entkehrung, als positiv. So erhielt zum Beispiel Frank auf seinen Rückzug aus der Gemeinde keinerlei negative Reaktionen. Er fühlt sich von seinem alten Umfeld nach wie vor angenommen und akzeptiert (mit Ausnahme seiner sexuellen Identität) und auch von seiner Familie geliebt. Geistliche Disziplinen wie Gebet, Meditation und Einkehr schätzt er, auch wenn er sie selbst nicht mehr praktiziert. Allerdings stößt er auch in anderen Lebensbereichen (zum Beispiel Kampfsport) auf meditative Momente, und sie sind für ihn durchaus vergleichbar mit früheren christlichen Praktiken. In Bezug auf den christlichen Glauben kommt er zu dem Schluss:

> *Ich finde es toll für diejenigen, die mit ihrem Glauben in der Gemeinde etwas anfangen können, glücklich sind, daraus et-*

was für sich und ihr Leben, ihren Alltag ziehen können. Das finde ich ziemlich bewundernswert. Ich glaube, jeder braucht irgendwie so etwas wie einen Halt im Leben, und wenn das für manche eben die Gemeinde und die Religion ist, dann bin ich da absolut dafür, dass die das weiterhin so machen.

So wie Frank geht es einigen. Für sie hat sich persönlich einiges verändert, sie gehen nicht mehr in eine Gemeinde, schätzen die Form aber an sich und können Christen nach wie vor gut verstehen. Vor allem Freundschaften bleiben (zumindest teilweise) über die Dekonversion hinaus bestehen. Besonders sind die Geschichten von Marco und Andreas. Sie gehen, anders als die anderen Interviewpartner, sogar noch in ihre Gemeinden und arbeiten auch weiter aktiv mit. Marco kann als „anonymer Entkehrter" gelten, da die Leute in der Gemeinde nichts von seiner Dekonversion wissen. Er selbst hat sich dort einen Einfluss erarbeitet, den er nicht aufgeben will, zumal er *„da wirklich was bewegen möchte, der Gemeinde was Gutes tun will und auch im Stadtteil gute Arbeit machen will"*. Bei Andreas hingegen weiß die Gemeinde davon, dass er nicht mehr glaubt, und hat positiv darauf reagiert. Er ist weiterhin, auch wegen seiner Frau, in der Gemeinde aktiv, wird geschätzt und fühlt sich in der Gemeinschaft wohl. Diese beiden Beispiele sind nicht typisch für die Nachgeschichte der Entkehrten, es kam aber auch in unserer Online-Befragung vor, dass sich Hauptamtliche zwar vom Glauben abgewandt haben, aber immer noch in ihrem Beruf arbeiten.

Kommen wir nun zu der Mehrheit der von uns Befragten, die ein eher negatives Verhältnis zu Kirche und Christen haben und der Gemeinde deshalb fernbleiben. Diese negative Haltung gegenüber der ehemaligen Gemeinde hat meistens mit negativen Erlebnissen mit Christen zu tun. So berichtet Claudia:

Also, ich habe ein sehr negatives Bild von Christen. Ich weiß, dass das nicht unbedingt richtig ist, weil es durchaus Christen gibt, die nicht so engstirnig sind. Und ich kenne auch Christen, die ich mag und die ich sehr schätze und die einen Glauben haben, den ich durchaus auch haben könnte. Aber bei den meisten Christen, wenn ich die höre, fühlt sich das nach

Manipulation an, auch wenn es vielleicht gar nicht so gemeint ist. Aber das ist jetzt in meinem Kopf drinnen, dass mich das total ekelt, wenn ich das höre. Und es gibt halt doch sehr viele Christen, die sehr streng sind und die dann auch sehr abwertend werden.

Ähnliches findet sich in einigen Interviews wieder. Bestimmte Rituale, Verhaltensweisen und Grundhaltungen, die man sich über Jahre und Jahrzehnte angeeignet hat, sind nicht so einfach abzustreifen und lösen immer wieder Erinnerungen an eigene Verletzungen aus, die man eigentlich gerne loslassen möchte. Oftmals hat dies mit Druck, Angst und Moral zu tun, wie Martina es beschreibt, die fürchtet, in alte Verhaltensweisen zurückzufallen. Sie hat das Gefühl, dass sie jetzt ein ehrlicheres Leben führt:

Ich fühle mich unter Christen oft so fremdgesteuert. Und ich habe Angst, dass ich wieder zu so einem Heuchler werde. Christen sind für mich Heuchler. Es gibt ganz wenige Christen, die ich sehr schätze und bei denen ich das nicht so empfinde. Aber die breite Masse, sage ich jetzt einfach mal, die kann ich nicht ernst nehmen.

Anke prangert ebenfalls die Heuchelei an, die ihr Bild von Christsein stark geprägt hat:

Wenn du mitarbeiten wolltest, waren zwei Sachen wichtig. Das eine war: Sex vor der Ehe, und das andere war Rauchen auf Freizeiten. Ich hätte eine Klassenkameradin in den Selbstmord mobben können, das hätte keinen interessiert! Wichtig war, dass ich nicht rauche und dass ich behaupte, keinen Sex vor der Ehe zu haben. Nicht, was ich mache, ist wichtig, sondern was ich nach außen transportiere.

Das Thema Sexualethik war, wie schon erwähnt, bei vielen Befragten ein Thema. So meint Patrick in Bezug auf Homosexuelle: *„Ich verstehe nicht, warum man Menschen da so wehtun muss.“* Dabei ging es meistens nicht um theologisch-biblische Begründungen, sondern um die Frage, wie man mit homosexuellen Menschen umgeht und wie sie einen Platz in der Gemeinde bekommen können. Dabei wurde vor allem der Widerspruch zwischen zentralen christlichen Aussagen, dass Gott alle annimmt, wie sie sind, und jeder so kommen kann, wie er ist, und dem tatsächlichen Verhalten als kritisch gesehen.

Zusammenfassend kann festgehalten werden, dass es von den Dekonvertiten zwei grobe Reaktionen auf Gemeinde und Christen gibt: Zum einen sind da diejenigen, die sich zwar von Glaube und Gemeinde abgewendet haben, aber nach wie vor Verständnis für und auch noch Kontakt zu (einzelnen) Christen haben. Ihre Dekonversion hatte allerdings auch nicht direkt mit der Gemeinde zu tun, sondern hatte andere Gründe (Zweifel, Herauswachsen etc.). Auffallend bei ihnen ist, dass sie sich teils „Alternativhandlungen" zu früheren christlichen Ritualen und Erfahrungen gesucht haben, wie zum Beispiel das Erleben eines *„Flowgefühls"* im Chor oder der Gruppendynamik eines Rockkonzertes. Zum anderen gibt es diejenigen, die negative Erfahrungen im Kontext von Gemeinde gemacht haben. Sie brauchen den Abstand zur Gemeinde und zu den Menschen in deren Umfeld. Zu einzelnen Christen blieb jedoch manchmal ein Kontakt bestehen.

Zwischenbilanz

Nachdem wir unsere eigenen Ergebnisse in den Kapiteln 2 und 3 vorgestellt haben, wollen wir diese hier nun noch kurz mit denen anderer (siehe auch Kapitel 1) vergleichen.

Die bisherige Dekonversionsforschung erarbeitete (siehe auch Seite 12/13) fünf *Kriterien*, die Bestandteil des Prozesses der Dekonversion sind, wobei hier nicht zwischen Ursachen, Begleitaspekten und Folgen unterschieden wird, da diese im komplexen Prozess der Dekonversion immer miteinander verwoben sind und nur selten klar voneinander getrennt werden können. Die Kriterien sind (1) die Infragestellung von Wahrheitsaussagen oder -systemen, (2) die moralische Kritik an der religiösen Gruppe und deren Lebensstil, (3) ein emotionales Leiden (Trauer, Schuld, Einsamkeit, Verzweiflung), (4) der Ausstieg aus der religiösen Gruppe/Gemeinschaft sowie (5) der Verlust spezieller religiöser Erfahrungen. Die Infragestellung von Wahrheitsaussagen oder -systemen bzw. der intellektuelle Zweifel an Inhalten des Glaubens zeigte sich tatsächlich als ein bedeutsamer Aspekt bei vielen Dekonversionen. Das deutete sich bereits in den Ergebnissen unserer Online-Befragung an und wurde auch bei den Interviews deutlich, wenngleich dort nicht ganz so stark (vor allem beim Leitmotiv Intellekt). Als Begleitumstand trat er aber bei vielen auf.

Auch das zweite Kriterium, die Kritik an der religiösen Gruppe und deren Lebensstil, spielte in sehr vielen, nicht aber in allen Dekonversionsprozessen eine Rolle. Dies zeigte sich am Leitmotiv Moral, an den vielen Berichten über negative Erfahrungen mit Kirche und Gemeinde sowie an der Enttäuschung von und Verletzung durch andere Christen. Noch unterschiedlicher verhielt es sich mit dem dritten Kriterium: dem emotionalen Leiden als Bestandteil des Entkehrungsprozesses. Mindestens die Entwachsenen schilderten kaum ein solches Leiden. Und wo dieses Leiden auf emotionaler Ebene als Aspekt der Dekonversion deutlich vorkam, hatte es sehr unterschiedliche Ausmaße. Obwohl eine Entkehrung ein Umlernprozess ist, der die ganze Identität bzw. Persönlichkeit des Menschen umfasst und somit ein riskanter und oft auch leidensvoller Prozess ist, wird sie also nicht immer als Krise erlebt. Deutlich wurde jedoch, dass das größte emotionale Leiden nicht durch eine etwaige Sinnleere verursacht wurde, sondern durch massive Verschiebungen und Brüche ehemals stabiler Bindungen im sozialen Netz, in das die Einzelnen verwoben sind. Eine besondere Herausforderung ist hier die Belastung von primären Bindungen, also denen zu Angehörigen und engen Freunden. Diese Beziehungen sind für einen Menschen von existenzieller Bedeutung. Störungen oder Abbrüche verursachen daher fast immer starkes (soziales) Leiden.

Selbst das vierte Kriterium, der Austritt aus der religiösen Gruppe, ist kein Aspekt des Glaubensverlustes, der in allen Fällen auftritt, wie sich an Andreas und Marco zeigt, die beide – wenn auch aus sehr unterschiedlicher Motivation heraus – weiter ihre (Kirchen-)Gemeinde besuchen, auch wenn Andreas formal ausgetreten ist. Und das letzte Kriterium, der Verlust spezifischer religiöser Erfahrungen, trifft ebenfalls nicht auf alle Dekonversionen zu. Im Vergleich mit anderen Themen spielt es bei unseren Interviewpartnern sogar die geringste Rolle. Selbst dort, wo es in der Dekonversion zentral um die Gottesbeziehung und die persönlichen Gotteserfahrungen ging wie bei Patrick, kann man nicht einfach von einem Verlust religiöser Erfahrungen sprechen. Denn manche unserer Gesprächspartner litten gerade daran, solche Erfahrungen nie gemacht zu haben, andere sind sich im Rückblick zumindest nicht mehr sicher, ob sie sie jemals hatten. Somit zeigt sich insgesamt, dass die fünf Kriterien kein notwendiges Element einer jeden Dekonversion darstellen. Trotzdem beschreiben sie wichtige Aspekte, die in vielen Dekonversionsprozessen eine zentrale Rolle spielen.

Schauen wir als Nächstes auf die *Typen von Dekonversion,* die Drew Dyck herausarbeitete (siehe auch Seite 42). Der Amerikaner unterschied sechs Gruppen: die Postmodernen, Abgeschreckten, Modernen, Neuheiden, Rebellen und die Wegdrifter. Der Typus der Neuheiden kam nur in unserer Online-Befragung zweimal vor, und da hier eher zweifelhaft ist, ob der Religionswechsel für die Dekonversion ursächlich war, würden wir die Neuheiden nicht als einen Typ von Dekonversion (in Deutschland) sehen.

Ähnlich gilt das für die Modernen und Postmodernen. Sicherlich spielt der intellektuelle Zweifel zwar wie erwähnt eine wichtige Rolle und in den Fällen, wo dieser Zweifel auch noch von Argumenten der neuen Atheisten genährt wurde, finden sich deutlich moderne Denkmuster: zum Beispiel ein nahezu fundamentalistisches Proklamieren eines objektiven Wissens, auf das die Wissenschaft ein Monopol hat. Auch Spuren eines eher postmodernen Weltbildes zeigen sich in manchen Dekonversionserzählungen. So war für manche ihr subjektives Empfinden wichtiger als der intellektuelle Zweifel. Auch die Kritik an Herrschaft und Unterdrückung (genauer: an moralischen Standards bzw. Doppelstandards) – typisch für die Postmoderne – war bei einigen Gesprächspartnern wichtiger als die Kritik an spezifischen Inhalten des Glaubens. Festzuhalten bleibt jedoch, dass bei allen Gesprächspartnern ein ernsthaftes Ringen um Wahrheit festzustellen war, und keinesfalls eine bloße subjektive Beliebigkeit, die sich eine Welt nach eigenem Belieben erschaffen will. Obwohl wir also modernen und postmodernen Einflüssen bei den Erzählungen begegneten, würden wir hier keine eigenen Typen der Dekonversion sehen, da sich besagte Spuren dieser Weltbilder kaum so deutlich zeigten, dass sie das zentrale Charakteristikum waren.[48]

Die Abgeschreckten hingegen, die negative Kindheits- oder Jugenderfahrungen mit dem Glauben gemacht haben, finden sich bei uns durchaus im Typ der Verletzten wieder, ähnlich wie die Wegdrifter bei den Entwachsenen. Wie jedoch sieht es mit den Rebellen aus? Zur Erinnerung: Dyck unterschied hier noch einmal zwischen moralischen und spirituellen Rebellen. Erstere geben den Glauben zugunsten eines „sündigen" Verhaltens auf, Letztere lehnen sich gegen Gottes Autorität auf, der sie sich nicht unterwerfen wollen.

Die moralischen Rebellen finden sich in der Form, wie Dyck sie beschreibt, bei uns nicht. Beim Leitmotiv Moral wurde zudem deutlich, dass in der Wahrnehmung der Betroffenen niemals die gute, christliche Moral auf der einen und die schlechte, weltliche Moral mit all ihren Verlockungen auf der anderen Seite stand. Die moralische Rebellion erfolgte in unseren Fällen nicht, indem eine „höhere" zugunsten einer „niedrigeren" Moral aufgegeben wurde. In vielen Fällen bestand sie eher in einer Kritik an moralischen Doppelstandards bzw. an Heuchelei. Anders gesagt: Die Dekonversion erfolgte nicht, weil eine Moral aufgegeben wurde, sondern gerade auf dem Hintergrund moralischer Überzeugungen, die in Kirche und

Gemeinde verletzt wurden. Kirche, Gemeinde und Mitchristen – und letztlich auch der Glaube – wurden somit moralisch kritisiert, und zwar vom Standpunkt einer als höher empfundenen Moral.

Die spirituellen Rebellen kamen bei uns zwar nicht als Typ in Reinform vor, spielen jedoch insofern eine wichtige Rolle, als sich „Mündigkeit und Autonomie" als eine wichtige Ursache von Dekonversion gezeigt haben. Doch auch hier handelt es sich weniger um eine Auflehnung gegen Gott bzw. seine Autorität im engeren Sinne, sondern meist eher um eine Auflehnung gegen die Autorität christlicher Gemeinschaft und ihrer moralischen Standards bzw. um das Empfinden, nur dann seine Persönlichkeit und Eigenständigkeit erhalten zu können, wenn man den Glauben aufgibt.

Auch in der Bielefelder kulturvergleichenden Studie wurden Dekonversionstypen unterschieden: die Autonomiestrebenden, die Paradiesverlust-Erlebenden und die lebenslang spirituell Suchenden (siehe auch Seite 46).[49] Letztere haben wir in unseren Untersuchungen nicht gefunden. Zwar waren viele unserer Interviewpartner in mehreren Kirchen und Gemeinden, sodass wir sie oft nicht klar einer Konfession oder Denomination zuordnen konnten. Aber keiner unserer Gesprächspartner war ein Mehrfachwechsler, also jemand, der bereits mehrfach die Religion bzw. den Glauben gewechselt hat. Jedoch beschrieben einige eine deutliche spirituelle Offenheit, die bei allem Glaubensverlust geblieben ist. Ein Wiedereinstieg in den christlichen (oder einen anderen) Glauben scheint daher zumindest bei manchen im Bereich des Möglichen zu liegen.

Auch die Paradiesverlust-Erlebenden, die sich nach einer späteren, oft dramatischen Bekehrung in ähnlicher Weise abrupt wieder abwenden, gab es in dieser Form bei uns nicht. Am ehesten zeigten noch die Geschichten von Anke und Ines manche Charakteristika davon auf. Die Autonomiestrebenden entsprechen hingegen ziemlich stark unseren Eingeengten.

Die Gruppen der Geplagten, der Grübelnden und der Zerrissenen kamen weder bei Streib noch bei Dyck vor, bildeten sich jedoch deutlich in unseren Ergebnissen heraus.

Laut den Ergebnissen der PEW-Studie, die die religiöse Landschaft der USA erforscht (siehe auch Seite 39), sind die häufigsten Ursachen für Dekonversion, dass (1) spirituelle Bedürfnisse nicht erfüllt werden, dass (2) Menschen aufhören, an die christliche Lehre zu glauben, und (3) ein graduelles Wegdriften. Tom Bisset, dessen Ergebnisse ja ähnlich wie die von Dyck ausdrücklich nicht den Anspruch erheben, wissenschaftlich valide zu sein, gab als Ursachen für Dekonversion (1) unbeantwortete, beunruhigende Fragen, (2) ein Nicht-Funktionieren des Glaubens, (3) die Priorisierung anderer Lebensbereiche und (4) die Tatsache, dass der Glaube überhaupt niemals wirklich für sich in Anspruch genommen wurde, an (siehe auch Seite 41).

Wie bereits mehrfach erwähnt, spielt in vielen Fällen der intellektuelle Zweifel an Glaubensinhalten eine wichtige Rolle, ist aber nur bei wenigen unserer Interviewpartner tatsächlich die Ursache für den Glaubensverlust gewesen. Dass spirituelle Bedürfnisse nicht erfüllt werden bzw. der Glaube schlicht nicht oder nicht mehr „funktioniert", wurde in einigen Fällen als Hauptauslöser beschrieben. Zentrale Erwartungen und Annahmen – das Erleben von Gottes Nähe, die Erfahrung von Gottes Güte im eigenen Leben etc. – wurden hier enttäuscht. Das graduelle Wegdriften konnten wir in einigen Fällen beobachten. Jedoch sehen wir die eigentliche Ursache in diesen Fällen in etwas anderem: entweder darin, dass sich niemals ein reifer Erwachsenenglaube entwickelt hat wie bei den Entwachsenen, oder darin, dass der Glaube nicht das ganze Leben umfasste, sondern als ein Lebensbereich angesehen wurde, der im Vergleich zu anderen an Bedeutung verlor, wie man bei den Zerrissenen sieht.

Eine wichtige Ursache von Dekonversion, die weder vom PEW-Forum herausgefunden wurde noch von Bisset geschildert wird, ist das, was wir als „Mündigkeit und Emanzipation" benannt und beschrieben haben: der Wunsch nach einem selbstbestimmten Leben vor dem Hintergrund des Gefühls, irgendwie eingeengt zu sein. Da dieser Aspekt in unseren Ergebnissen eine wichtige Rolle spielt und bislang kaum als Ursache von Dekonversion behandelt wurde[50], werden in Kapitel 4 die Konsequenzen, die sich daraus ergeben, besonders intensiv behandelt.

Bezüglich der Ursachen von Dekonversion ist noch einmal zu betonen, dass in keiner unserer Fälle nur ein Grund für die Dekonversion auszumachen war. Immer geht es um das komplexe Zusammenwirken unterschiedlicher Faktoren mit Wechselwirkungen und

Eigendynamiken. Bedenkt man zudem, dass die Dekonversion meist ein langer Prozess ist, verwundert es auch nicht, dass zwischen Ursachen und Begleiterscheinungen nur schwer unterschieden werden kann. Zudem darf man niemals vergessen, dass wir Menschen einerseits zwar vielen inneren und äußeren Einflüssen unterliegen, die sich auf uns und unser Handeln auswirken, wir andererseits aber von Gott mit einem gewissen Freiheitsmoment ausgestattet wurden, also mit der Fähigkeit, uns selbst und das eigene Leben führen zu können. Daher gilt: Niemals ist die Dekonversion einfach nur der „Verlust" des Glaubens, das heißt ein Prozess, bei dem der ehemals Glaubende vollkommen passiv ist; seine eigenen Entscheidungen und Deutungen spielen immer eine Rolle. Umgekehrt gilt, dass Dekonversion auch kein reines Ablegen des Glaubens ist, das heißt eine durch und durch bewusste und gezielte Entscheidung. Immer haben auch nicht- bzw. weniger bewusste Prozesse und Einflüsse einen Einfluss. Zu einem gewissen Grade ist die Dekonversion also sowohl ein Widerfahrnis (etwas, das mit einem geschieht) als auch eine bewusste Entscheidung (etwas, das man tut). In den christlichen Kreisen, in denen man von einer notwendigen Bekehrung als Eintritt in den Glauben spricht und diese Konversion vor allem als eine bewusste Entscheidung betrachtet, gibt es sicherlich die Tendenz oder Gefahr, Dekonversion zu sehr als ein bewusstes „Den Glauben an den Nagel hängen" zu beschreiben und das Element der Widerfahrnis herunterzuspielen. Wenden wir uns nun aber den Konsequenzen bzw. Denkanstößen zu, die sich für uns aus unseren Ergebnissen ergeben haben.

Kapitel 4

Denkanstöße für Christen und Gemeinden

„Gemeinde ist ein Verein, der so viel Liebe, Frieden und Eintracht predigt, aber ich habe so wenig Wahres davon gesehen."

Malin

„Christliche Einrichtungen und sehr viele Christen selbst sind von den christlichen Idealen weit abgerückt und es gibt viel zu viele Widersprüche im Handeln und Reden der Kirchen."

Henrik

In diesem letzten Kapitel wollen wir die bisherigen Analysen und Ergebnisse im Kontext von Kirchen und Gemeinden weiterführend reflektieren und nutzbar machen. Was können Christen daraus lernen? Wo bestehen möglicherweise blinde Flecken? Worüber würde es sich lohnen, weiter nachzudenken und zu diskutieren? Dabei schließen wir bewusst an die Themen an, die sich bisher herauskristallisiert haben. Außerdem nehmen wir die Fragen und Erfahrungen der Betroffenen als Expertenmeinungen ernst, statt sie als zweifelhafte Einzelerfahrungen abzutun. Damit wollen wir einen Austausch in Kirchen und Gemeinden anregen. Dabei sind wir uns darüber im Klaren, dass es keine schnellen Lösungen gibt und man einzelne Situationen nicht eins zu eins übertragen kann. Oftmals kommen Prägungen, Glaubenserfahrungen, Persönlichkeit und die momentane Situation zusammen und machen eine Erfahrung zum Problem, die für andere vielleicht sogar hilfreich wäre. Deshalb geht es uns nicht um schnelle oder einfache Antworten, sondern um ein genaues Hinschauen und Reflektieren der eigenen Situation, Glaubenstradition und Gemeindestruktur.

Der Zusammenhang von Glaube, Zweifel und Identität

Eine Tatsache, die sich in den biografischen Interviews deutlich herauskristallisiert hat und sich auch sonst durch das ganze Buch zieht, ist die tiefe Verwurzelung des Glaubens in der eigenen Identität. Sie kann einen Einfluss darauf haben, ob jemand einen starken und selbstständigen oder einen unsicheren und unmündigen Glauben entwickelt. Bei einigen Gesprächspartnern kam das deutlich heraus, und dem wollen wir nun noch einmal nachgehen.

Die Frage „Wer bin ich?" gehört zu den großen zentralen Fragen unseres Lebens und wird in den verschiedenen Altersstufen unterschiedlich beantwortet. Wir sind im Bezug auf junge Erwachsene im ersten Kapitel (siehe Seite 32) bereits ausführlicher darauf eingegangen und wollen dies jetzt noch einmal mit unseren Ergebnissen in Verbindung bringen.

So wie der christliche Glauben helfen kann, die eigene Identität zu stärken, kann es auch umgekehrt möglich sein, dass die in der Regel mit ihm einhergehende Gemeinschaft verletzend, verunsichernd und entmündigend wirkt.

Der Theologe Jürgen Moltmann sagte einst: „Jesus hat nicht eine neue Religion in die Welt gebracht, sondern ein neues Leben." Es geht im christlichen Glauben, gleich welcher Prägung, nicht um perfekte Gottesdienste und den Erhalt einer christlichen Subkultur, sondern um gemeinschaftliche Nachfolge, um die Kommunikation des Evangeliums in Wort und Tat bzw. um ein ansteckendes Christsein, das immer wieder von Christus selbst erweckt wird. Er heilte die Menschen an Leib, Seele und Geist. Er entzündete inmitten unserer brüchigen und unvollkommenen Wirklichkeit eine neue Realität, ein ewiges Leben, das all unsere Vorstellungen übersteigt, weil es Grenzen sprengt und Menschen zu sich selbst und zugleich zu anderen führt. Doch genau dies haben einige unserer Betroffenen nicht erlebt. Manche erfuhren viel eher das genaue Gegenteil, wie beispielsweise Sophia:

> *Ich habe immer ein schlechtes Gewissen gehabt und ich habe gemerkt, dass ich so stark von meiner Gemeinde und von diesen ganzen Sachen geprägt bin, dass ich dieses schlechte Ge-*

wissen eigentlich gar nicht wegbekomme. Und ich habe gemerkt, je mehr ich mich vom Glauben entferne, desto weniger ist dieses Gewissen da und desto freier kann ich sein.

Wenn Glaube und Identität auseinanderdriften

Bei unseren Untersuchungen hat sich herausgestellt, dass es zwei unterschiedliche Gruppen von jungen Erwachsenen gibt, bei denen ein direkter Zusammenhang zwischen Glaube, Identität und ihrer Dekonversion besteht (vgl. auch die Porträts zu den Entwachsenen und den Zerrissenen; siehe Seite 98). Die erste Gruppe ist aus ihrem Glauben herausgewachsen. Durch unterschiedliche Einflüsse haben sich die Betreffenden in ihrer Persönlichkeit weiterentwickelt, in ihrem Glaubensleben jedoch nach eigener Einschätzung nicht. Äußere Anlässe für die Auseinanderentwicklung waren beispielsweise der Studienbeginn in einer neuen Stadt oder ein neuer Freundeskreis. Auf diese Weise ging der Kontakt zur alten Gemeinde verloren. Langsam entfernten sie sich so immer weiter von ihrer familiären Prägung und/ oder dem Glauben ihrer Kindheit und Jugend, bis sie sich schließlich bewusst ganz abwandten, weil er für sie nicht mehr funktionierte, sie ihn nicht mehr brauchten oder er für sie schlicht keinen Sinn mehr ergab. Letzteres stellte Andreas irgendwann fest. Außerdem verloren sich schleichend auch geistliche Disziplinen wie Beten, Bibellesen etc. Sie wurden nach und nach abgelegt und durch andere Tätigkeiten ersetzt. So wurde die christliche Vergangenheit Stück für Stück zurückgelassen, ohne dass sie wirklich vermisst wurde.

Die zweite Gruppe hat einen schwereren Weg hinter sich. Ihr Glaube und ihre persönliche Entwicklung haben sich zwar auch immer mehr voneinander entfernt, dabei hat der Glaube die eigene Identitätsentwicklung aber zunehmend behindert. Das heißt, die Betreffenden haben zwar weiter nach christlichen Werten gelebt, sind in die Gemeinde gegangen etc., aber ihr Glaube löste sich immer mehr von ihrem Ich. Martina unterscheidet beispielsweise zwischen dem christlichen Leben, das sie „aufdiktiert" bekommen hat, und ihrem eigentlichen Leben, das dadurch unterdrückt wurde:

Ich habe festgestellt, dass ich die meiste Zeit meiner Jugend meinen Glauben anerzogen bekommen habe. Das war für mich völlig normal. Aber ich merke jetzt, es gibt auch noch eine andere Welt, in der ganz andere Dinge normal sind. Und dadurch wurde es mir zur Last, weil ich plötzlich das Gefühl hatte, mir fehlt etwas. Nicht Partys oder so, das meine ich gar nicht, sondern eine freie Entscheidung. Mir fehlt was von meinem Leben, weil mir das immer von oben diktiert wurde. Sehr eng diktiert.

Eine solche Spaltung kann auf Dauer nicht gut gehen. Bei Ines war das Ergebnis ähnlich, aber der Weg anders. Sie bekam nichts „aufdiktiert", sondern war begeistert Teil einer charismatischen Gruppe. Sie wollte sich ganz Gott hingeben:

Und wir haben oft so Sachen gebetet wie in diesem Lied „Break my heart for what breaks yours". Da geht es darum, dass wir Gefäße sind und Gott durch uns fließt und wir so immer weniger werden: weniger von meiner Eigensucht, weniger von meiner Persönlichkeit und eben mehr von Gott. Ich habe das wirklich ernst genommen, und dann am Ende – da war nichts mehr in mir drin. Wer bin ich denn? Ich bin irgendwie wie ein unbeschriebenes Blatt oder leer oder keine Ahnung. Ich habe mich dabei verloren.

Dieses extreme Verständnis von Hingabe bzw. Aufgabe der eigenen Identität bei Ines und die unterdrückte Identität bei Martina stehen stellvertretend für eine Gruppe von Entkehrten, deren ungesunder Glaube die eigene Identitätsentwicklung behindert hat. Dies zeigte sich beispielsweise in dem Streben, Gott immer größer im eigenen Leben werden zu lassen und sich selbst parallel dazu immer mehr zurückzunehmen. Dieses Zurücknehmen führt zu einer regelrechten Trennung des geistlichen Lebens von der eigenen Persönlichkeit. In der Folge trauen die Betreffenden ihrem eigenen Tun immer weniger zu, da ja alles „Gute" von Gott kommt und alles „Schlechte" von ihnen selbst. Dieser Dualismus kann dann zu mangelndem Selbstwert und Problemen, sich selbst annehmen zu können, führen.

In einigen Fällen wurde der Glaube zudem noch zur Kompensation von persönlichen Problemen wie einem Perfektionszwang benutzt, was die ganze Dynamik noch verstärkte. So hat beispielsweise Ines ihren Perfektionismus auf ihren Glauben übertragen; in diesem Bereich wurde sie geliebt und gelobt. Der Glaube wurde dadurch zu einer Art „Leistungssport", wo sie immer mehr bringen musste – mehr Bibellesen, mehr Lobpreis, mehr Evangelisation etc. Die Folgen waren verheerend, da weder Glaube noch Identität sich gesund entwickeln konnten. Sehr deutlich wird dies auch am Beispiel der eigenen Entscheidungskompetenz und der Verantwortung für das eigene Leben.

Die Verantwortung dafür, eigene Entscheidungen zu treffen

Persönlichkeitsreifung und Mündigkeit im Glauben spielen gerade in der Postadoleszenzphase eine große Rolle. Dabei kann die Vermeidung von schwierigen Entwicklungsschritten oder unangenehmen Entscheidungen durch eine einseitige Betonung des Glaubens gefördert werden. Ein Thema, das in diesem Zusammenhang immer wieder zu Konflikten führte, war die Suche nach Gottes Willen und seinem Plan für das eigene Leben. Wie passt der Plan Gottes für das Leben mit dem eigenen zusammen? Wie erkennt man überhaupt den Willen Gottes? Und manchmal auch die Frage: Wer steuert diesen Prozess: man selbst oder übernimmt Gott diese Verantwortung?

Martina hat über Jahre nach dem Plan Gottes gelebt, den sie von Familie und Gemeinde übernommen hatte, und sich dadurch immer mehr von sich selbst entfremdet, bis sie dann zu dem Ergebnis kam: *„Das hat mir nicht gereicht, dass Gott einen Plan hat. Damit habe ich mich auseinandergesetzt und mich gefragt: ‚Was für eine Verantwortung übernehme ich eigentlich in meinem Leben?'"* Als Konsequenz streifte sie ihren Glauben ab, um sich selbst zu finden. Auch bei Marek waren selbstständiges Denken und Entscheiden zentrale Themen: *„Ich habe zunehmend Wert gelegt auf eigenständige, selbstständige Entscheidungen. Das ist das, was mir auch an mir selbst aufgefallen ist, wo ich früher vielleicht weniger reflektiert war und da vieles hingenommen habe."*

Nimmt man die biblische Botschaft von der Gottesebenbildlichkeit des Mensch ernst, gehört das Hinführen zu solchen *„eigenständigen, selbstständigen Entscheidungen"* in den Verantwortungsbereich von Kirchen und Gemeinden und sollte mit den Jugendlichen und jungen Erwachsenen in Jugend- und anderen Kreisen bewusst thematisiert und eingeübt werden. Die Spannung zwischen der Entwicklung und Verantwortung des Einzelnen und den Bedürfnissen einer Gruppe liegt in der Natur der Sache und ist daher kaum aufzulösen, umso wichtiger ist es daher, sich mit Fragen von Begleitung und Hilfe zur Selbsthilfe auseinanderzusetzen.

Der Zusammenhang zwischen Individualität und Sozialität: die Wichtigkeit der Gruppe für die Entwicklung eines eigenständigen Glaubens

Bei der Beschäftigung mit Identitäts- und Glaubensentwicklung deutlich hervorgetreten ist die Bedeutung der Gruppe bzw. der Gemeinde, und zwar sowohl im positiven wie auch negativen Sinne. Am Beispiel von Ines ist diese Ambivalenz gut zu beschreiben. Ines hat sich während ihrer Schulzeit nicht nur in einer Gemeinde engagiert (Lobpreis, Hauskreis, Freizeiten etc.), sondern auch in der Schülerarbeit und in der überregionalen christlichen Arbeit verschiedener Gemeinden. Diese Aktivitäten waren sinnstiftend für sie, sie bekam Anerkennung, war beliebt und konnte sich in vielen Bereichen weiterentwickeln. Aber sie fing an, sich auch zunehmend über diese Arbeit zu definieren: *„Dann habe ich auch gemerkt, wie krass ich mich darüber in den Jahren davor definiert habe. Wie viel davon einfach auch mein Ego war und mir guttat."* Diese sehr mitarbeitsbezogene Hingabe (die Ines freiwillig lebte) führte dazu, dass sie ihr ganzes Leben darauf ausrichtete und, wie sie später merkte, sich selbst dabei vernachlässigte.

> *Ich verausgabte mich völlig und fuhr nur noch auf dieses und jenes Jugendwochenende, weil das ja für den Herrn war – und dann schenkt er mir schon die Kraft. Doch dann schaffte ich es trotzdem kaum, die Woche zu bewältigen. Statt dass ich sage: Nein, ich bin jetzt kaputt, ich schaff das jetzt nicht, ich bleibe zu Hause und mache irgendwas Schönes und tue mir was Gutes. Statt dass ich Verantwortung für mich übernehme.*

Auf der einen Seite bietet – wie schon deutlich wurde – die Mitarbeit im Kontext von Kirchen und Gemeinden ein weites Lernfeld für die vielfältige Entwicklung junger Erwachsener in ganz unterschiedlichen Bereichen (Leiterschaft, Teamarbeit, öffentliches Auftreten, Nachfolge etc.), auf der anderen Seite besteht aber auch die Gefahr, dass vor lauter Aktivitäten die eigene Entwicklung des Glaubens und der Persönlichkeit kaum mitkommt, sondern einfach stehen bleibt. Junge Leute müssen daher lernen, dass diese Reifung ein zentraler Bestandteil des Glaubens ist und nicht automatisch geschieht. Die Verantwortung dafür liegt zum einen natürlich bei den jungen Erwachsenen selbst, zum anderen aber auch in der Gemeinde.

Ein weiterer wichtiger Punkt ist, dass sich junge Erwachsene ihren Glauben individuell und bewusst aneignen (siehe auch Seite 33). Wie berichtet, haben die meisten Betroffenen eine christliche Sozialisation genossen, wo dieser Schritt besonders wichtig war. Dazu gehört es auch, die eigene Glaubensprägung zu hinterfragen. Was passiert aber, wenn die dabei entstehenden Zweifel existenzielle Ausmaße annehmen und dann sogar zur Dekonversion führen?

Vom Zweifeln und Verzweifeln

Unsere Untersuchung hat ergeben, dass vor allem junge Erwachsene mit einem hohen Bildungsabschluss (Abitur und Studium) Schwierigkeiten mit dem Glauben haben. Sowohl ihre Reflexionsfähigkeit als auch die Auseinandersetzung mit ihren Studieninhalten (ob Theologie, Sozial- oder Naturwissenschaften etc.) können ihren bisherigen Glauben auf existenzielle Art hinterfragen. Dabei wurden von den Betroffenen unterschiedliche Bereiche angesprochen, besonders aber das Bibelverständnis (Wie kann und muss ich die Bibel verstehen?), das Gottesbild (Wer ist Gott angesichts so viel Elend in dieser Welt?), die Theologie (Sind theologische Lehrmeinungen wie Schöpfung oder die Existenz einer Hölle überhaupt haltbar?), die Ethik (Was in der Bibel kann ich für meinen Glauben und meine Lebensgestaltung als hilfreich oder normativ ansehen?) und die Gemeindepraxis (Was singen und predigen wir in unseren Gemeinden, und was davon leben wir wirklich?). Die aufkommenden Fragen beschäftigen die jungen Erwachsenen, sie suchen nach plausiblen Antworten und viele von ihnen finden in ihren Kirchen und Gemeinden keine adäquaten Diskussionspartner. Zudem empfinden sie vieles in der Gemeinde zunehmend als oberflächlich. Dazu kommen andere

Ansichten wie der neue Atheismus. Die daraus entstehenden Zweifel und Gedanken sind keine intellektuelle Spielerei, sondern für Einzelne von großer Bedeutung.

Immer wieder wurde in den Gesprächen deutlich, dass sich die Befragten mit ihren Zweifeln in der Gemeinde nicht ernst genommen fühlten. Es gab aus ihrer Sicht wenig oder sogar keinen Platz für ihr Nachfragen und Hinterfragen. Dafür gibt es unterschiedliche Gründe, die im Folgenden anhand einiger Beispiele beschrieben werden sollen.

Die Frage nach dem „Wort Gottes"

Viele Befragten hatten mit der Frage nach dem Verständnis der Bibel Schwierigkeiten. Wie wörtlich oder symbolisch ist sie zu verstehen? Und was bedeutet das dann für das Leben von Gemeinden und Christen? Je „wörtlicher" die Bibel ausgelegt wurde, desto schwieriger war es für manche Befragte, inhaltlich zu folgen, und umso größer wurden die Zweifel, ob das denn richtig sei.

Vielleicht ist in manchen Gemeinden kein Bewusstsein dafür vorhanden, wie ernst die Mitglieder und Besucher beispielsweise die Predigten nehmen und welche existenzielle Beschäftigung so manche Predigtaussage bei Einzelnen zur Folge hat. Gerade weil der eigene Glaube nicht etwas Aufgesetztes, sondern Teil der Identität ist, darf und muss er sich entwickeln und verändern. Dazu gehören verschiedene Glaubensphasen genauso wie Zweifel und Kritik. Genau damit tun sich jedoch wohl einige Gemeinden schwer, sei es aus der Angst, dass das Wort Gottes „verwässert", also nicht mehr richtig ernst genommen wird, sei es aus einer traditionellen Gesetzlichkeit, sei es aus der Logik mancher Machtspiele heraus (siehe auch Seite 190). Sophias Zweifel liegt gerade hier begründet:

> *Vor allem war das Ausschlaggebende für meine Abkehr vom Glauben die theologische Auseinandersetzung mit Bibeltexten und biblischen Themen wie Sünde und den Vorstellungen von Himmel und Hölle. Ich habe gemerkt, dass sich viele Widersprüche bei mir nicht haben auflösen lassen.*

In einer nachchristlichen, pluralen Gesellschaft sind es die jungen Erwachsenen gewohnt, mit verschiedenen Meinungen umzugehen und diese auch nebeneinander stehen zu lassen, ohne deswegen gleich in Beliebigkeit zu enden. Jedoch scheint dies in vielen Gemeinden ein Problem zu sein, sodass sich die Zweifelnden nicht ernst genommen oder abgeschoben fühlen. Gleichzeitig sind diese Fragen und Zweifel nicht einfach mit Patentrezepten zu beantworten – und oft auch gar nicht. Aber es fehlt offensichtlich an Gesprächspartnern und offenen Räumen mit vertrauensvoller Atmosphäre, in denen die Zweifel ausgesprochen werden dürfen und ernst genommen werden bzw. wo man sich gemeinsam auf die Suche macht.

Die Frage nach dem Bibelverständnis ist darüber hinaus sicher keine rein intellektuelle, sondern hat Auswirkungen auf die gesamte Lebensgestaltung. Hier spielen viele Faktoren hinein, die wir uns weiter unten unter dem Stichwort „Macht und Missbrauch" noch ansehen werden. Frank meint zum Thema Altes Testament:

> *Also, das ganze Alte Testament: Ich weiß nicht, ob man da wirklich zwanghaft versuchen muss, die Dinge, die da stehen, mit der heutigen Moral zu vereinbaren, indem man die irgendwie geradebiegt. Man kann auch einfach sagen: Das ist eine ältere Form von Glaubensauffassung gewesen und die hat einfach keine Berechtigung. Da muss man nicht alles versuchen, nur weil man sagt: Die Bibel ist diktiertes Wort.*

Gerade der direkte Zusammenhang zwischen dem Bibelverständnis und der eigenen Lebensweise macht diese Fragen so existenziell, und genau deshalb ist es so wichtig, sich damit auseinanderzusetzen. Dazu kommt, dass unterschiedliche Menschen unterschiedliche Bibelverständnisse haben. Manche haben diese Fragen vielleicht gar nicht und fühlen sich durch sie verunsichert. In diesem Zusammenhang wurde von den Befragten die Heuchelei derer beklagt, die auf der einen Seite ein wörtliches Bibelverständnis befürworten, dies auf der anderen Seite aber in ihrem Leben nicht umsetzen. Genau damit haben die Zweifelnden Probleme, da sie, im Gegensatz zu dem, was ihnen manchmal vorgeworfen wird, die Bibel sehr ernst nehmen und darum ringen, dass sie Wort Gottes, redliche Intellektualität und ein ethisches Leben zusammenbekommen. Deshalb wollen und können sie sich nicht mit einfachen Antworten abspeisen lassen. Magdalena erklärt diese Auseinandersetzung folgendermaßen:

Der Glaube ist eine ganz große intellektuelle Anforderung und nicht, weil ich so klug bin oder so etwas, sondern weil es echt schwer ist, finde ich, mit den Widersprüchen in der Bibel zu leben und eben auch emotional hinterherzukommen. Es hat ja auch eine emotionale Komponente. Und ich konnte auch nie mit den Liedern, die da gesungen wurden, da habe ich die totale Krise bekommen. Also, diese Worship-Songs, die sind für mich sowieso eine einzige Phrase.

Neben den eben aufgezeigten Fragen nach dem Bibelverständnis gibt es aber noch weitere existenzielle Fragestellungen, eine davon ist die nach dem Leid in der Welt.

Warum lässt Gott das zu?

Ein Grundzweifel des Lebens ist die sogenannte Theodizeefrage: Warum lässt Gott das zu? Wie können wir an einen liebenden, gerechten und allmächtigen Gott glauben, der so viel Hunger, Elend und Krieg in dieser Welt zulässt? Diese Spannung zwischen dem eigenen Gottesbild und der erfahrenen Wirklichkeit ist nicht auflösbar. Während manche die damit verbundenen Fragen und Zweifel wegschieben können oder für sich plausible Erklärungen gefunden haben, zerbricht mancher Glaube daran, wie zum Beispiel der von Marco:

Die Beschäftigung mit Auschwitz hat bei mir einiges ins Wanken gebracht, und danach sind für mich viele theologische Fragen einfach unmöglich geworden. Zum Beispiel die Frage nach einem gnädigen Gott, der uns alle lieb hat und nur unserer Bestes will. Oder der Heidelberger Katechismus, in dem ja steht, dass kein einziges Haar von meinem Kopf fällt, ohne dass der Vater im Himmel das will. Wenn man sich das so, diesen Satz so vorstellt angesichts der Bilder, wo die Bulldozer die Leichen da in den KZs zusammenschieben, ist das schon ziemlich krass.

Die Auseinandersetzung mit der Theodizeefrage hat eine lange Tradition und es gibt viele Punkte, an die man anknüpfen kann, seien sie intellektueller, apologetischer oder seelsorgerlicher Art.[51] Noch existenzieller wird es, wenn es um eigenes Leid oder das Leid von Nahestehenden geht, wie beispielsweise bei Andreas, dessen Schwester in jungen Jahren nach schwerer Krankheit gestorben ist, und der sich fragt, wie Gott das zulassen konnte. In diesem Zusammenhang sind besonders seelsorgerliche Angebote wichtig, da es auf viele dieser Ereignisse keine „vernünftige" Antwort gibt, sondern Menschen durch diese Zeit begleitet werden müssen. An solchen Erfahrungen lässt sich dann auch feststellen, wie tief der eigene Glaube und die eigenen Gottesvorstellungen in der eigenen Identität verwurzelt sind, und es zeigt sich, wie wichtig es ist, den aufkommenden Fragen einen angemessenen Raum zu geben.

Zweifel und der neue Atheismus

Der Zusammenhang zwischen neuem Atheismus und Dekonversion gehört zu den überraschenden Ergebnissen dieser Studie. Natürlich haben wir uns im Vorfeld mit diesem Themenfeld auseinandergesetzt, aber wir waren doch erstaunt, dass sowohl in der Online-Befragung als auch in den Interviews das Thema immer wieder eine Rolle spielte. Dabei haben wir in der Auswertung unterschieden zwischen Menschen, die einen offensiv bis aggressiven Atheismus vertreten, und denen, die durch den neuen Atheismus ihre Abkehr vom Glauben besser begründen konnten, aber keine „Aktivisten" wurden. „Aktivisten" sind vor allem in Internetforen anzutreffen und vertreten ihren Nichtglauben auf oftmals unangemessene Art und Weise, indem sie gläubige Menschen beschimpfen und beleidigen. Sie sind Fundamentalisten und lassen Diskussion und Vielfalt im Nichtglauben ebenso wenig zu, wie es manchen fundamentalistischen Christen vorgeworfen wird.

In unserer Studie haben wir uns auf die Dekonvertierten konzentriert, deren Geschichte eng mit dem neuen Atheismus zusammenhängt, die ihn aber nicht militant vertreten. Beispielsweise war es bei Nicolo nicht so[52], dass er Dawkins las und dieser ihn überzeugte, sondern dass er die Argumente gerade nicht plausibel fand, aber einige der Fragen mitnahm. Mit der Zeit nahmen sie dann mehr und mehr Raum ein und gewannen an Plausibilität:

Dawkins ist ein großer Biologe und das, was er gesagt hat, hat bei mir viel ausgelöst. Und dann haben mich seine Fragen nicht mehr losgelassen und ich habe immer mehr darüber nachgedacht, was an meinem Glauben eigentlich Sinn macht. Ich fand meine neuen Gedanken einfach vernünftig.

Was Nicolo in dieser Zeit fehlte, waren Gesprächspartner, mit denen er über seine Zweifel reden konnte. Zum einen mag es daran liegen, dass er nach dem Umzug nach Deutschland in einem neuen Umfeld war, in dem ihm die Bezugspersonen fehlten. Zum anderen nutzte er, aus nicht bekannten Gründen, die wenigen Chancen zum Dialog, zum Beispiel mit seiner Frau, nicht aktiv. An dieser Geschichte wird deutlich, wie wichtig es ist, dass solche Themenfelder auch im Kontext der Gemeinde angesprochen und offen diskutiert werden.

Einen anderen Verlauf gab es bei Gregor, der sich zunächst entkehrte und dann als Argumentationshilfe dafür den neuen Atheismus fand. Was als Thema in diesem Kapitel ansatzweise schon deutlich wurde, ist, wie wichtig eine Vielfalt im Glauben ist. Daher werden wir dies im nächsten Abschnitt genauer betrachten.

Offenheit für die Vielfalt des Glaubens

In einem Lied des Künstlers Arno Backhaus über die Forderung des Apostel Paulus, dass die Mitglieder der christlichen Gemeinde in Rom einander so annehmen sollen, wie sie selbst von Christus angenommen wurden, heißt es in der ersten Strophe:

Gott schuf die Menschen als Originale, und keiner ist dem andern gleich.
Doch wir wollen lieber 08/15-Duplikate, weil die Meinung von der Stange ja reicht.
Lebt und denkt ein anderer nicht so wie wir, dann ziehn wir Mauern und Stacheldraht auf.
Nicht nur materiell an vielen Plätzen dieser Welt, auch in deinem Kopf fällt mir das auf.

Wir stellten bei unserem Projekt immer wieder fest, dass unter Christen offenbar tatsächlich ein Konformitätsdruck dieser Art existiert. Er kann in Strukturen versteckt sein und eine teils verheerende Wirkung entfalten. Gerade bei denen, deren Entkehrungsgeschichte vom Leitmotiv Macht und Moral bestimmt war, fiel dies besonders auf. Von Claudias und Magdalenas Erfahrungen haben wir in den vorangegangenen Kapiteln wiederholt berichtet. Bei der Tendenz zur Konformität geht es nicht nur um Fragen der Lebensführung, sondern auch um den Inhalt des Glaubens und wie er praktiziert und kommuniziert wird. Wir werden daher zunächst einige Beispiele für fehlende Glaubensvielfalt in Kirchen und Gemeinden geben, um anschließend einige Ideen zu sammeln, wie man sie (wieder)beleben könnte.

Unsere Interviewpartner machten des Öfteren die Erfahrung, dass in ihrem christlichen Umfeld, und speziell in ihren Gemeinden, eine gewisse Monokultur herrschte. In vielen gesellschaftlichen Bereichen wird so etwas mittlerweile als problematisch diskutiert: Aufsichtsräte und Banker, die sich nur unter Ihresgleichen bewegen; Hauptschulklassen, die sich ausschließlich aus benachteiligten Schülern zusammensetzen; Migrantinnen, die wegen fehlender Kontakte außerhalb der Familie auch nach Jahrzehnten noch nicht die Landessprache beherrschen. Doch bei christlichen Gemeinden und Kirchen wird diese Tatsache bislang wenig wahrgenommen oder in manchen Fällen sogar als Alleinstellungsmerkmal selbstbewusst vorangetrieben. Dies kann sich bis in die Art des Sprechens und Betens hineinziehen und findet sich quer durch alle Denominationen, vom salbungsvollen Pastorenstil in den Landeskirchen bis zu immer wiederkehrenden Gebetsformulierungen beim „freien" Gebet in manchen Kreisen. Dabei kann man fragen, ob ein Gemeindeleben mit einer größeren Vielfalt an Glaubensarten und -ausdrucksformen nicht viel eher auch den biblischen Vorbildern von Gemeindeleben und Gotteserfahrung entsprechen würde. Die Anhänger Jesu setzten sich beispielsweise aus allen Schichten zusammen, vom einfachen Fischer bis zur reichen Ehefrau; die Menschen, die das Pfingstwunder erlebten, waren zwar Juden aus aller Welt, brachten aber alle ihre eigene Sprache und ihren eigenen kulturellen Hintergrund mit; und auch die ersten Gemeinden, wie die in Korinth, waren von einer großen Diversität geprägt.

Als in den Achtzigerjahren einige evangelische Kirchen in der damaligen DDR ihre Türen für die Friedensgebete öffneten, waren

Art und Form des Glaubens keine Eintrittskriterien. Viele der Teilnehmer hatten keinen Bezug zum Christentum – in welcher Form auch immer – und dennoch waren diese Gebetstreffen ein wichtiger Bestandteil in einer Reihe von Ereignissen, die schließlich zur friedlichen Wende führten. Durch die gemeinsame Erfahrung der Unterdrückung in der Diktatur fanden sich unter dem Dach der Kirchen die unterschiedlichsten Menschen zusammen: Umweltschützer, Friedens- und Bürgerrechtsaktivisten, Ausreisewillige, Gläubige und Ungläubige. Die Offenheit der Christen zu jener Zeit machte es möglich, dass auch Menschen ohne jeden Bezug zum Glauben an Gebeten und Andachten teilnahmen. Sicher war diese Zeit nicht ohne Spannungen, doch die Gemeinden hielten sie aus. Das führte zur Veränderung.

Auch die von Ines erwähnte Liste, die sie im Australienaufenthalt über die Schüler führen musste, gibt Anlass, darüber nachzudenken, wie eindimensional unser Verständnis von Glauben oft ist. Auf dieser Liste sollte sie eintragen, welche Schüler „gerettet" waren und welche nicht. Doch wie soll ein Mensch anhand von nur zwei Kategorien die komplexe, von biografischen Besonderheiten geprägte Glaubensgeschichte eines anderen Menschen bewerten? Ob die Schüler bemerkten, dass sie mit einer wertenden Brille betrachtet wurden?

Natürlich mag dieses Beispiel von Ines extrem sein, aber wir können uns durchaus hinterfragen, inwieweit wir Menschen in unserem Umfeld oder auch Erstbesucher in der Gemeinde in ebensolche Kategorien einordnen und ihnen einen bestimmten Stempel aufdrücken. Zudem stellt sich ganz grundsätzlich die Frage, ob es überhaupt von außen möglich ist, zu beurteilen, ob ein Mensch glaubt. Ganz bewusst haben wir uns zu Beginn unseres Projekts ja auch mit der Frage beschäftigt, ob und wie Glaube messbar ist. Aus gutem Grund entschieden wir uns dazu, jeweils der eigenen Einschätzung der Gesprächspartner zu vertrauen und nur bei offensichtlichen Widersprüchen nachzuhaken. Denn bei ehrlicher Betrachtung ist Glaube ein Phänomen, das durch sich ändernde Lebensumstände, Erfahrungen und persönliche Entwicklung Veränderungen unterworfen ist. In manchen Phasen ist er felsenfest, in anderen eher tastend oder schwankend. So lautet der bekannte Ausruf des Vaters eines toten Kindes aus den Evangelien: *„Ich glaube; hilf meinem Unglauben!"*[53]

Die Menschen in den biblischen Berichten machten immer wieder eine Erfahrung: Gott begegnete ihnen. Und es scheint, dass sie dabei jeweils in ihrer ganz eigenen, ganz persönlichen Situation angesprochen wurden. Die Umstände waren so, dass sie es verstehen konnten. Dadurch wird klar, dass diese Menschen von Gott in ihrer Individualität gesehen und dabei unterstützt wurden, ihren ganz eigenen Lebensweg mit ihm zu beschreiten. Wäre es da nicht eine Selbstverständlichkeit, dass Gemeinden und Christen, die sich in ihrem Glauben und Weltbild auf diese Berichte berufen, anderen Christen zugestehen, dass auch sie ihre ganz eigene Lebens- und Glaubensbiografie haben?

Was kann nun dabei helfen, Monokulturen in Gemeinden und Kirchen entgegenzusteuern und Raum für eine Vielfalt des Glaubens zu schaffen?

Keine Verurteilung

Ganz deutlich wurde das Problem der Verurteilung in Claudias Geschichte, doch wurde auch an anderen Stellen klar, dass Christen häufig eine Neigung dazu haben, andere entweder wegen ihres moralischen Verhaltens oder ihres Nicht- bzw. „falschen" Glaubens zu verurteilen. Dies betrifft nicht nur andere Religionen, sondern auch Angehörige einer anderen Konfession oder Denomination. *„Dann wettern die gegen Katholiken"*, berichtete Claudia über ihre ehemalige Gemeinde.

Die in den vergangenen Jahrhunderten entstandenen Aufspaltungen im Christentum führten immer wieder zu Verurteilungen der jeweils anderen Gruppen und zu Vorbehalten ihnen gegenüber. Es wäre ein erster Schritt, einmal über das eigene Bild der anderen Traditionen nachzudenken. Als Nächstes könnte man den Blick erweitern auf Menschen, die einen anderen Lebensstil pflegen als man selbst. Verurteilung, gleich welcher Art, verletzt die einen und schreckt die anderen ab. Es wirkt jedoch einladend, wenn Spannungen zugunsten einer Vielfalt ausgehalten werden können.

Eigene Fragen und Zweifel äußern

Es mag banal erscheinen, doch jeder Einzelne kann sich fragen, wie sie oder er mit eigenen Zweifeln und Fragen in Bezug auf den Glauben umgeht. Werden sie nur still mit einem selbst oder vielleicht engen Vertrauten ausgemacht oder bringt man den Mut und die Offenheit auf, sie auch in größerer Runde zu äußern? Es wäre möglich, dass die Geschichte von Nicolo einen vollkommen anderen Verlauf genommen hätte, wenn er seine intellektuellen Zweifel nicht für sich behalten, sondern mit anderen geteilt hätte. Auch wenn sicher die Eigenverantwortung jedes Einzelnen nicht unterschätzt werden darf, sollten Leiterinnen und Leiter sowie Mitarbeiterinnen und Mitarbeiter ihre Teilnehmer ermutigen, sich auch mit offenen Zweifeln und kritischen Fragen zu äußern, und selbst in dieser Hinsicht mit gutem Beispiel vorangehen.

Angemessener Umgang mit Zweiflern

Wie man auf die Äußerungen von anderen reagiert, ist gerade bei Glaubenszweifeln entscheidend. Es ist wichtig, dass sich der Betreffende ernst genommen fühlt. Dabei ist die richtige Balance zwischen Schweigen und Antworten, Fragen und Berichten sicherlich nicht leicht zu finden und eine persönliche Herausforderung für jeden, der in einer Kirche oder Gemeinde aktiv ist.

Sophia hatte selbst bei Theologinnen oder Theologen nicht das Gefühl, mit ihren Fragen und Zweifeln ernst genommen zu werden. Die Geschichten von Patrick und Andreas hingegen zeigen, dass selbst bei guten Reaktionen vonseiten der Gemeinde und anderen Christen das Ergebnis völlig offen ist. In jedem Fall kann beim Umgang mit offen geäußerten Fragen das Bewusstsein helfen, dass man selbst nicht für den Glauben oder Unglauben eines anderen verantwortlich ist und es auch gar nicht sein muss. Statt formal richtige Antworten zu geben und auf eine bestimmte Lehrmeinung zu verweisen, kann im Zweifel der anderen auch eine Chance gesehen werden, selbst zu wachsen.

Offenheit für „Gottes Weg"

Die oben beschriebene biblische Sicht, dass Gott mit jedem Menschen eine individuelle Lebens- und Glaubensgeschichte schreibt, ist ebenfalls hilfreich, wenn es um das Thema Vielfalt geht. Statt eine Abgrenzung vorzunehmen, könnten Neugier und Interesse vielleicht sogar das eigene Gottesbild und Glaubensleben bereichern. Nimmt man die Vorstellungen von der Souveränität Gottes ernst, so wäre eine gewisse Demut in diesem Zusammenhang die angebrachte Einstellung. So wenig, wie man die Gedanken anderer Menschen lesen, höchstens erahnen kann, so wenig kann man ihre persönlichen Erfahrungen im Glauben bewerten. Wenn aus einer falsch verstandenen Verantwortung heraus Prozesse und Entscheidungen angestoßen werden, die für die Betroffenen momentan nicht anstehen, kann das irritierend bis kontraproduktiv sein. Im schlimmsten Fall verbauen sie den weiteren Glaubensweg. Gleichzeitig geht es dabei nicht darum, die Gemeinschaft zugunsten einer rein individualistischen Kultur abzuwerten, in der es nur darauf ankommt, sich selbst zu verwirklichen.

Formalismus überwinden

In der langen Geschichte des Christentums gibt es eine riesige Fülle an Möglichkeiten, den eigenen Glauben zu leben und auszudrücken. In jedem gemeindlichen Umfeld existiert allerdings auch eine speziell eigene Tradition. Vielleicht würde sich hier ein Blick über den Tellerrand und in die Geschichte lohnen. Nicht nur der eigene Glaube könnte so bereichert werden, auch anderen Menschen eröffnen sich so Chancen, ihr Repertoire zu erweitern. Meist ist es eine Typsache oder eine Frage der momentanen Situation, welche Art, den Glauben auszuleben, gerade hilfreich ist. Dem einen hilft die „Stille Zeit" am frühen Morgen, der anderen gemeinsames Gebet und dem Dritten die eucharistische Anbetung. Eine Erweiterung der Ausdrucksformen, die in einer Gruppe gelebt werden, könnte verhindern, dass Mitglieder ihren Glauben anzweifeln, wenn ihnen vielleicht einfach nur eine spezielle Form nicht liegt. Auch nicht beabsichtigtem Druck wird so ein Stück weit die Grundlage entzogen.

Die Ergebnisse der Organisations- und Teamforschung sowie die Erfahrungen in der interkulturellen Arbeit zeigen, dass Gruppen vor allem dann eine besondere Dynamik und Entwicklung erleben, wenn verschiedene Charaktere und Hintergründe aufeinandertreffen und ihre jeweiligen Erfahrungen einbringen können. Auf diese Weise werden nicht nur einzelne Mitglieder, sondern auch die Gruppe insgesamt verändert. Wie viel mehr könnte dies in christlichen Gruppen gelten, in denen man an die Gegenwart und das Wirken Gottes glaubt?! Wäre die Umsetzung dieser Erkenntnisse nicht vielleicht auch eine Möglichkeit, Gemeinden neu zu beleben?

Macht und Missbrauch

Uns ist bewusst, dass bestimmte Situationen von verschiedenen Menschen unterschiedlich wahrgenommen werden und dass dabei die eigene Persönlichkeit, die aktuelle Verfassung, biografische Prägungen etc. eine Rolle spielen. Doch auch wenn man all dies in Betracht zieht, hat sich in unseren Untersuchungen zum Thema Dekonversion das Thema „Macht und Missbrauch“ als ein zentrales und wichtiges Phänomen herauskristallisiert. Deshalb wollen wir es in diesem Kapitel noch einmal in den Fokus rücken und uns fragen, was Christen und Gemeinden in dieser Hinsicht beachten können bzw. sollten.

Bei all den in diesem Kapitel beschriebenen negativen Erfahrungen sei noch einmal auf die vielen positiven Erlebnisse der Befragten in Bezug auf Kirche und Gemeinde hingewiesen (siehe auch Seite 139). Wir wollen also keinesfalls unterstellen, dass das in diesem Kapitel Beschriebene in allen Kirchen und Gemeinden auftritt oder gar die Regel ist. Bevor man dieses Thema aber zu schnell abschreibt und meint, dass so etwas nur in anderen Gemeinden passiere, wäre es vielleicht in vielerlei Hinsicht eine gute Übung, sich als Gemeinde ehrlich und kritisch zu hinterfragen.

In diesem Kapitel geht es nicht um eine systematische oder theologische Aufarbeitung, sondern wir wollen die in den Interviews berichteten Erlebnisse und Fragen aufnehmen. Dabei wird es zu manchen Unschärfen und Einseitigkeiten kommen, da wir die Aussagen der Interviewten ernst nehmen wollen. Unser Anliegen zielt also nicht auf eine objektive Betrachtung oder gar Wertung, sondern auf eine Annäherung an das Thema und welche Lernmöglichkeiten sich daraus für Gemeinden ergeben. Es sei darauf hingewiesen, dass weder Macht noch Moral per se falsch oder schlecht sind, sondern die falsche und missbräuchliche Ausübung problematisch ist.

Das Thema geistlicher Missbrauch oder auch religiöser Missbrauch ist kein neues Phänomen, sondern existiert in verschiedenen Formen bereits über viele Jahrhunderte. Besonders in den letzten Jahren scheint es jedoch eine verstärkte Sensibilität dafür zu geben, wie sich an den vielen Büchern[54] zeigt, die erschienen sind, oder auch an Selbsthilfegruppen im Internet.[55] Besonders empfohlen sei hierzu das Buch von Inge Tempelmann: *Geistlicher Missbrauch: Auswege aus frommer Gewalt*. Dort finden wir eine erste Annäherung an den Begriff „geistlichen Missbrauch":

> *Wenn ein Mensch einem anderen körperlichen Schaden zufügt, dann sprechen wir von körperlichem Missbrauch. Einen anderen emotional zu schädigen, ist emotionaler Missbrauch. Gehirnwäsche ist eine Umschreibung für psychologischen Missbrauch. Geistlicher Missbrauch ist, wenn jemand durch den Umgang mit einem anderen geistlichen Schaden nimmt. Die weitreichende Folge davon ist eine Störung seiner Beziehung zu Gott – sofern er überhaupt in der Lage ist, eine Beziehung zu Gott aufzubauen.*[56]

Bei geistlichem Missbrauch handelt es sich also wie bei anderen Missbrauchsformen um eine konkrete Grenzüberschreitung und somit eine spezifische Machtausübung gegenüber den Betroffenen, die ganz unterschiedlich aussehen kann. Das besonders Problematische daran ist, dass diese Machtausübung bewusst oder unbewusst „im Namen Gottes" geschieht und viele erst spät realisieren, in welche Abhängigkeiten sie gekommen sind. David Johnson und Jeff VanVonderen konkretisieren dies in ihrer Definition von geistlichem Missbrauch treffend:

> *Geistlicher Missbrauch ist der falsche Umgang mit einem Menschen, der Hilfe, Unterstützung oder geistliche Stärke braucht, mit dem Ergebnis, dass dieser betreffende Mensch in seinem geistlichen Leben geschwächt und behindert wird. Es*

gibt geistliche Systeme, in denen die Meinung, Gefühle und Bedürfnisse eines Menschen nicht zählen. Sie bleiben unbeachtet. In diesen Systemen sollen die Mitglieder die Bedürfnisse ihrer Leiter befriedigen – das Bedürfnis nach Macht, Ansehen, Nähe, Wert –, also sehr egoistische Bedürfnisse. Diese Leiter versuchen im religiösen Wohlverhalten der Menschen, denen sie eigentlich dienen und weiterhelfen sollten, Erfüllung zu finden. Das stellt die Gemeinde Christi auf den Kopf. Es ist geistlicher Missbrauch.[57]

Geistlicher Missbrauch liegt also vor, wenn Eltern, Pastorinnen und Pastoren, Mitarbeiterinnen und Mitarbeiter, Seelsorgerinnen und Seelsorger oder andere Leitungspersonen ihre Fürsorgepflicht verletzten und ihre Autorität (oder auch gemeindliche Strukturen) dazu benutzen, um Druck auf oder Zwang über Menschen auszuüben. Wegen der Sensibilität dieses Themas sollte im Umgang mit Betroffenen eine besondere Sorgfalt walten. Andererseits sollte man niemanden leichtfertig beschuldigen

In unseren Interviews (die wie schon erwähnt die subjektive Sicht der Gesprächspartner widerspiegeln) kamen neben klaren Grenzüberschreitungen, auf die wir später zu sprechen kommen, auch einige Fälle vor, in denen geistlich-moralischer Druck so lange aufgebaut wurde, bis die Personen diesem nicht mehr standhalten konnten. Einige Betroffene entwickelten dadurch eine regelrechte Angst, etwas in ihrem Leben und Glauben falsch zu machen. Oftmals waren nicht nur die einzelnen „moralischen Gebote" problematisch, sondern auch die Atmosphäre, in der sich das Ganze abspielte und die viel schwieriger in Sprache zu fassen ist. Fünf Problemfelder lassen sich nach der ausführlichen Auseinandersetzung mit den Lebensgeschichten für uns identifizieren.

Geistlicher Missbrauch in der Erziehung: Gott als verlängerter Erziehungsarm

Eine Großzahl der Betroffenen, die wir untersucht haben, wurde christlich erzogen. Vielen ist ihr Elternhaus in guter Erinnerung; sie haben dort viel mitgenommen, selbst wenn sie sich heute vom Glauben abgewendet haben. Einige machten jedoch auch sehr intensive negative Erfahrungen. Diese lassen sich nach unseren Beobachtungen in zwei Kategorien aufteilen:

Zum einen wurde Gott als verlängerter Arm der Erziehenden benutzt. Dies bedeutete meist, dass Gott als allwissender Richter dann ins Spiel kam, wenn die Eltern mit ihrem „Erziehungslatein" am Ende waren. Dazu gehörten Strafen im Namen Gottes, auch körperlicher Art, Drohungen oder der Zwang zu öffentlichen Sündenbekenntnissen. Aus dieser Erfahrung erwuchs ein einseitiges und negatives Gottesbild, das den Glauben und das Leben der Betroffenen prägte.

Zum anderen wurde berichtet, dass Eltern im extremen Verhalten ihrer Kinder böse Geister gesehen und Exorzismen durchgeführt oder Kinder solche Prozeduren miterlebt haben. Diese Identifikation mit dem Bösen inklusive Sätzen wie „Du bist vom Teufel besessen" oder auch Exorzismen von bösen Geistern durch Handauflegung oder der Zwang zum Sündenbekenntnis sind für die Kinder Erlebnisse, die sie kaum mehr vergessen können und sowohl ihr Selbst- als auch ihr Gottesbild negativ geprägt haben.

Eine entscheidende Frage, die sich hier stellt, ist, wann Christen und eine Gemeinde insgesamt die Privatsphäre anderer Mitchristen respektieren müssen und wann sie vielleicht doch eingreifen sollen oder sogar müssen? Voraussetzung ist natürlich, dass diese Grenzüberschreitungen bekannt werden. Es ist ein merkwürdiger Doppelstandard, dass beim Thema Sexualmoral der Eingriff in die Privatsphäre in vielen Gemeinden selbstverständlich ist, nicht aber bei Kindeswohlgefährdung, die bei geistlichem Missbrauch in der Erziehung auch vorliegt. Unserer Meinung nach gehört es zur Verantwortung von Christen, insbesondere auch innerhalb einer Gemeinde, Verdachtsmomenten nachzugehen und das Gespräch mit Eltern und Kindern zu suchen. Dafür sollten jedoch unbedingt auch ausgebildete Seelsorgerinnen und Seelsorger, Pädagoginnen und Pädagogen oder Psychologinnen und Psychologen involviert werden, die Erfahrung im Umgang mit solchen Fällen haben. Geistliche und fachliche Selbstüberschätzung ist hier fehl am Platz und führt uns zum nächsten Punkt.

Geistlicher Missbrauch durch Menschen, die ihren Status ausnutzen

Das zuvor Beschriebene findet in diesem Fall nicht im Elternhaus, sondern in der Gemeinde statt. Geistlicher Missbrauch beginnt in diesen Fällen damit, dass Autoritätspersonen wie Pastorinnen und Pastoren oder Seelsorgerinnen und Seelsorger ihre Autorität mit der Autorität Gottes gleichsetzen und kaum oder keine Kritik an ihren Meinungen zulassen. Kritisches Nachfragen ist nicht erwünscht und statt gesunder Autorität zeigt sich autoritäres Verhalten. Besonders gesetzliche oder ungesund charismatisch orientierte Gemeinden bieten Menschen mit solchen Persönlichkeitsstrukturen oft eine Plattform und damit auch eine Legitimation, Druck auf einzelne Mitglieder oder ganze Gruppen auszuüben und Einzelne zu Handlungen zu zwingen, die sie eigentlich gar nicht wollen. Gerade Menschen, die eine unsichere Persönlichkeit haben und/oder zum Perfektionismus neigen, sind anfällig gegenüber solch falschen Autoritätspersonen.

Das Zusammenkommen von Autorität und Geistlichem ist natürlich nicht per se problematisch. Wo diese Autorität jedoch missbraucht wird, bereitet genau diese Verquickung den Beteiligten Schwierigkeiten. So wird beispielsweise geistlicher Druck aufgebaut, indem propagiert wird, dass man nur lange genug beten müsse, um bestimmte Erfolge zu erreichen oder Gottes Willen zu erfahren. Da viele Betroffene die Gemeinschaft an sich gut und wichtig finden, entsteht eine immer größere innere Ambivalenz über die Situation. Die an und für sich positive Einstellung zur Gemeinschaft kann dann ins Negative umschlagen. Diese Vorgänge laufen allerdings oft subtil ab, da die Betroffenen nach bestem Wissen und Gewissen Gott ehren und dienen sowie die aus ihrer Sicht von Gott eingesetzten Leiter respektieren wollen.

Praktisch kann geistlicher Missbrauch schon bei ganz einfachen Kontrollmechanismen beginnen, wie Sophia erzählt:

> *Weil das* (Gemeinschaft und Kontrollmechanismen) *zusammenhängt und ich das so schwer trennen konnte, gerade bei der Frage, als es sehr stark um die Gemeinschaft ging. Und daraus ist das Problem eigentlich erst entstanden. Dass ich gemerkt habe, wenn ich mich an bestimmte Regeln nicht halte,*

dann werde ich verurteilt, dann muss ich mich in meinem Verhalten ändern.

Gerade deshalb sind persönliche Freiheit, eine transparente Kommunikation und offene Strukturen in einer Gemeinde wichtig. Diese ermöglichen erst, Entscheidungen zu hinterfragen und Leitungspersonen zu kritisieren. Dazu gehört auch die gemeinsame Diskussion über theologische Themen. Bevor wir darauf eingehen, wollen wir noch auf ein weiteres Thema hinweisen: In unseren Interviews kam einmal auch das Thema sexueller Missbrauch zur Sprache. Wir wollen dies nicht weiter diskutieren, aber darauf hinweisen, dass es auch in christlichen Familien, Gemeinden und Kirchen vorkommen kann. In unserem Fall war es ein sexueller Übergriff von einer Mitarbeiterin auf eine Teilnehmerin bei einer Gemeindefreizeit. Die Folgen und das daraus resultierende Leid sind unbeschreiblich und haben den Dekonversionsprozess der Befragten maßgeblich beeinflusst.

Geistlicher Missbrauch durch falsche oder einseitige Theologie

So fehlbar Menschen sind, so fehlbar ist auch ihre Theologie. Diese Problematik zieht sich durch die ganze Kirchengeschichte. Weil dies so ist, gehört die Diskussion um eine gesunde Theologie zu den zentralen Eckpunkten einer Gemeinde. Alle Mitglieder sollten die theologischen Grundlagen mindestens kennen und im besten Fall mitbestimmen können. Da alle denselben Heiligen Geist haben, sind wir unserer Meinung nach auch alle in der Lage, über geistliche und theologische Themen zu diskutieren und mit zu entscheiden. Es ist ein Zeichen von Mündigkeit, wenn eine Gemeinde eine Kultur hat, wo miteinander um theologische Prozesse und Entscheidungen gerungen wird.

Besonders der Heilige Geist kann jedoch auch für eigene Meinungen „missbraucht" werden, indem Bilder und Eindrücke so geistlich aufgeladen und autorisiert werden, dass Leute unter großen Druck gesetzt werden. Bei Formeln wie „Der Heilige Geist hat mir gesagt …" sollte man in Gemeinden aufpassen, einschreiten und prüfen, ob nicht etwa Menschen nur ihre eigene Meinung durchsetzen wollen. Besonders heikel ist es, wenn sie dies mit *„bestem Wissen und Gewissen tun"*, wie Ines es erlebt hat. Sie hat die Menschen in ihrer Gemeinde sehr geschätzt, sich mit ihnen gut verstanden und ihre Leiterschaft bewundert. Doch wurde sie immer wieder unter geistlichen Druck gesetzt und aufgefordert, doch im Glauben noch mehr zu wagen und Schritte zu gehen, die sie eigentlich nicht für richtig hielt. Sie stellte ihre Meinung, ihre Zweifel und ihren Willen dann immer mehr in den Hintergrund, bis alles zusammenbrach.

Dies ist leider kein Einzelfall, und was das Ganze so herausfordernd macht, ist, dass dieselben Situationen für manche gut verkraftbar (und vielleicht tatsächlich im positiven Sinne herausfordernd) sind und für andere zum Missbrauch werden. Claudia hat dies auch erlebt und beschreibt die Situation wie folgt:

> *Das muss man so machen, weil das in der Bibel steht oder Gott das so will. Das waren für mich immer schwammige Argumente und teilweise ist mir das auch so vorgekommen, als nehme ich einen Bibelvers und lese dann das hinein, was ich will oder wie es mir gerade passt, und das wird von manchen Leuten sehr manipulativ benutzt.*

Noch extremer sind die schon in Bezug auf die Erziehung angesprochenen Exorzismen. Von einem Menschen zu behaupten, dass er von bösen Geistern oder gar Dämonen besessen sei, ist ein kaum verkraftbares Urteil. Doreen hat erlebt, dass ihr von einer Seelsorgerin gesagt wurde, dass sie von bösen Geistern besessen sei und diese jetzt *„herausgebetet"* werden müssten. Nach dem Gebet meinte die Seelsorgerin, dass es leider nicht geklappt hätte und sie jetzt zu jemand anderem müsse. So wurde die „Besessene" allein gelassen und musste zusehen, wie sie mit diesem Urteil und der Erfahrung zurechtkam.

Ines beschreibt, wie wichtig gut ausgebildete Seelsorgerinnen und Seelsorger sind:

> *Ich habe insgesamt ein bisschen recherchiert in Bezug auf geistlichen Missbrauch und ich habe das Gefühl, da gibt's fast nichts. Und das finde ich total heftig, weil ich gemerkt habe, wie krass das für mich war. Und ich hätte mir da viel Unterstützung gewünscht. Ich habe gemerkt, dass diese eine Seel-*

sorgerin gut damit umgegangen ist, weil ich vorher total enttäuscht wurde, da die anderen nicht damit umgehen konnten.

Zum einen liegt diese Problematik an den unzureichenden theologischen und seelsorgerlichen Ausbildungen, zum anderen wird sie von manchen Gemeinden auch durch die eigenen Strukturen gefördert.

Geistlicher Missbrauch durch Strukturen, die Missbrauch fördern

Während bisher meist eine einzelne Person im Fokus von Macht und Missbrauch stand, wollen wir uns nun ungesunden Strukturen zuwenden, die Grenzüberschreitungen begünstigen und manchmal überhaupt erst ermöglichen.

In einigen Interviews klagten die Befragten darüber, dass sie systematisch unter Druck gesetzt oder gar manipuliert wurden und keinerlei Ansprechpartner fanden, die ihnen in dieser Situation zur Seite standen, ihnen zuhörten und ihre Ängste und Bedenken ernst nahmen. Dies ist wohl kein Zufall, denn in manchen Gemeinden sind die Strukturen tatsächlich so aufgebaut, dass leitende Personen und ihre Meinungen (und Theologie) unantastbar sind bzw. dass es keine Möglichkeit der Mitbestimmung oder Kritik gibt. Es gibt klare Hierarchien statt Mitspracherecht und Beteiligung, und in diesen Hierarchien steigt man häufig nur durch ein undurchsichtiges (angeblich von Gott eingesetztes) Berufungsverfahren auf. Es mangelt an Transparenz; Entscheidungen von Autoritätspersonen ebenso wie ihr Handeln können teilweise nicht nachvollzogen werden. Kritik ist nicht erwünscht und wird als eigener Fehler (beispielsweise mangelndes Gottvertrauen) zurückgespiegelt.

Sehr deutlich wird dies beispielsweise an Mitarbeiterregeln und deren Einhaltung. In den Interviews haben die Beteiligten immer wieder darüber geklagt, dass es in der Gemeinde Regeln gab, die unbedingt eingehalten werden sollten und im Gegensatz zu anderen Dingen eine unverhältnismäßige Priorität hatten:

Wenn du mitarbeiten wolltest, waren zwei Sachen wichtig. Das eine war: Sex vor der Ehe, und das andere war Rauchen auf Freizeiten. Ich hätte eine Klassenkameradin in den Selbst-

mord mobben können, das hätte keinen interessiert! Wichtig war, dass ich nicht rauche und dass ich behaupte, keinen Sex vor der Ehe zu haben. Nicht, was ich mache, ist wichtig, sondern was ich nach außen transportiere.

Oftmals ist den Beteiligten dabei völlig unklar, warum es bestimmte Regeln gibt bzw. ob diese tatsächlich biblisch-theologisch begründet werden können oder einfach nur gewisse Gemeindetraditionen widerspiegeln. So können ungesunde Strukturen entstehen, die hinterfragt werden müssen. Es geht dabei nicht darum, dass es keinerlei Regeln in Kirchen und Gemeinde geben darf oder ethische Leitlinien komplett abgelehnt werden müssen, sondern es geht darum, gemeinsam um diese zu ringen und sie zu leben – und das immer mit und für die Menschen statt gegen sie. Im Gegensatz dazu steht eine „Law and Order"-Ethik, die nur darauf schaut, welche Regeln nicht eingehalten werden und wie dies sanktioniert werden muss. Martina spricht in diesem Zusammenhang von einem *„Gemeindekodex"*, der eingehalten werden muss, will man nicht als *„Christ zweiter Klasse gesehen und auch behandelt"* werden. Wo solche Einstellungen existieren, hat man aber bereits den Boden einer gesund machenden biblischen Lehre verlassen, in der das Evangelium für den Menschen und nicht gegen ihn ist.

Noch einmal: Es geht nicht darum, dass es in einer Kirche und Gemeinde keinerlei moralische und ethische Grenzen geben darf, sondern um den gemeinsamen Umgang damit und die Kommunikation darüber. Denn oftmals wird Heuchelei dadurch gefördert, dass ein Leistungsdruck aufgebaut wird, den Kodex zu befolgen. Das Ergebnis ist geistliche Verunsicherung und Unmündigkeit der Gemeindemitglieder, da sie auf der einen Seite mit ganzen Herzen Gott suchen und seinen Willen tun wollen, auf der anderen Seite systematisch manipuliert werden und es gleichzeitig nicht schaffen, dem Kodex zu genügen. Manche, wie Claudia, wollten etwas ändern, was aber zu frustrierenden Ergebnissen führte, wie sie beschreibt:

Viele von meinen Versuchen sind abgeblockt worden und das war dann natürlich frustrierend, weil ich mir dachte: Ich bring mich hier ein, engagiere mich, ich versuche, dass mehr Leute kommen, dass die Gemeinde irgendwie schöner wird für alle, und das wird total abgeblockt. Nein, Veränderung, das wollen wir nicht.

Oftmals sahen die betroffenen Personen die einzige Alternative darin, die Gemeinde zu verlassen, da es in den bestehenden Strukturen keine Möglichkeit und keinen Raum gab, ihr Empfinden und ihre Not mitzuteilen. Doreen bringt das Dilemma gut auf den Punkt, wenn sie sagt: *„Ich denke, vielleicht muss es eine ganz neue Form geben, wie Religiosität oder Spiritualität gelebt wird und Struktur bekommt, wie Glaube gemeinsam gestaltet werden kann, weil es oft krank machende Strukturen in Gemeinden gibt."*

Strukturen sollten den Menschen, ihrem Glauben und der Gemeinde dienen und ihnen keine Fallgruben bauen. Viele Leiterinnen und Leiter unterschätzen die Macht, die sie ausüben, und oftmals ist es auch eine gewisse Unsicherheit, die dann mit „biblischen Argumenten" zementiert wird. Die Spiegelung wiederum, man handele unbiblisch oder ungeistlich, macht es den Betroffenen noch schwerer, ihr Anliegen loszuwerden. Formulierungen wie „Gott hat gesagt …" oder „Der Heilige Geist hat mir gezeigt …" können Menschen unter Druck setzen und manipulieren. Eine Gemeinde sollte also Strukturen haben, die solchen Missbrauch vermeiden.

Wenn die Entkehrten dann erst einmal die Gemeinde verlassen haben, sind sie mit ihren Zweifeln auf sich alleine gestellt, was den Dekonversionsprozess noch befördert.

Geistlicher Missbrauch durch moralischen Druck in der Sexualethik

Das Thema Sexualethik und dort besonders das Thema Homosexualität ist in Kirchen und Gemeinden ein umstrittenes Thema. Wir wollen mit diesem Punkt nicht in eine inhaltliche Diskussion einsteigen, sondern auf die Stimmen der Betroffenen hinweisen bzw. darauf, wie sie ihre Dekonversion in diesem Zusammenhang erlebt haben. Dabei haben sich besonders zwei Gruppen herauskristallisiert, zum einen eine kleinere Gruppe von selbst Betroffenen und zum anderen eine größere Gruppe von Menschen, die sich für Betroffene einsetzen und einen Platz in der Gemeinde für sie wollen. Claudia beschwert sich darüber, dass zwar auf der einen Seite Nächstenliebe gepredigt und eingefordert wird, es auf der anderen Seite jedoch kein Problem zu sein scheint, über Leute zu lästern oder sie zu verurteilen, wenn sie einen anderen Lebensstil pflegen. Viele der zuvor beschriebenen Grenzüberschreitungen zeigen sich oftmals an diesem Punkt, denn Menschen, die sich für Homosexuelle einsetzen, müssen in manchen Gemeinden mit Sanktionen rechnen, manchmal droht gar der Ausschluss von der Mitarbeit oder sogar der Mitgliedschaft. Doch gerade wenn man meint, mit seiner Meinung im Recht zu sein oder sie als biblisch wahr ansieht, bedarf es Nächstenliebe und Feingefühls, um Menschen in einen gemeinsamen Dialog mitzunehmen.

Patrick beschreibt aus seiner Sicht, wie er mit den Betroffenen mitleidet und den Umgang mit ihnen als nicht christlich sehen kann:

> *Dieses ganze Gerede um „Gott verachtet Homosexualität, aber er liebt den Homosexuellen" finde ich ein schönes Beispiel dafür, zu was für bescheuerten Konstruktionen Christen kommen können. Wo ich einfach sagen würde, dass das für einen Homosexuellen keinen Unterschied macht. Und ich verstehe nicht, warum man Menschen da so wehtun muss.*

Wie gesagt geht es uns hier nicht um eine theologische Auseinandersetzung mit dem Thema, sondern um den Hinweis, dass Menschen durch ihre Sichtweise ihren Platz in der Gemeinde verloren haben und dadurch in eine Glaubenskrise gekommen sind. Da dies häufig vorkam, halten wir diesen Zusammenhang für einen wichtigen Punkt, über den im Gespräch zu bleiben sich lohnt.

Dekonversion als Therapie

Vor drei Jahren beschloss Doreen, nicht mehr mit Gott und Christen zu reden und keine Kirche oder christliche Veranstaltung mehr zu besuchen. Denn wenn sie einen Gottesdienst besuchte oder sich mit christlichen Inhalten auseinandersetzte, bekam sie körperliche Schmerzen. Trotzdem lebt sie in der inneren Spannung, dass Gott doch existieren könnte, sodass sie sich tagesformabhängig mitunter auch als gläubig bezeichnet. Dies sind die Folgen der erlebten geistlichen und psychischen Grenzüberschreitungen.

Auch Martina berichtet über körperliche Symptome: *„Ich habe es irgendwann nicht mehr ertragen, dort im Lobpreis zu sein, weil ich dann richtig Magenkrämpfe bekommen habe und das auch gar nicht mehr wollte."* Ähnlich erging es Ines:

> *Sobald eine Predigt kam, war das schon zu viel. Dann fing ich schon wieder an zu denken und war überfordert. Das Ganze ist wie ein großes Trauma oder so. Ich habe am Anfang wirklich Panik bekommen, wenn ich irgendwas Christliches gehört habe. Dann habe ich geheult, das hat mich total fertiggemacht, für eine Woche oder so.*

Für Menschen wie Doreen, Martina oder Ines war die Dekonversion nicht nur eine Befreiung, sondern hatte auch therapeutische Wirkung. Ihr Glaube und ihr Gottesbild waren durch ihre Erfahrungen so vergiftet, dass sie keinen anderen Ausweg mehr sahen, als sich zu entkehren und von Gott und ihrem Glauben abzuwenden. Dies ist durchaus nachzuvollziehen und stellt an die Kirchen und Gemeinden die Frage, wie mit den Betroffenen umgegangen werden kann und soll. Hier scheint es selbst in gesunden Gemeinden eine große Hilflosigkeit zu geben. Gebraucht werden offene Räume, in denen Menschen zuhören und offen über das Erlebte reden können, ohne (geistlich) bewertet zu werden.

Auffallend in unseren Interviews war, dass es vor allem Frauen waren, die Erfahrungen von Macht und Missbrauch machen mussten. Kirchen und Gemeinden haben an dieser Stelle eine besondere Verantwortung, die nicht vernachlässigt werden sollte. Man darf sie nicht vorschnell wegwischen mit Argumenten wie: „Das kommt bei uns ja nicht vor", oder: „Das ist eben biblisch", oder: „Diese Erfahrung wird letztlich zum Guten für den Menschen führen." Gerade Letzteres trifft offensichtlich nicht zu, wie die Ergebnisse dieser Studie zeigen.

Wir wünschen uns, dass das Thema in Kirchen und Gemeinden offen diskutiert werden kann und dass Menschen einen sicheren Raum bekommen, an dem sie ihre Nöte, Gefühle und Bedenken offen aussprechen können.

Mündigen Glauben fördern und stärken

Zuletzt wollen wir noch einige Anregungen geben, wie Kirchen und Gemeinden einen mündigen Glauben stärken können. Dabei knüpfen wir an die ersten drei Punkte in diesem Kapitel an und ziehen daraus einige Konsequenzen. Wichtig ist uns zu betonen, dass wir keinesfalls unterstellen wollen, dass die Interviewten und andere Dekonvertiten alle keinen mündigen Glauben entwickelt hätten, oder dass dies immer die Ursache für eine Dekonversion wäre.

Resilienter Glaube? Stark im eigenen Glauben werden

Wenn wir darüber nachdenken, wie ein mündiger Glaube aussehen könnte, ist es sinnvoll, einen Seitenblick auf die Ergebnisse der sogenannten Resilienzforschung zu werfen.[58] Resilienz steht für die psychische Widerstandsfähigkeit eines Menschen. Das Wort stammt ursprünglich aus der Materialkunde und bedeutet wörtlich Elastizität, Spannkraft, Strapazierfähigkeit. Man begann, sich mit diesem Thema zu beschäftigen, als man durch Langzeitstudien die Entwicklung von Menschen über einen langen Zeitraum (bis zu mehreren Jahrzehnten) untersuchte. Vor allem ging es darum zu erforschen, inwiefern sich widrige Bedingungen in der Kindheit auf die weitere Entwicklung auswirken. So fand man heraus, dass von den Kindern, die unter sehr belastenden Umständen aufgewachsen waren, ein gewisser Anteil (der je nach Untersuchung zwischen 10 und 30 Prozent schwankt) als Erwachsene relativ gesund war. Als Nächstes forschte man, was diese Menschen so widerstandsfähig gemacht hatte, dass sie sich trotz schlechter Bedingungen gut entwickeln konnten. In der bekannten Kauai-Studie untersuchte man beispielsweise zwischen den Jahren 1955 und 1985 die Entwicklung von knapp 700 auf der Hawaii-Insel Kauai geborenen Personen. Man erhob mittels unterschiedlicher Methoden umfangreiche Daten zum Zeitpunkt der Geburt, vier Wochen danach sowie mit ein, zwei, zehn, 18 und 30 Jahren. Auf diese und ähnliche Weise konnte man Risiko- und Schutzfaktoren identifizieren.

Risikofaktoren sind Faktoren, die die Wahrscheinlichkeit einer negativen Entwicklung, also die Entstehung von Lern- oder Entwicklungsstörungen oder den Ausbruch psychischer Krankheiten, erhöhen. Dazu gehören beispielsweise eine unsichere Bindung zu frühen Bezugspersonen, Armut, das Aufwachsen in Wohngegenden mit hohem Kriminalitätsanteil, dauerhafte familiäre Disharmonie, ungünstige Erziehungspraktiken der Eltern, häufige Umzüge und Schulwechsel, Verlust eines Geschwisterteils oder engen Freundes, mehr als vier Geschwister etc., aber auch personale Faktoren wie ein niedriger Intelligenzquotient, Wahrnehmungsstörungen oder ein schwieriges Temperament: Interessanter noch sind jedoch die Schutzfaktoren. Teils haben sie allgemein einen positiven Einfluss auf die Entwicklung, teils entfalten sie ihren Schutzschirm erst in Krisensituationen bzw. beim Zusammenwirken verschiedener Risikofaktoren. Der eindeutig wichtigste Schutzfaktor ist dabei eine dauerhafte gute Beziehung zu mindestens einer primären Bezugsperson, also meist zu einem Elternteil. Weitere gut belegte Schutzfaktoren sind unter anderem Stabilität und konstruktive Kommunikation in der Familie, enge Geschwisterbindungen, ein hohes Bildungsniveau der Eltern, kompetente und fürsorgliche Erwachsene außerhalb der Familie. Und auch hier gibt es personale Faktoren wie ein robustes, aktives und kontaktfreudiges Temperament oder das erstgeborene Kind zu sein.

Auf dem Hintergrund dieser hier nur sehr verkürzt wiedergegebenen Ergebnisse der Resilienzforschung stellt sich in unserem Zusammenhang die Frage nach einem resilienten, also widerstandsfähigen Glauben. Um hier belastbare Ergebnisse zu haben, müsste man ähnliche Langzeitstudien mit gläubigen Menschen durchführen und ihre Glaubensentwicklung verfolgen. Jedoch können wir zumindest begründete Vermutungen aufstellen, wie Risiko- und Schutzfaktoren des Glaubens aussehen könnten.

Geistlicher Missbrauch, anhaltende negative Gemeindeerfahrungen, die Druck und Stress verursachen, eine als problematisch erlebte christliche Sozialisation, der Verlust nahestehender Personen, der an der Güte Gottes zweifeln lässt, sowie der Wechsel des Wohnorts und Umfelds könnten Risikofaktoren sein, die die Wahrscheinlichkeit der Dekonversion erhöhen. Spannend wäre die Frage, inwiefern Bildung ein Risikofaktor ist. Aus der Resilienzforschung weiß man zudem, dass sich die einzelnen Risikofaktoren bei Wechselwirkungen verstärken. So zeigte eine Studie, dass beim Auftreten von vier

Risikofaktoren die Wahrscheinlichkeit, eine psychische Störung zu entwickeln, nicht etwa viermal, sondern zehnmal höher ist, als wenn nur ein Risikofaktor auftritt.

Da wir einerseits in keiner Dekonversionserzählung nur eine Ursache oder nur einen Aspekt ausmachen konnten, aber andererseits viele Ursachen und Aspekte in mehreren Dekonversionserzählungen auftauchten, kann man auch in Bezug auf den Glauben davon ausgehen, dass die Anwesenheit mehrerer Risikofaktoren die Wahrscheinlichkeit einer Dekonversion stark erhöht.

Spannender und wichtiger ist jedoch die Frage nach Schutzfaktoren. Diese ist allerdings ungleich schwieriger aus unseren Ergebnissen heraus zu beantworten, hätten wir dazu doch Menschen erforschen müssen, die trotz widriger Bedingungen ihren Glauben behalten haben. Als Christ könnte man geneigt sein, eine dauerhafte und gute Beziehung zu Gott als den wichtigsten Schutzfaktor anzusehen. Sicherlich ist dies nicht falsch, die entscheidende Frage ist jedoch, was eine solche Beziehung genau ist bzw. worin sie besteht. Wie der amerikanische Autor und Journalist Philip Yancey in seinem Buch *Sehnsucht nach dem unsichtbaren Gott*[59] zu Recht betont, können wir nicht so tun, als wäre die Beziehung zu Gott analog zu der Beziehung zu einem Menschen aus Fleisch und Blut zu verstehen. Zudem kann man zwar Beziehungspflege betreiben, eine gute Beziehung aber niemals machen bzw. herstellen, wie sich nicht zuletzt an den Enttäuschten zeigt, die immer wieder erlebt haben, dass sie Gott trotz intensivster Bemühungen nicht erfahren und seine Nähe nicht spüren.

Angesichts der großen Bedeutung von familiären Faktoren wäre es durchaus plausibel, dass die geistliche „Familie", also die Kirche, Gemeinde, Gemeinschaft als Schutzfaktor wirkt, sofern sie geprägt ist durch Stabilität, konstruktive Kommunikation und ein kompetentes und fürsorgliches Verhalten der Leitungspersonen, die im Idealfall auch noch ein hohes Bildungsniveau aufweisen.

Einen wichtigen Aspekt der Resilienzforschung haben wir bislang noch nicht genannt: Während viele Risiko- und Schutzfaktoren nicht oder nur schwer veränderbar sind, ist dies bei den sogenannten Resilienzfaktoren anders. Sie zählen zu den Schutzfaktoren und betreffen den Bereich des Umgangs mit sich selbst. Der am besten belegte Resilienzfaktor ist dabei eine angemessene Selbstwahrnehmung. Eine solche hat, wer seine Gefühle gut kennt und ausdrücken kann, wer bei sich und anderen Stimmungen erkennen und einordnen kann, wer insgesamt Gefühle und Gedanken gut reflektieren und in Bezug zu anderen setzen kann und wer seine eigenen Stärken und Schwächen kennt. Ein weiterer Resilienzfaktor ist eine gute Selbstregulation, das ist die Fähigkeit, innere Zustände wie Emotionen, Triebe und Bedürfnisse auf gute Weise regulieren und kontrollieren zu können. Weitere Resilienzfaktoren sind das Zutrauen in die eigenen Fähigkeiten, soziale Kompetenzen, ein guter Umgang mit Stress und Problemlösefähigkeiten.

Auch hier könnte man fragen, was Resilienzfaktoren des Glaubens sind. Wie gut können wir beispielsweise unsere Glaubensgefühle benennen? Obwohl heute unser Glaube häufig sehr – oft zu sehr? – auf das Innenleben fokussiert ist und das Innere des Menschen teilweise als der einzig legitime Ort angesehen wird, an dem man Gott begegnen kann, gibt es doch ein nur wenig differenziertes Vokabular für die Benennung innerer Zustände im Glauben. Führt so manche christliche Sprachhülse nicht eher zu einer Verschleierung? Wenn ein Lobpreisleiter sagt, dass wir nun alles „hinter uns lassen", „vor dem Kreuz zur Ruhe kommen" sollen, um Gott zu begegnen: Was meint er damit eigentlich ganz konkret?

In der Pädagogik gibt es mittlerweile umfangreiche Programme zur Stärkung der Resilienz. Vielleicht bräuchte es auch in Gemeinden nicht nur Grund-, Basic- oder Alphakurse, sondern die gezielte Förderung eines mündigen, eigenständigen Glaubens. Noch wichtiger als irgendwelche Programme sind jedoch, wie schon beschrieben, eine gute und fördernde Gemeindekultur sowie das Vorleben eines ganzheitlichen Glaubens, der sich, in geistlichen Vokabeln, verpackt weder um sich selbst noch auf selbstzerstörerische Art und Weise um andere dreht und eigene Bedürfnisse leugnet. Diese Spur zu einem resilienten Glauben lässt sich weiterverfolgen, wenn wir uns auf die Suche nach einer „zweiten Naivität" im Glauben machen.

Vom Suchen und Finden der „zweiten Naivität" im Glauben

Einen Ansatz, wie die eigenen „Abwehrkräfte" des Glaubens gestärkt werden können, beschreibt der französische Philosoph Paul Ricoeur mit dem Begriff der „zweiten Naivität". Dieser entstand in den 1960er-Jahren in der Auseinandersetzung mit Bultmanns theologischem Ansatz der Entmythologisierung. Paul Ricœur versuchte, eine Lösung für die Spannung zwischen moderner Wissenschaft und einem naiven, kindlichen Glauben zu finden. Während Bultmann den Glauben des modernen Menschen von sogenannten Mythen befreien wollte („Man kann nicht elektrisches Licht und Radio benutzen, in Krankheitsfällen moderne, medizinische und klinische Mittel in Anspruch nehmen und gleichzeitig an die Geister- und Wunderwelt des Neuen Testaments glauben"), stellt sich Ricœur gegen eine solche Sicht. Zwar geht auch er davon aus, dass der Glaube der Kindheit verloren gehen muss, wenn Glaube sich weiterentwickeln und mündig werden soll. Der Glaubende muss sich dann jedoch aufmachen, eine zweite Naivität des Glaubens zu finden, die weder ein Zurück in die erste Naivität bedeutet (was nicht wünschenswert ist und meist schlicht auch nicht geht) noch bei einer reinen Negation des kindlichen Glaubens stehen bleibt oder den Glauben ganz verliert. Denn mit zunehmender Bewusstwerdung der eigenen Prägung bzw. Bedingtheit des eigenen Glaubens sowie der intellektuellen Infragestellung gewohnter Bilder, Rituale und Überzeugungen kommt der eigene „Kinderglaube" ins Schwanken und kippt früher oder später. Daraus muss und kann aber ein neuer, stärkerer und reiferer Glaube erwachsen, der mit der Wirklichkeit dieses Lebens umgehen kann und gleichzeitig Halt und Identität gibt.

Zunächst wollen wir an dieser Stelle klären, was die „erste Naivität" überhaupt ist. Man könnte sie gemäß des folgenden Mottos beschreiben: „Die Welt ist gut, wie sie ist, und mir kann darin nichts passieren." Getragen wird diese erste Naivität durch ein kindliches Grundvertrauen, das noch nicht durch negative Erfahrungen erschüttert wurde. Sie ist angemessen und wertvoll, verliert sich aber im Laufe der Jahre durch die Entwicklung des kritischen Denkens, durch widersprüchliche Erfahrungen und aufkommende Zweifel. Dies ist normal – der eigene Glaube kann sich durch diese Phase sogar enorm entwickeln und daran und darin reifen. Allerdings haben wir in unserer Untersuchung festgestellt, dass sich beim Verlieren der ersten Naivität nicht automatisch die zweite entwickelt, sondern sich eben auch ein völliger Verlust des Glaubens einstellen kann. Wie also kann eine zweite Naivität entstehen?

Eine wertvolle Grundhaltung besteht dabei in der Einsicht, dass der eigene Glaube immer nur vorläufig und niemals perfekt oder fertig ist. Darum muss man sich immer wieder um ihn bemühen und sich den Lebenswirklichkeiten neu stellen. Dies bedeutet, dass sich auf der einen Seite lieb gewordene Gewissheiten und Gewohnheiten verabschieden können, dass auf der anderen Seite aber auch, um den Vergleich mit einem Bauwerk zu ziehen, ein neuer Raum des Glaubens betreten werden kann, der viel größer und schöner ist, und in dem zum Beispiel auch Zweifel ihren Platz haben. So umfasst die zweite Naivität sowohl die Wirklichkeit des Alltags mit aller Skepsis, allem Realismus und allen Erfahrungen als auch die Wirklichkeit des Glaubens mit der Erlösung in Christus Jesus.

Natürlich bedeutet dies auch eine gewisse Spannung, und dazu führt Ricœur den Begriff der „Symbole" ein, mit dem er eine Art Puffer zwischen „Glauben wollen" und „Zweifeln müssen" markiert. Beides soll ernst genommen werden, beiden soll Gerechtigkeit widerfahren, sowohl dem Misstrauen wie auch dem Vertrauen. Er nennt diese Symbole ganz praktisch die „Als-ob-Perspektive" – dies soll am Beispiel des Bibelverständnisses kurz erläutert werden: Eine Person möchte die Bibel ernst nehmen, kann es aus verschiedenen Gründen aber nicht und lehnt sie deshalb ab. Die „Als-ob-Perspektive" sagt ihm jetzt: Tue so, als ob der biblische Text tatsächlich wahr ist und arbeite mit ihm. Gib dem Text sozusagen eine kleine Chance. Behalte deine Skepsis, deine Zweifel, aber gehe damit auf den Text zu. Es entsteht damit ein neuer Raum, der Zweifel und Bibel zusammenbringt. Beide haben ihr Recht. In diesem Zugang und in dem „Für-wahr-Nehmen" des Textes bietet sich jetzt ein neuer Weg für den Zweifelnden, um dem biblischen Text zu begegnen.

Diese „Als-ob-Perspektive" kann auf unterschiedliche Bereiche des Glaubenslebens angewendet werden und somit den beschriebenen neuen Raum des Glaubens eröffnen, der Zweifel, Skepsis und Erfahrungen zulässt, aber auch dazu einlädt, sich neu auf biblische und geistliche Wahrheiten einzulassen. Aus diesem Prozess erwächst nach Ricœur dann die „zweite Naivität.

Die zweite Naivität und die Mündigkeit des eigenen Glaubens

Die zweite Naivität ist also eine mündige Naivität – wo Vernunft mit Glauben, Selbstständigkeit mit vollem Vertrauen auf Gott vereinigt wird. Dabei gleicht Wissen (zum Beispiel über Gott, die Bibel usw.) nicht einem Puzzle, bei dem die Teile exakt ineinanderpassen müssen, weil sich sonst kein Bild ergibt, sondern vielmehr einem Ballon. Je mehr man den Ballon aufbläst, desto größer wird die Oberfläche. Nehmen wir an, der Ballon wäre das Wissen, das wir erwerben, und die Luft ist das Nicht-Wissen, also das Geheimnis des Glaubens. Je größer das Wissen wird, desto größer wird der Kontakt mit dem Nicht-Wissen. Daher kommt es, dass als Nebeneffekt einer Antwort drei neue Fragen entstehen. Je mehr man weiß, desto mehr wird einem auch klar, was man nicht weiß. Mündiger Glaube ist sich daher nicht nur der Begrenztheit und Vorläufigkeit des eigenen Wissens bewusst, sondern bejaht diese zutiefst. Es hat damit zu tun, dass Glaube ein „Tun-Wort" und ein Beziehungsbegriff ist. Glauben (im Griechischen: *pistis*) meint Vertrauen, Anvertrauen und nicht, wie es in unserer Sprache sehr missverständlich klingt: etwas glauben. Es geht also beim Glauben nicht im Kern um das Für-wahr-Halten bestimmter Aussagen oder um den Besitz des richtigen Bildes von der Welt, sondern um das Vertrauen zu einem Jemand, zu einer Person. Das Gegenteil von Glauben ist daher auch nicht der Zweifel, sondern Angst und Misstrauen.

Den Unterschied zwischen Glauben im Sinne von Glaube an etwas und Glaube als Vertrauen zu jemandem kann man besser verstehen, wenn man den Unterschied betrachtet zwischen dem, was wir „Erkennen" nennen, und dem Kennenlernen einer Person. Das Wort „Erkennen" ist in unserer Kultur untrennbar mit dem Erkenntnisideal der modernen Wissenschaft verbunden. Etwas erkennen kann man dort nur, wenn man sich vom Gegenstand der Erkenntnis entfernt. Nur aus der sicheren Distanz heraus kann der neutrale Blick gelingen. Erkenntnis im Sinne des hebräischen Denkens im Alten Testament ist hingegen eine Bewegung *hin* zu größerer Nähe. Sie ist somit untrennbar mit der Hingabe verwoben. Gotteserkenntnis ist nicht möglich, wenn ich mich von Gott entferne, um ihn aus sicherer Distanz objektiv beurteilen zu können. Ich muss mit ihm in Beziehung treten.

Weil Glaube also ein Tun-Wort und ein Beziehungsbegriff ist, kann das, was sich als Relativierung des Glaubens auf kognitiver Ebene anfühlt, gerade dazu führen, dass das Vertrauen gestärkt wird. Jemand, der zu einer zweiten Naivität gefunden hat, nutzt den ganzen Verstand und weiß doch, dass alle Erkenntnis begrenzt ist; er bindet sich vertrauensvoll und mit ganzer Person an den Schöpfer und Erlöser der Welt und folgt ihm nach. Glaube ist letztlich immer ein Wagnis, ein Sprung ins Ungewisse. Und der Verstand kann dabei nicht als sichere Brücke dienen.

Doch wie sieht es dann mit den Gefühlen und Empfindungen aus? Was macht ein mündiger Glaube angesichts eines Erfahrungsverlustes? Und wie können wir hier zu einer zweiten Naivität gelangen?

Ein Zuspruch der Bibel ist es, dass der Heilige Geist in uns wohnt, dass unser Leib der Tempel des Heiligen Geistes ist. Diese Tatsache, dass der Geist in uns wohnt, wird aber oft missverstanden, so als ob der Heilige Geist uns immer direkt zugänglich wäre. Luther deutete das etwas anders und verstand das Bild sehr wörtlich:

Wie sah der Tempel im alten Israel aus? Den innersten Bereich bildete das Allerheiligste, in dem Gott wohnte. Hier gab es kein Licht. Davor befand sich das Heilige mit einem Leuchter mit sieben Armen. Den dritten Bereich bildete der Hof. Dieser befand sich unter freiem Himmel, öffentlich und im Licht der Sonne. Die Dreiteilung des Tempels war für Luther ein Modell für den Menschen. Er trennte also nicht einfach in ein Innen und Außen, sondern teilte das Innere noch einmal auf. Das Äußere des Menschen verglich er mit dem öffentlichen, für alle zugänglichen Vorhof des Heiligtums – es ist das von uns, was andere von uns sehen können, unser beobachtbares Verhalten. Dann folgt das Innere: unser Verstand, unser Bewusstsein, unsere Gedanken, unsere Gefühle. Also der Ort, an dem wir mit uns alleine sind; das, was kein anderer sehen, spüren, fühlen und wissen kann. Doch dann gibt es noch das Innerste, den Teil unseres Selbst, über den wir nicht verfügen können, der uns – wie das Allerheiligste im Tempel – nicht zugänglich ist. Diese Mitte ist undurchdringlich für unseren Verstand und unzugänglich für unser Bewusstsein und unser Fühlen. Wie Gott im Allerheiligsten verborgen in der Finsternis wohnt, wohnt und wirkt der Heilige Geist verborgen und unsichtbar in unserem menschlichen Geist. So ist Gott immer bei uns und begleitet uns, auch wenn wir Gott nicht immer oder sogar meist nicht direkt wahrnehmen.

Dass Gott uns also in der Regel nicht direkt zugänglich ist und uns manchmal fern erscheint, liegt nicht daran, dass er wirklich weit weg wäre, sondern daran, dass er uns näher ist, als wir uns selbst sind. Dies anzuerkennen kann helfen, Gott auf vielfältigere Weise wahrzunehmen und seine abwesende Anwesenheit bzw. anwesende Abwesenheit zu spüren. Gott ist eben nicht auf unmittelbare Weise, sondern oft auf sehr mittelbare Weise spürbar. Man könnte auch sagen: Gott ist ein Meister der nonverbalen Kommunikation. Und das, obwohl wir ihn nicht sehen können. Dies nicht nur kognitiv zu glauben, sondern mit ganzem Sein verinnerlicht zu haben und somit auch auf ganz grundlegende Weise wahrzunehmen, ist ein weiterer Aspekt eines mündigen – gesunden – Glaubens und einer zweiten Naivität.

Aspekte eines gesunden Glaubens

Wir wollen die bisherigen Gedanken nun noch einmal aufnehmen und im Kontext eines gesunden Glaubens zusammenfassen. Allerdings wollen wir damit nicht sagen, dass der Glaube derjenigen, die den Glauben verlieren, notwendig ein ungesunder oder gar kranker Glaube gewesen sein muss.

Ein gesunder Glaube entsteht nicht von alleine, sondern immer im Zusammenhang mit der Auseinandersetzung mit der Bibel, dem Wirken des Geistes und der Gemeinschaft. Paulus beschreibt dieses Ringen um einen gesunden Glauben im Brief an seinen Mitarbeiter Titus, der mit falschem und krankmachendem Glauben in seiner Gemeinde zu tun hat, und ermutigt ihn mit den Worten: „Deshalb musst du die, ‚die vom richtigen Weg abgekommen sind', ohne falsche Nachsicht zurechtweisen, damit sie zu einem gesunden Glauben zurückfinden."[60] Glauben ist dabei nichts Abstraktes, keine Wahrheit, die wir besitzen können, sondern entfaltet sich in der Beziehung von, mit und zu Gott.

Einige Aspekte des gesunden Glaubens wurden uns in der Beschäftigung mit dem Thema Dekonversion besonders wichtig:

- Ein gesunder Glaube weiß, dass jeder Mensch, bei aller Sündhaftigkeit und bei allem gefallenen Sein, im Ebenbild Gottes (Imago Dei) erschaffen ist und deshalb unabhängig seiner Herkunft, seines Standes oder seiner sexuellen Orientierung wertvoll in und vor Gott ist.
- Ein gesunder Glaube weiß, dass das eigene Gottesbild auch von der eigenen Sozialisation und Erfahrung geprägt ist und sich deshalb in der Beziehung zu Gott, den Menschen und sich selbst weiterentwickeln darf.
- Ein gesunder Glaube wirkt nicht kompensatorisch. Das heißt: Er dient nicht dazu, Defizite in der eigenen Persönlichkeitsentwicklung zuzudecken. Ein Mensch mit einem mündigen Glauben befindet sich in einer Entwicklung, in der er immer weniger darauf angewiesen ist, sich selbst und anderen etwas vorzumachen.
- Ein gesunder Glaube lässt sich nicht in ein starres und festes Regelwerk pressen, sondern braucht Freiheit, sich zu entfalten.
- Ein gesunder Glaube zeigt sich nicht durch menschliche Stärke oder Erfolg, sondern auch durch die eigene Schwachheit.
- Ein gesunder Glaube zeigt sich in einem Prozess der Versöhnung, der durch die Kraft von Kreuz und Auferstehung ein ganzes Leben lang dauert und alle Ebenen des menschlichen Lebens und Zusammenlebens umfasst.
- Ein gesunder Glaube fördert das eigenständige und kritische Denken. Er hilft somit dabei, die eigenen Positionen sowie die Position der Gemeinde zu überprüfen. So entsteht ein Prüf- und Aneignungsprozess, der sich gegen blinden Gehorsam und geistliche Vereinnahmung wehrt und dabei gleichzeitig die eigene Glaubensentwicklung fördert.
- Ein gesunder Glaube hat Raum für Reflexionen und Zweifel; sie gehören im Aneignungsprozess dazu, sind normal und kein Zeichen von Unglauben oder gar Sünde.

Ein gesunder Glaube ist somit ein dynamisches Geschehen, bei dem Gott in seiner Liebe am Menschen handelt und dabei Fragen und Zweifel aushält.[61]

Fazit und Ausblick: zehn Fragen

Wir befinden uns nun am Ende unserer gemeinsamen Reise durch einen noch wenig erforschten Kontinent bzw. ein verdrängtes Thema. Wir haben viele Entdeckungen gemacht und sind dabei auch Dingen begegnet, die man vielleicht lieber wieder vergessen würde. Zunächst haben wir uns auf ganz verschiedene Weise dem Thema angenähert. Ausgehend von unseren eigenen Beobachtungen sind wir auf die Aufarbeitung in belletristischen Büchern der Gegenwart und eine Ausstellung gestoßen; schließlich fanden wir auch einige wissenschaftliche Befunde aus dem deutschen und internationalen Raum. Bei unseren eigenen Forschungsergebnissen standen 15 Interviews im Zentrum, die wir in den Kapiteln 2 und 3 ausführlich ausgewertet haben. In Kapitel 4 haben wir dann Denkanstöße für Kirchen, Gemeinden, Gruppen und auch Einzelne gegeben. Dieses letzte Kapitel ist dabei nicht als Schlussstrich zu sehen, sondern als eine Art Doppelpunkt, nach dem es weitergeht. Wir hoffen, dazu beizutragen, dass gemeinsam an diesem Thema weitergedacht und gearbeitet wird. Was bedeuten die Ergebnisse für die Arbeit von Gemeinden vor Ort? Was müsste sich vielleicht in Lehre und Praxis ändern? Für uns ist dieses Thema in jedem Fall noch längst nicht beendet und wir hoffen, dass es auch Ihnen so geht. Mit zehn Fragen möchten wir abschließend Anregungen für einen Dialog geben, der das Thema Dekonversion in vielen christlichen Gruppen und Kreisen auf den Tisch bringt:

1. Wird das Thema Dekonversion in unserer Gemeinde/Kirche offen thematisiert oder eher verdrängt? Wie könnte es mehr ins Gespräch kommen und konstruktiv diskutiert werden? Und ganz allgemein: Gibt es in unserer Gemeinde/Kirche vertrauensstiftende Räume, eine einladende Kultur und eine offene Kommunikation? Wie könnten diese entstehen?
2. Wie gehen wir in unserer Gemeinde/Kirche mit den betroffenen Menschen um? Respektieren wir ihre komplexe Geschichte mit Gott, mit Kirche/Gemeinde und mit anderen Christen?
3. Nehmen wir unsere Verantwortung gegenüber den Betroffenen

ernst? Ist uns bewusst, dass diese Verantwortung nicht darauf beschränkt werden kann, dass sie wieder zum Glauben zurückkehren?

4. Bringen wir Zweifelnden und Nicht-mehr-Glaubenden ehrliches Interesse an ihrer Person, ihrer Geschichte und ihren Erfahrungen entgegen? Hören wir ihnen vorurteilsfrei zu? Können wir ihre Entscheidung zunächst einmal stehen lassen?
5. Wenn Mentoring und Begleitung in Umbruchs- und Reifungsphasen für junge Erwachsene so wichtig sind – wie könnte in unserer Gemeinde/Kirche verstärkt ein solches Angebot entstehen? Wie könnte auch für ein Miteinander der Generationen geworben werden?
6. Sind wir sensibel für ungesunde Machtstrukturen und negative Dynamiken in unserer Gemeinde/Kirche? Gibt es Foren, wo offen und angstfrei darüber gesprochen werden kann?
7. Wie können wir in unserer Gemeinde/Kirche eine Theologie fördern, die weder einseitig ist noch in Beliebigkeit ausartet? Wird sie nur von Einzelnen geprägt oder dürfen sich alle einbringen? Können wir Glaubensvielfalt als Chance sehen? Gibt es bei uns eine Kultur, die Denken, Eigenständigkeit und Selbstverantwortung nicht begrenzt, sondern fördert?
8. Wie kann dafür gesorgt werden, dass gerade junge Leute Jesus auf gesunde Art und Weise folgen, ohne sich dabei selbst zu verlieren oder problematische Persönlichkeitszüge zu kompensieren? Wo müssten wir diesbezüglich umdenken, z.B. in Verkündigung, Seelsorge, in der Jugendarbeit allgemein?
9. Gibt es in unserer Gemeinde/Kirche Raum und Sensibilität für das Thema Missbrauch, insbesondere geistlicher Missbrauch? Gibt es Angebote zur Prävention und, wo nötig, zur Aufarbeitung?
10. Können wir sehen, dass Zweifel integraler Bestandteil des Glaubens und somit eine Ressource sind? Fördern wir eine Kultur, wo ausdrücklich gewünscht ist, dass Fragen und Zweifel geäußert werden? Haben wir den Mut, auch zu unserem Nicht-Wissen zu stehen bzw. können wir es aushalten, dass es auf manche Fragen vielleicht keine oder zumindest keine einfachen Antworten gibt?

Anhang

Methodisches Vorgehen der Studie

Der Großteil der Erkenntnisse, die in diesem Buch präsentiert wurden, basiert auf der bereits kurz vorgestellten sozialwissenschaftlichen Studie, die vom Frühjahr 2012 bis zum August 2013 am „Forschungsinstitut empirica für Jugendkultur und Religion" in Marburg durchgeführt wurde. Es war uns wichtig, die Ergebnisse der Studie verständlich und in einer gut lesbaren Weise zu präsentieren, deshalb haben wir im Text auf manche Details verzichtet. Für all diejenigen, die noch stärker daran interessiert sind, wie wir wissenschaftlich genau vorgegangen sind, was die Instrumente und Methoden waren, die wir benutzt haben, ist dieser Anhang gedacht. Dabei haben wir versucht, darauf zu achten, dass sowohl Leserinnen und Leser ohne sozialwissenschaftliche Vorkenntnisse als auch diejenigen mit Erfahrung auf diesem Gebiet von der Lektüre profitieren können.

Wir entschieden uns zu Beginn der Studie bewusst für eine Mischung verschiedener Methoden, die als Methodenmix bzw. „mixed methods"-Vorgehen bekannt ist. Vor allem, wenn man erste Erkenntnisse zu einem neuen Thema generieren will, ist dies sinnvoll. Im Zentrum der Vertiefung stand dann ein qualitativer Forschungsansatz. Im Gegensatz zu einem quantitativen Vorgehen, bei dem es darum geht, Daten zu erheben, die sich in Zahlen erfassen lassen, geht es bei der qualitativen Forschung darum, Gegebenheiten aus sich selbst bzw. aus der Sicht der Beteiligten, der Akteure, heraus zu verstehen und zu beschreiben.

Wenn man einen neuen Kontinent entdecken will – um den Vergleich vom Anfang des Buches aufzugreifen –, muss beispielsweise eine bislang unbekannte Pflanze erst einmal genau beobachtet und beschrieben werden, bevor man sie von anderen Pflanzen unterscheiden und ihre genaue Anzahl bestimmen kann. In der sozialwissenschaftlichen Forschung dienen qualitative Studien oft dazu, ein unbekanntes oder wenig erforschtes Thema erst einmal zu strukturieren und kennenzulernen. Je nach Interesse und vor allem Thematik kann dann anschließend auch eine quantitative Untersuchung durchgeführt werden.

Das Charakteristische bei einem qualitativen Vorgehen ist, dass die Forscher in ihrer Person in der Regel viel unmittelbarer beteiligt sind, als wenn sie einfach einen Fragebogen ankreuzen lassen. Bei der Frage „Gehören Sie einer christlichen Kirche an?“ ist der Fragebogen das Messinstrument, mit dem die Daten festgehalten werden. Bei einem qualitativen Interview auf der anderen Seite ist der Interviewende – also der Forscher, der das Gespräch auswertet – selbst ein Teil des Messinstruments. Denn er oder sie muss das Gesagte zunächst verstehen und interpretieren. Daraus zu folgern, dass Ergebnisse qualitativer Untersuchungen weniger verlässlich oder gar willkürlich seien, wäre jedoch falsch. Gerade bei dieser Methode wird nämlich besonderer Wert darauf gelegt, die einzelnen Schritte zu dokumentieren und für andere nachvollziehbar zu machen.

Reflektieren der eigenen Grundannahmen

Bei jedem Projekt, das man startet, ist es gut, sich zuerst der eigenen Ziele und Grundannahmen bewusst zu werden. Bei einem qualitativen Forschungsprojekt gilt dies umso mehr, da die forschende Person ja teils als Messinstrument fungiert. So kann es leicht passieren, dass man genau die Dinge sieht, die man schon vorher im Kopf hatte bzw. etwas nicht aus den Daten herausliest, sondern in sie hineininterpretiert. Durch diesen ersten wichtigen Schritt der Reflexion, zumal im Team, treten diese Vorannahmen deutlicher zutage. So können die späteren Ergebnisse auch kritischer hinterfragt werden.

Wir waren uns schnell einig, dass es bei der Studie um junge Menschen gehen sollte, die einmal im christlichen Glauben verwurzelt waren, es jetzt aber nicht mehr sind. Es dauerte auch nicht lange, bis einige Ideen zusammenkamen, wie denn die klassische Karriere eines Dekonvertiten aussehen könnte. Dabei konnten wir auf Personen aus dem eigenen Bekanntenkreis und Gemeindeumfeld Bezug nehmen. In einigen Punkten sollte sich herausstellen, dass unsere ersten Vermutungen einen Teil der Wirklichkeit trafen – wie zum Beispiel die Enttäuschung nach unerhörtem Gebet. An anderen Stellen bestätigten sich unsere Annahmen jedoch nicht oder wir waren überrascht, dass Dinge eine viel stärkere Rolle spielten, als wir gedacht hätten. (Ein Beispiel hierfür ist die starke Bedeutung der Emanzipation und der eigenen Identitätsfindung.) Mit diesen so zutage getretenen „Vor"-Urteilen galt es, sich über die genaue Fragestellung klar zu werden. Dabei war es uns wichtig, nicht eine Studie zu machen, die schon von anderen in dieser Art gemacht wurde.

Literaturrecherche

Wir begannen nun, uns mit dem Thema Dekonversion eingehend auseinanderzusetzen. Dazu analysierten wir verschiedene Studien, Bücher und Berichte. Zum Teil waren es wissenschaftliche Arbeiten, zum Teil Erzählungen, die die persönliche Meinung der Autoren widerspiegelten, wie von Sabine Rennefanz und Claudia Schreiber, die in der Einleitung vorgestellt wurden. Manche bezogen sich auf Deutschland, andere auf das Ausland. Und auch nicht alle Veröffentlichungen behandelten unser Thema im engeren Sinne. Wir lasen uns daher auch in das Gebiet der Konversionsforschung ein, die untersucht, warum sich Leute dem Glauben zuwenden, sich bekehren. Andere Forscher hatten sich darüber hinaus mit Religionswechseln beschäftigt, bei denen das Christentum weder vorher noch hinterher eine Rolle spielte.

Da wir junge Menschen in den Mittelpunkt stellen wollten, schien es uns auch wichtig zu wissen, wie Ein- und Austritte in Jugendszenen funktionieren. Eine These war, dass in christlichen Jugendgruppen ähnliche Vorgänge ablaufen wie zum Beispiel in der Hip-Hop- oder Punkszene, in der sich Jugendliche im Schnitt zwei bis drei Jahre bewegen, um sie dann in den meisten Fällen wieder zu verlassen, da sie das stabilisierende Umfeld der Gruppenzugehörigkeit nicht mehr benötigen. Das dazu vorhandene Material ließ sich aber nur schlecht auf unser Projekt übertragen.

Insgesamt stellten wir fest, dass viele Publikationen nur bedingt als Grundlage für unsere Arbeit geeignet waren. Zum einen tauchte bei Studien aus dem Ausland die Frage auf, ob man die Erkenntnisse so einfach auf den deutschsprachigen Kulturkreis übertragen kann. Religion und Glaubensbekenntnis spielen beispielsweise in den USA eine vollkommen andere Rolle im öffentlichen Leben als in Deutschland. Bei anderen drängte sich die Vermutung auf, dass doch eher die persönlichen Ansichten der Autoren transportiert wurden, selbst wenn Gespräche geführt oder Studien betrieben worden waren. Manchmal waren die Ergebnisse zwar interessant, aber es ließ sich nicht mehr nachvollziehen, wie sie entstanden waren. Wieder andere schrieben vor allem aus einer theologischen Perspektive (also zum Beispiel: wann hat jemand seinen Glauben verloren), die zwar ebenfalls spannende Aspekte aufzeigte, aber unser Interesse nur am Rande betraf. Für uns war es wichtig zu erfahren – und das kristallisierte sich immer mehr heraus –, wie sich der Prozess der Abwendung vom Glauben aus Sicht der Betroffenen darstellte. Statt einen 5-Punkte-Plan zu entwickeln, wie man „die Verlorenen zurück zur Herde bringen" könnte, sollte es darum gehen, die Menschen und ihre Situation zu verstehen.

Konkretisierung der Fragestellung

Auf der so erarbeiteten Grundlage war es im Anschluss möglich, die Fragestellung endgültig festzulegen. Dieser Schritt ist von entscheidender Bedeutung im Forschungsprozess, denn an der genauen Fragestellung richtet sich das weitere Vorgehen aus. „Wie viele Katholiken gehen in Oberbayern regelmäßig in den Gottesdienst?", ist eine andere Frage als: „Warum gehen in Oberbayern immer weniger Katholiken in den Gottesdienst?" Die Beantwortung der ersten Frage verlangt nach der Anwendung quantitativer Methoden, deren Ergebnisse sich in Zahlen ausdrücken lassen. Die zweite Frage dagegen will das „Warum" erforschen und ist daher am ehesten für ein qualitatives Vorgehen geeignet. Als Fragestellung für unser Projekt einigten wir uns auf: „Warum entfremden sich junge Erwachsene von ihrem christlichen Glauben? Welche Motive, Gründe, Erfahrungen stecken dahinter?"

Um das weitere Forschungsdesign zu entwickeln, musste diese Grundfrage noch weiter präzisiert werden. Die Gruppe der jungen Erwachsenen legten wir auf die Altersspanne von 18 bis 35 Jahren fest – dem Alter, in dem junge Menschen heute in die Phase der Selbstständigkeit eintreten bzw. noch nah genug dran sind, um sich an diese Phase unmittelbar zu erinnern. Außerdem legten die Ergebnisse der PEW-Studie (siehe auch Seite 38) nahe, dass bei christlich sozialisierten Personen eine Dekonversion höchstwahrscheinlich in dieser Altersgruppe erfolgt.

Um zu definieren, ob und wann jemand überhaupt einen christlichen Glauben hatte, einigten wir uns darauf, uns auf die Selbstaussage der Teilnehmer zu stützen. Es sollte also nicht darum gehen, das (vormals vorhandene) Maß des christlichen Glaubens einer Person zu bestimmen. Zudem wollten wir explizit die ganze Bandbreite des christlichen Glaubens vorkommen lassen und nicht von unseren Vorannahmen her bestimmen, wer wirklich geglaubt hat und wer nicht. Die frühere Selbstidentifizierung als Christ sollte allerdings bis zu einem gewissen Maß nachvollziehbar sein. Wenn potenzielle Interviewpartner im Vorgespräch angaben, nie Teilnehmer bei christlichen Veranstaltungen gewesen zu sein, nie gebetet zu haben und keine Kenntnisse über das Christentum zu haben, wurden sie nicht in die Auswahl für ein Interview aufgenommen. In der Praxis kam so ein Fall allerdings nur einmal vor. Auch bei der Frage, wie festgelegt werden sollte, ob jemand nicht mehr glaubt, einigten wir uns auf die Selbsteinschätzung der Interviewpartner.

Die Studie sollte außerdem offen sein für Vertreter aller in Deutschland existierenden christlichen Konfessionen. Es stellte sich in den kommenden Monaten heraus, dass dies eine gute Entscheidung war, denn oft war es gar nicht einfach, den konfessionellen Hintergrund einer Person eindeutig zuzuordnen. Welche Konfession hat jemand, der mit einem lutherischen Vater und einer katholischen Mutter aufwächst, auf einer baptistischen Veranstaltung ein Erweckungserlebnis hat und aus praktischen Gründen den Bibelkreis einer Pfingstgemeinde besucht, dennoch auch die katholische Messe schätzt und formal Mitglied der evangelischen Landeskirche bleibt? Die in der Studie benutzten Labels für die konfessionelle Zugehörigkeit richten sich daher nach der christlichen Tradition, in der nach Durchsicht des Interviews die prägendsten Glaubenserfahrungen gemacht wurden.

Entwicklung des Online-Fragebogens

Um ein erstes Gespür für das Feld der Nicht-mehr-Glaubenden zu entwickeln, entschlossen wir uns, einen Online-Fragebogen zu erstellen. Ganz schlicht sollte die zu ergänzende Hauptaussage lauten: „Ich glaube nicht mehr, weil ...“ Da wir auf diesem Weg mit potenziellen Interviewpartnern in Kontakt kommen wollten, enthielt der Fragebogen auch die Möglichkeit, soziodemografische Daten, also Geschlecht, Alter, Wohnort nach Bundesland und weitere anzugeben. Des Weiteren wurden an dieser Stelle auch schon einige gezielte Fragen zum Alltag als Christ gestellt.

Der so entstandene Fragebogen wurde in ein digitales Format gebracht und online platziert. Um ihn zu verbreiten, nutzen wir verschiedene Medien und Wege – Facebook, Rundmails und persönliche Ansprache von Bekannten waren einige davon. Gezielt wurde er auch an christliche Gemeinden und Multiplikatoren weitergegeben. Die vermutete Schwierigkeit bestand darin, an Interviewpartner heranzukommen, die mit dem Thema Glauben tatsächlich vollkommen abgeschlossen hatten. Sie würden sich wahrscheinlich nicht auf einschlägigen christlichen Foren und Websites beteiligen. Allerdings konnte davon ausgegangen werden, dass diese Personen, die ja höchstwahrscheinlich auch in Gemeinden oder christlichen Organisationen aktiv gewesen waren, noch immer Kontakt zu einzelnen Christen hätten. Wir setzten darauf, dass sich die Informationen über die Studie recht schnell von selbst verbreiten würden, was dann auch tatsächlich geschah.

Nach einiger Zeit fiel jedoch auf, dass die erhoffte Personengruppe – junge Menschen zwischen 18 und 35 Jahren, die sich einmal bewusst als Christen verstanden haben – noch stärker hätte vertreten sein können. Da die Teilnahme an der Online-Befragung offen für jeden war, gab es auch zahlreiche Personen außerhalb des Altersspektrums. Außerdem war der Link zur Umfrage wohl in einem Forum für „missionarische" Atheisten gelandet, sodass sie auch von einigen beantwortet wurde, die nie in ihrem Leben gläubig gewesen waren oder Kontakt zu einer christlichen Gemeinde gehabt hatten. So verlängerten wir den Zeitraum, in dem der Fragebogen online war, und bewarben ihn noch einmal intensiv, sodass Personen aus der Zielgruppe schließlich in ausreichender Anzahl vertreten waren.

Trotz der geschilderten Schwierigkeiten ist der Online-Fragebogen sehr erfolgreich gewesen. Ein gewisser Anteil an nicht passenden Teilnehmern bzw. falsch ausgefüllten Fragebögen ist bei Untersuchungen dieser Art üblich.

Durch die in der Online-Befragung erhaltenen Angaben war es möglich, ein erstes Gefühl für die Gruppe der Nicht-mehr-Glaubenden und ihre Motive zu erhalten. Die Fragen, die sich daraus für die Interpretation der Umfrage ergaben, wurden bereits im ersten Kapitel behandelt.

Erstellung eines Interviewleitfadens

Auf der Grundlage der Erkenntnisse aus der Online-Untersuchung, der Literaturrecherche und unserer Überlegungen wurde als Nächstes ein Leitfaden für die Interviews in der Hauptuntersuchung zusammengestellt. Er sollte bei den idealerweise fünfzehn zu führenden Interviews zum Einsatz kommen. Wir entschlossen uns, die Interviews in zwei Phasen zu teilen. In der ersten würden wir zunächst nur einen Anfangsimpuls geben, der die Interviewpartner dazu bringen sollte, ihre Lebens- und Glaubensgeschichte zu erzählen. In diesem Teil des Interviews sollte es zu keinen Unterbrechungen kommen, auch keinen Nachfragen, um den Teilnehmern der Studie die Gelegenheit zu geben, ihre Sicht der Dinge frei und ungezwungen darzustellen und dabei auch eigene Schwerpunkte setzen zu können. Da die Interviewpartner bei dieser Methode also einfach ungehindert erzählen (lat. *narrare*), wird sie narratives Interview genannt.

Der zweite Teil der Interviews sollte dann dazu dienen, gezielt Themen, die besonders interessant erschienen, anzusprechen. Zu diesem Zweck wurden für den Interviewleitfaden zu jedem Themenkomplex mögliche Rückfragen formuliert. Diese konnten in den Interviews nach Ende der Erzählung gestellt werden, mussten es aber nicht. Wenn die Teilnehmer beispielsweise schon ausführlich auf einen aufgeführten Aspekt eingegangen waren, wurde er nicht noch einmal explizit angesprochen. In dieser Phase der Interviews bestand dann auch die Gelegenheit, Rückfragen zum Verständnis und zu einzelnen inhaltlich interessanten Punkten zu stellen. Im Leitfaden wurde daher genügend Platz gelassen, um diese während des narrativen Teils zu notieren.

Der dritte Teil des Leitfadens und damit auch der späteren Interviews bestand in der Möglichkeit für die Gesprächspartner, all das zu erwähnen, was ihnen im Zusammenhang mit dem Thema Dekonversion wichtig erschien, aber bislang noch keinen Platz in den Interviews gefunden hatte. Der Leitfaden, der ab Seite 234 eingesehen werden kann, wurde so formuliert, dass er möglichst nah an die gesprochene Sprache herankam. Dies hatte den Hintergrund, dass die Interviewpartner in ihrem Gedankenfluss so wenig wie möglich durch Formulierungen aus der Wissenschafts- oder Schriftsprache irritiert werden sollten.

Probeinterview und Modifizierung des Fragebogens

Im August 2012 führten wir ein erstes Probeinterview. Damit sollte der Interviewleitfaden auf seine Tauglichkeit überprüft werden. So ist es zum Beispiel nicht selbstverständlich, dass Gesprächspartner auf Anhieb die Fragen verstehen, die ihnen von den Forschern gestellt werden. Wenn man sich intensiv mit einem Thema beschäftigt, eignet man sich mitunter unbemerkt eine Spezialsprache an, die einem anderen nicht vertraut sein muss. Aber auch ganz einfache Verständigungsprobleme können auftreten. Weiterhin wurde durch das Probeinterview getestet, ob die Fragen tatsächlich gute Gesprächsimpulse gaben und ob die möglichen Nachfragen durch einzelne Aspekte ergänzt werden sollten. Im Anschluss fand noch ein kurzes Reflexionsgespräch mit der interviewten Person statt, bei dem sie ihre Eindrücke weitergeben konnte.

Es stellte sich heraus, dass der Leitfaden schon recht gut ausgearbeitet war. Die Verständigung funktionierte, es wurden ausreichend Gesprächsimpulse gesetzt, die Rückfragen erwiesen sich als tauglich und die Testperson hatte den Eindruck, dass alle wesentlichen Themen behandelt worden waren. Lediglich mit einer Frage hatte sie Probleme: Am Ende des Interviews bestand die Möglichkeit zu sagen, was Christen hätten anders machen können, um die Dekonversion zu verhindern. Diese Frage erschien im Kontext der Studie nicht passend. Außerdem war die Person aus unserem Testinterview der Ansicht, dass andere Gesprächspartner sich dadurch in ihrer Geschichte nicht ernst genommen fühlen könnten. Anstatt Offenheit und Interesse an der Person und ihrer Geschichte zu zeigen, würde diese Frage eher suggerieren, dass es versteckte Absichten gebe, die in Richtung Evangelisation und „doch noch einmal herumbekommen“ gehen würden. Ihr war es wichtig, so stehen gelassen zu werden, wie sie ist – zumal wir uns ja vorher auch nicht kannten.

Da der Leitfaden also keiner großen Veränderung bedurfte, konnte er direkt übernommen werden.

Auswahl der Interviewpartner

Bei der anschließenden Auswahl der Interviewpartner wurde darauf geachtet, eine möglichst große Spannbreite zu haben. Wir stellten dazu aufgrund der Vorannahmen und des Online-Fragebogens verschiedene Merkmale zusammen, die den Prozess des Glaubens und Nicht-mehr-Glaubens beeinflussen könnten. Dabei sollten die verschiedenen Merkmale bei den Interviewpartnern möglichst gleichmäßig verteilt sein. Dieser Vorgang wird in der Forschung „theoretisches Sampling" genannt. Mit Sample wird die Auswahl der Interviewpartner bezeichnet, theoretisch ist es, weil vor der Auswahl gezielt überlegt wird, welche Besonderheiten sie aufweisen sollen.

Der Faktor, der im Rahmen unserer Untersuchung zunächst geprüft wurde, war das Alter, da es ja um die Altersgruppe der 18- bis 35-Jährigen gehen sollte. Weitere Faktoren, die die Auswahl der Gesprächspartner bestimmten, waren das Geschlecht, der Wohnort, die Konfessionszugehörigkeit sowie der höchste Bildungsabschluss. Beim Geschlecht sollte der Anteil an Männern und Frauen möglichst ausgeglichen sein. In Bezug auf den Wohnort war es das Ziel, möglichst Gesprächspartner im gesamten deutschen Sprachraum zu finden, um so zu vermeiden, dass die berichteten Erfahrungen lediglich auf einer regionalen besonderen Frömmigkeitskultur basieren. Dasselbe galt für die Konfessionszugehörigkeit. Die spannende Frage dabei war, ob sich Hinweise darauf finden, dass innerhalb einer christlichen Denomination eine bestimmte Art von Dekonversion besonders häufig vorkommt. Aus diesem Grund sollten möglichst alle in Deutschland hauptsächlich vertretenen Konfessionen auch in unserem Sample vertreten sein. Dies gelang weitgehend. So hatten unsere Gesprächspartner evangelische, römisch-katholische und verschiedene freikirchliche Hintergründe. Einzig Personen mit einem orthodoxen Hintergrund ließen sich nicht für die Hauptuntersuchung finden. Zwar fand ein Vorgespräch mit einem Teilnehmer der Online-Umfrage statt, der angab, einen russisch-orthodoxen Hintergrund zu haben, doch stellte sich während des Gesprächs heraus, dass er zu keinem Zeitpunkt in seinem Leben, auch nicht in der Kindheit, geglaubt hatte. Aus diesem Grund musste das Gespräch mit ihm für die weitere Auswertung verworfen werden.

Auch bei anderen zunächst kontaktierten Teilnehmern der Voruntersuchung gab es Ausfälle. Manche waren doch nicht mehr zu einem Interview bereit, bei anderen ließ sich zeitlich kein Termin finden und wieder andere reagierten nicht auf unsere Anfragen. Was zunächst wie ein Rückschlag erscheinen mag, ist allerdings ein normales Phänomen, das bei Untersuchungen wie dieser häufig vorkommt. Sehr hilfreich war es daher, dass uns aus der Voruntersuchung ein größerer Pool mit potenziellen Interviewpartnern bereitstand, aus dem wir auch nachträglich noch weitere Personen ansprechen konnten. Allerdings mussten wir dadurch bei der angestrebten Durchmischung der Interviewpartner kleinere Kompromisse in Kauf nehmen, zum Beispiel beim höchsten erworbenen Bildungsabschluss der Teilnehmer. Da anzunehmen war, dass sich mit länger dauernder Ausbildung (vor allem mit einem Studium) auch die Weltsicht verändert, sollten die verschiedenen Bildungsschichten möglichst gleich stark vertreten sein. So wäre es beispielsweise möglich gewesen, dass intellektuelle Argumente gegen den Glauben eher von Personen mit einem Studium geäußert werden. Das Ungleichgewicht in diesem Bereich hatte zur Folge, dass mehr Personen einen Hochschulabschluss hatten, als zunächst gewünscht.

Die Zahl von 15 Interviews war zu Beginn mehr oder weniger willkürlich festgelegt und wurde während der Interviewphase auch mehrfach überprüft. Es war uns wichtig, ein möglichst umfassendes Bild zu erhalten. Daher fragten wir uns, ob wir durch neue Interviews noch weitere wesentliche Informationen erhalten würden oder ob lediglich die bereits genannten Elemente mit geringfügigen Abweichungen in den Details zu erwarten wären. Man spricht dabei auch von der Frage, ob die Stichprobe gesättigt ist.

Wichtig ist in diesem Zusammenhang, dass die Ergebnisse der Untersuchung dadurch nicht weniger aussagekräftig sind, da es ja nicht darum ging, eine repräsentative Stichprobe zu nehmen, bei der beispielsweise die Konfessionen so verteilt sind wie in der Gesamtbevölkerung. Vielmehr wollten wir das Feld der verschiedenen Erfahrungen und Ansichten kennenlernen, die mit einer Dekonversion in Zusammenhang stehen.

Interviews

Die von uns ausgewählten möglichen Interviewpartner wurden von uns schriftlich per E-Mail kontaktiert und gefragt, ob sie nach wie vor zu einem Gespräch bereit seien. Bejahten sie dies, wurde ein Termin vereinbart. Die Interviews sollten möglichst im direkten Gespräch, also Auge in Auge an einem Ort stattfinden, den die Teilnehmer selbst bestimmen konnten. Da es aus terminlichen Gründen nicht immer zu einem persönlichen Treffen kommen konnte, wurde ein kleinerer Teil der Gespräche auch per Skype geführt.

Die Gesprächspartner wurden zunächst schriftlich über den Ablauf der Studie, die geltenden Datenschutzrichtlinien und die Verarbeitung der Interviews informiert. Erst nachdem sie per Unterschrift ihr Einverständnis gaben, wurde das eigentliche Interview geführt, das mit einem Aufnahmegerät mitgeschnitten wurde. Im Zuge der Interviews fertigten wir außerdem kleine Dokumentationsbögen an, in denen wir die wichtigsten Informationen zu unseren Gesprächspartnern festhielten. Um ihre Identität von Anfang an anonym zu halten, wurden zudem ihre Namen durch einen Zahlen- und Buchstabencode ersetzt, der nur dem Forschungsteam bekannt war.

Transkription

Im Anschluss wurden die Interviews transkribiert, was bedeutet, dass von der Tonaufnahme eine Abschrift angefertigt wurde. Um für die spätere Auswertung alle Texte in gleicher Form vorliegen zu haben, wurden zunächst bestimmte Regeln festgelegt, nach denen das Transkribieren erfolgte. Dabei ging es vor allem darum, wie man mit nichtsprachlichen Äußerungen und Inhalten der Interviews umgeht. Denn auch wenn die Körpersprache – und damit ein wichtiger Teil der Kommunikation – durch die reine Tonaufnahme wegfiel, blieb noch eine Vielzahl an anderen Elementen übrig, die für die Auswertung aufschlussreich sein können: Veränderungen in der Art des Sprechens wie die Tonhöhe oder Lautstärke, emotionale Äußerungen wie Lachen oder Weinen, Pausen in unterschiedlicher Länge, abgebrochene Worte, gleichzeitiges Reden mehrerer Personen und noch Weiteres mehr. Es wurde also versucht, einen möglichst umfassenden Eindruck der Interviews in schriftlicher Form wiederzugeben. Die nun entstandenen Texte wurden in ein einheitliches Format gebracht und in die Analysesoftware MaxQDA2010 eingespeist.

Kodieren

Mithilfe von MaxQDA2010 ist es möglich, die Textmengen, die bei einer solchen qualitativen Studie anfallen, digital zu organisieren, zu systematisieren und schließlich auszuwerten. Ähnlich wie bei einem

Blatt Papier lassen sich „Kommentarzettel“ an Textstellen heften und mit einem Farbsystem Textstellen hervorheben. Wird eine Textstelle markiert, in der beispielsweise über Erfahrungen im Gottesdienst berichtet wird und diese mit dem Kommentar „Gottesdienst“ versehen, so spricht man davon, dass diese Textstelle einen Code erhalten hat bzw. dass sie codiert wurde. Das Programm legt automatisch eine Legende, den sogenannten Codebaum, an. Dieser ähnelt tatsächlich einem Baum, da man den einzelnen Codes, den Ästen, noch Subcodes, Zweige, zuordnen kann. Wird also beispielsweise eine Aussage über die Organistin in der Gemeinde getroffen, so lässt sich das mit dem Begriff „Musik“ vercoden, einer Unterkategorie, also einem Subcode von „Gottesdienst“. Es ist immer wieder verblüffend, wie sich Texte und Interviews auf diese Art noch einmal ganz neu erschließen.

Wir legten in unserem Fall zunächst ein Grundsystem an Codes an, das sich am Interviewleitfaden orientierte. So gab es zum Beispiel eine Kategorie „Nachgeschichte“ oder „Erfahrungen in der Gemeinde“, die wiederum in „positiv“, „negativ“ und „neutral“ unterteilt war. Bei jedem Interview ergaben sich außerdem neue Codes, die in den Baum eingefügt wurden.

Jedes Interview wurde zunächst von einer Person codiert und anschließend von einer zweiten überprüft und gegebenenfalls ergänzt bzw. verändert. Dadurch lassen sich Einseitigkeiten vermeiden und die Wahrscheinlichkeit, dass bedeutende Informationen übersehen werden, sinkt. Nach Abschluss dieser beiden Runden war der letzte Schritt in der Codierung der Interviews, den Codebaum selbst zu überprüfen. Dabei fragten wir uns zum Beispiel, ob man nicht zwei Kategorien zu einer zusammenfügen sollte, da sie identisch oder zumindest sehr ähnlich sind. Sie können dann entweder den Code der einen Kategorie annehmen oder aber einen neuen Code erhalten. Andererseits war es an manchen Stellen auch nötig, die Kategorien noch genauer zu untereilen, um durch die Differenzierung eine größere Tiefenschärfe zu erhalten. So bot es sich zum Beispiel an, bei „religiöser Prägung“ die Unterkategorie „Familie“ um weitere Unterkategorien wie „Vater“, „Mutter“ usw. zu erweitern, nachdem wir festgestellt hatten, dass verschiedenen Familienmitgliedern in den Erzählungen ganz unterschiedliche Einflüsse und Erfahrungen zugeordnet wurden.

Analyse

Der Schritt der Codierung ging mehr oder weniger fließend in die Analyse der Interviews über. Dabei nutzten wir die Methoden der sogenannten Grounded Theory (nach Strauss/Corbin)[62], auf Deutsch auch Empiriegeleitete Theoriebildung genannt. Dabei geht man davon aus, dass sich Theorien zu einem bestimmten Phänomen aus dem Datenmaterial heraus entwickeln lassen, unabhängig davon, welche Vorstellungen man bereits vom Thema besitzt. Auch aus diesem Grund ist die zu Beginn dieses Kapitels erwähnte Bewusstmachung der eigenen Vorannahmen so wichtig, damit sie nicht auf unbewusster Ebene den Prozess der Interpretation beeinflussen.

Schon das zuvor beschriebene Vorgehen bei der Auswahl der Interviewpartner gehört zum Methodenrepertoire der Grounded Theory. Wir begannen unsere Auswertung dann mit der Suche von Gemeinsamkeiten und Unterschieden. Gab es Muster in den Erzählungen oder Erlebnisse, die sich durch alle oder doch zumindest viele der Lebensgeschichten zogen? Worin bestanden die Unterschiede zwischen den einzelnen Fällen? Ließen sich aufgrund ihrer Gemeinsamkeiten und Unterschiede bestimmte Gruppen zusammenfassen? Dies sind nur einige der Fragen, mit denen wir an die codierten Interviews herangingen.

Schließlich ging es darum, die gewonnenen Daten zu interpretieren. Durch wiederholtes Lesen, Überlegen und Prüfen kristallisierten sich so zum Beispiel die vier Leitmotive mit ihren acht Ausprägungen heraus, die sich, gemeinsam mit den wichtigsten anderen Ergebnissen unseres Forschungsprojekts, in diesem Buch wiederfinden.

Fragebogen der Online-Befragung

empirica
Forschungsinstitut für
Jugendkultur und Religion

Schwanallee 57//35037 Marburg//www.institut-empirica.de

Studie: „Warum ich nicht mehr glaube"

Das Forschungsinstitut empirica für Jugendkultur und Religion sucht für eine wissenschaftliche Studie zum Thema **„Warum ich nicht mehr glaube"** Personen (Mindestalter 18), die nicht mehr glauben, sich jedoch früher einmal als Christen bezeichnet haben.

Sollten Sie zu dieser Gruppe gehören, würden wir uns freuen, wenn Sie an der folgenden Umfrage teilnähmen (Dauer ca. 10 Minuten). Am Ende besteht die Möglichkeit, uns Ihre Kontaktdaten zukommen zu lassen, falls Sie zu einem längeren Interview zum Thema bereit wären.

Ihre persönlichen Daten werden nur zum Zweck einer ausdrücklich gewünschten Kontaktaufnahme genutzt. Sie werden nicht an Dritte weitergegeben und auch von uns nicht zu Werbezwecken o.Ä. verwendet. Sämtliche Daten werden nach Abschluss der Studie gelöscht.

1. Zunächst möchten wir Sie bitten, uns ein paar allgemeine Informationen zu geben.

Geschlecht: ❑ männlich ❑ weiblich

Alter (in Jahren):_______________

Wo leben Sie?

❑ Baden-Württemberg
❑ Bayern
❑ Berlin
❑ Bremen
❑ Brandenburg
❑ Hamburg
❑ Hessen
❑ Mecklenburg-Vorpommern
❑ Niedersachsen
❑ Nordrhein-Westfalen
❑ Rheinland-Pfalz
❑ Sachsen
❑ Sachsen-Anhalt
❑ Schleswig-Holstein
❑ Saarland
❑ Thüringen
❑ Österreich
❑ Schweiz
❑ Anderes

2. Was ist Ihr höchster bereits erworbener Bildungsabschluss?

❑ kein Schulabschluss
❑ Hauptschulabschluss/Volksschulabschluss
❑ Realschulabschluss/Mittlere Reife
❑ Abitur/(Fach-)Hochschulreife
❑ abgeschlossenes Studium

- ❑ Promotion
- ❑ anderer Abschluss: ______________________________

3. Waren Sie einer christlichen Gruppe (Kirche, Gemeinde o.Ä.) zugehörig?

- ❑ Ja ❑ nein
- ❑ Falls ja, war diese Gruppe:
- ❑ Römisch-katholisch
- ❑ Ev.-landeskirchlich
- ❑ Ev.-freikirchlich
- ❑ Pfingstkirchlich
- ❑ Orthodox
- ❑ Nicht konfessionell gebunden
- ❑ andere
- ❑ Weiß nicht
- ❑ Ich war mehreren Gruppen zugehörig.

4. Wie lange waren Sie dieser Gruppe (Kirche, Gemeinde) zugehörig? (in Jahren) ________________

5. Haben Sie in der Gruppe (Kirche, Gemeinde) mitgearbeitet?

- ❑ Ja ❑ nein
- ❑ Falls ja:
  - ❑ ehrenamtlich ❑ hauptamtlich

6. Haben Sie regelmäßig Veranstaltungen dieser Kirche/ Gemeinde besucht?

- ❑ Ja ❑ nein

Falls ja:

- ❑ täglich
- ❑ mehrmals wöchentlich

- ❑ wöchentlich
- ❑ mehrmals monatlich
- ❑ monatlich

7. Wurden Sie christlich erzogen?

- ❑ Ja
- ❑ nein
- ❑ teils/teils
- ❑ weiß nicht

8. Wie wichtig war Ihnen früher der Glaube? Bitte kreuzen Sie einen Wert auf der Skala an.

- ❑ 1 unwichtig
- ❑ 2 eher unwichtig
- ❑ 3 weder wichtig noch unwichtig
- ❑ 4 wichtig
- ❑ 5 sehr wichtig

9. Bitte vervollständigen Sie mit wenigen Sätzen oder Stichworten:

Ich glaube nicht mehr, weil …

10. Sind Sie interessiert, über die Ergebnisse der Studie informiert zu werden?

❑ Ja ❑ nein

Falls ja, möchten wir Sie bitten, unten Ihre E-Mail-Adresse anzugeben.

11. Wären Sie bereit, uns ein ausführlicheres persönliches Interview zu geben?

❑ Ja ❑ nein

Falls ja, möchten wir Sie bitten, unten Ihren Namen sowie Ihre E-Mail-Adresse und/oder Telefonnummer anzugeben.

Vielen Dank für Ihre Unterstützung!

Name **E-Mail**

Für Fragen und Informationen können Sie sich an folgenden Kontakt wenden:

Institut empirica
Dr. Tobias Faix/Dr. Tobias Künkler
Schwanallee 57
35037 Marburg

info@institut-empirica.de
www.institut-empirica.de

Leitfaden für die Interviews

Thema	Schlüsselfragen	Eventualfragen
Einstiegsfrage/ Erzählaufforderung	Ich würde Sie bitten, mir zu erzählen, wie es dazu kam, dass Sie nicht mehr glauben. Mich interessiert dabei alles, was Sie selbst für wichtig und bedeutsam halten, inklusive der Vorgeschichte und der heutigen Situation. Sie können zunächst einmal in Ruhe Ihre Geschichte erzählen, ich werde Ihnen zuhören und erst, wenn Sie mit Ihrer Erzählung zu Ende sind, einige Rückfragen stellen	
Vorgeschichte/ religiöse Prägung	Wie war eigentlich das Verhältnis Ihrer Eltern zum Glauben?	Können Sie in ihrer Familie offen über Glauben und Religion sprechen? War das schon immer so? Gab es andere Personen, die Sie da besonders geprägt haben?
	Gibt es ein prägendes religiöses Erlebnis, das Sie noch besonders im Kopf haben? Was hat Ihre damalige Vorstellung von Gott und Religion geprägt?	Bitte beschreiben Sie mir noch ein wenig mehr, wie Sie damals Ihren Glauben erlebt haben.

Vorgeschichte/ Glaubensgenese	Bitte erzählen Sie mir noch ein bisschen mehr darüber, wie Sie gläubig geworden sind.	Gab es andere Personen, die Sie da besonders geprägt haben?
	Was waren dafür besonders bedeutsame Erlebnisse?	Und was hat sich durch dieses Erlebnis/Ereignis/ diese Entscheidung in Ihrem Leben dann verändert?
	Und wie hat sich Ihr Leben und Erleben verändert, dadurch dass der Glaube für Sie so wichtig wurde?	
Vorgeschichte: christliche Gemeinschaften	Bitte erzählen Sie doch einfach mal ein paar Erfahrungen in dieser Gruppe, die Sie als gut erlebt haben.	Was waren die wichtigsten Dinge, die Sie dort gelernt haben?
	Bitte erzählen Sie nun noch ein paar Erfahrungen in dieser Gruppe, die Sie als schlecht erlebt haben.	
	Wie viel Zeit haben Sie in dieser/n Gemeinschaft/en verbracht?	(bei ehemaligen Hauptamtlichen: Wieso wollten Sie sich dann beruflich in diese Gemeinschaft einbringen?
	Haben Sie sich da auch ehrenamtlich engagiert?	
	Und wie haben Sie damals die Atmosphäre in dieser/n Gruppe/n empfunden? Hat sich das dann später geändert?	

Dekonversionsphase: Gründe/ Motive/Bedingungen	Bitte erzählen Sie mir noch ein wenig ausführlicher von Ihrer Abwendung vom Glauben bzw. Ihrem Glaubensverlust.	Machten Sie diesen Schritt für sich selbst oder andere durch eine Handlung oder ein sichtbares Zeichen deutlich?
	Gab es bestimmte Situationen und Erlebnisse, die dafür eine wichtige Rolle spielten?	Gab es Menschen, die Sie dabei begleitet haben?
	Wie haben Sie diesen Schritt selbst erlebt?	
	Welche Reaktionen haben Sie auf diesen Schritt erfahren?	Wie hat ihre Familie und die Gemeinschaft (Gruppe/Gemeinde) auf Ihren Schritt reagiert?
	Wie haben Sie selbst dann auf diese reagiert?	
	Wie alt waren Sie damals und wie lange waren Sie zuvor gläubig?	
Nachgeschichte	Wie lange ist es her, dass Sie nicht mehr glauben?	Haben sich Werte/Weltbild/Grundhaltungen verändert?
	Was hat sich seitdem in Ihrem Leben verändert?	
	Wie würden Sie Ihre persönliche Entwicklung seit dieser Zeit beschreiben?	
	Wie hat sich die Beziehung zu christlichen Freunden/Gruppierungen seitdem verändert?	

	Sind sie nun Teil/Mitglied anderer Gemeinschaften/ Gruppen?	
	Inwiefern unterscheiden sich diese von der Gemeinde/Kirche/etc.?	Was müssten Gemeinden/ Kirchen/Christen aus Ihrer Sicht anders machen?
	Woran glauben Sie nun?	
	Haben Sie seitdem spirituelle Erfahrungen gemacht?	
	Wie denken Sie heute über die Mitglieder Ihrer alten Gruppen?	
	Wie denken Sie über Christen allgemein?	
	Wie denken Sie über religiöse bzw. spirituelle Menschen allgemein?	

Von meiner Seite aus wäre es das. Gibt es von Ihnen aus noch etwas, was Sie gerne erzählen möchten, was Ihnen wichtig ist und was bisher im Interview noch nicht zur Sprache gekommen ist?

Herzlichen Dank!

Anmerkungen

1 Allensbach 1998: Kirchenaustritte; Zulehner 2011: Verbuntung.
2 Johannes 6,67.
3 Halik 2010: Geduld mit Gott.
4 John D. Barbour 1994: Versions of Deconversion. Autobiography and the Loss of Faith. University Press of Virginia.
5 Richard David Precht 2009: Liebe. Ein unordentliches Gefühl. Goldmann Verlag, 56–67.
6 Die Einteilung geht auf Norenzayan & Gervais „The Origins of Religious Disbelief" zurück, erschienen im Journal: „Trends in Cognitive Sciences", Jan 2013. Vol 17, No. 1. Eine Zusammenfassung auf Deutsch gibt es von Michael Utsch von der Zentrale für Weltanschauung der EKD: http://www.ekd.de/ezw/index.php (abgelesen am 8. Oktober 2013) und Michael Utsch/Raphael M. Bonelli/Samuel Pfeifer 2014: Psychotherapie und Spiritualität: Mit existenziellen Konflikten und Transzendenzfragen professionell umgehen. Springer-Verlag.
7 So steht im Klappentext des Buches: „Claudia Schreiber lebt in Köln und war viele Jahre aktives Mitglied einer evangelischen Freikirche."
8 Sabine Rennefanz 2013: Eisenkinder. Die stille Wut der Wendegeneration. Luchterhand Verlag, 138.
9 Ebd. 135.
10 Ebd. 171–172.
11 Ebd. 226–227.
12 Claudia Schreiber 2007: Ihr ständiger Begleiter. 3. Auflage. Piper Verlag, 36.
13 Ebd. 43–44.
14 Ebd. 200–201.
15 Einen guten Einblick in die aktuelle Diskussion bietet: Martin Reppenhagen (Hg.) 2012: Konversion zwischen empirischer Forschung und theologischer Reflektion: Beiträge zu Evangelisation und Gemeindeentwicklung. Band 18, Neukirchener Verlag.
16 Henning Wrogemann 2012: „Konvivenz, Konversion und Kirche. Eine missionswissenschaftliche Betrachtung." In: Martin Reppenhagen (Hg.) 2012: Konversion zwischen empirischer Forschung und theologischer Reflektion: Beiträge zu Evangelisation und Gemeindeentwicklung. Band 18, Neukirchener Verlag, 94ff.
17 Auführlich in: Johannes Zimmermann/Anna-Konstanze Schröder (Hg.) 2010: Wie finden Erwachsene zum Glauben? Einführung und Ergebnisse der Greifswalder Studie. Aussaat Verlag.
18 Stefan Huber 2009: „Der Religionsmonitor 2008: Strukturierende Prinzipien, operationale Konstrukte, Auswertungsstrategien." In: Woran glaubt die Welt? Analysen und Kommentare zum Religionsmonitor 2008. Bertelsmann Stiftung (Hg.). Verlag Bertelsmann Stiftung.
19 Hier der Hinweis auf einige bereits erwähnte und weitere hilfreiche Bücher: Martin Reppenhagen (Hg.) 2012: Konversion zwischen empirischer Forschung und theologischer Reflektion: Beiträge zu Evangelisation und Gemeindeentwicklung. Band 18, Neukirchener Verlag,

Christine Lienemann-Perrin/Wolfgang Lienemann (Hg.) 2012: Religiöse Grenzüberschreitungen: Studien zu Bekehrung, Konfessions- und Religionswechsel/Studies on Conversion and Religious Belonging. Harrassowitz Verlag, Hansjörg Schmid/Ayşe Basol-Gürdal/Anja Middelbeck-Varwick/Bülent Ucar (Hg.) 2012: Zeugnis, Einladung, Bekehrung: Mission in Christentum und Islam. Verlag Friedrich Pustet, Helmut Burkhardt 1999: Christ werden: Bekehrung und Wiedergeburt – Anfang des christlichen Lebens. Brunnen-Verlag.

20 Auf diese Studie des Pew-Forums werden wir noch einmal genauer auf Seite 38 eingehen.

21 Udo Bußmann/Tobias Faix/Silke Gütlich (Hg.) 2013: Wenn Jugendliche über Glauben reden: Gemeinsame Erfahrungsräume gestalten. Ein Praxisbuch für die Jugendarbeit. Neukirchener Verlag; Tobias Faix 2011: „Über Gott kann ich nicht reden" – Gott als semantische Leerstelle. Deutungsmuster individueller Spiritualität von Jugendlichen in Deutschland." In: Religion & Theology, 18, 93–117; Thomas Schlag/Friedrich Schweitzer 2012: Jugendtheologie: Grundlagen – Beispiele – kritische Diskussion. Neukirchener Verlag.

22 An der Dranstudie 19plus nahmen 2079 Personen zwischen 19–29 Jahren teil. Ziel der Erhebung war es, die Frage: „Heimatlos!? Wie (Wo) leben junge Christen ihren Glauben?" zu beantworten.

23 http://religions.pewforum.org/reports (abgelesen am 24.10.2013).

24 http://www.gesis.org/allbus/allbus-home/ (abgelesen am 24.10.2013).

25 Die Zahlen beziehen sich jedoch nur auf die alten Bundesländer, weil anderweitig ein direkter Vergleich nicht möglich wäre.

26 Es bestehen Unterschiede, wie stark und lang die Betreffenden im Jugendalter aktiv und gläubig waren und bei welchem Alter man untersuchte, ob sie noch zugehörig sind.

27 Tom Bisset 2005: Warum? jemand nicht mehr glauben kann. CLV

28 Bisset selbst stuft sein Buch als nichtwissenschaftlich ein. Natürlich bedeutet dies nicht, dass die Ergebnisse falsch sind, jedoch kann man aufgrund seines Vorgehens Güte und Gültigkeit seiner Ergebnisse nicht gut bewerten.

29 Drew Dyck 2010: Generation Ex-Christian. Why Young Adults are Leaving the Faith … and How to Bring Them Back. Moody Publishers. Wie Bisset macht er ebenfalls sein Vorgehen nicht nachvollziehbar und gibt auch nicht vor wissenschaftlich zu sein.

30 Auch Dyck 2010, 139 beschreibt die Kategorien als nicht wissenschaftlich präzise, sondern als diagnostisches und nützliches Handwerkszeug.

31 Ebd. 60; eigene Übersetzung.

32 Ebd. 2010: 184; eigene Übersetzung.

33 Alan Jamieson 2002: A Churchless Faith. Faith Journeys Beyond the churches. SPCK Publishing.

34 Dies ist aus unserer Sicht ein großes Manko der Studie. Unterschiedslos werden Dekonvertiten einer freikirchlichen Baptistengemeinde mit Dekonvertiten, die vormals Mitglieder bei den Zeugen Jehovas oder einer muslimischen Sekte waren, in einer Gruppe zusammengefasst.

35 Ein Beispiel, das auch zeigt, dass Streib und Co. manchmal dem Glauben gegenüber etwas voreingenommen scheinen, ist folgendes Zitat:

„Was ist die Motivation für eine solche lebenslange religiöse Suche? Möglicherweise hat dieser Typus von Dekonvertiten Druck, Stress und Traumata erfahren, weil sie entweder in einer problematischen Familie oder in problematischen Zeiten (z.B. Krieg) aufgewachsen sind. Wie auch immer: Diese Dekonvertiten haben scheinbar die Idee entwickelt, dass es da irgendetwas gibt, was es wert wäre, gesucht zu werden." (Streib u.a. 2009: 216); eigene Übersetzung.

36 Die erste Ausnahme ist, dass die Älteren im Durchschnitt länger Veranstaltungen christlicher Gruppen besucht haben. Dass insgesamt ein größerer Anteil von ihnen christlich erzogen wurde, ist der zweite Unterschied.

37 So haben gut 41 Prozent als höchsten Bildungsabschluss ein (Fach-) Hochschulstudium vorzuweisen, was in der Gesamtbevölkerung nur für etwa 11 Prozent gilt (http://www.bpb.de/wissen/G4JM72,0,0 ,abgelesen am 28.10.2013. Wobei die Zahlen nur vorsichtig bzw. grob miteinander verglichen werden dürfen, da beispielsweise die Gesamtbevölkerung einen höheren Altersdurchschnitt aufweist als unsere Befragten). 4,3 Prozent sind gar promoviert (gegenüber knapp einem Prozent im deutschen Durchschnitt). Bei Abitur oder Fachhochschulreife ist der Unterschied nicht mehr so groß, aber immer noch sehr deutlich. Bei den Real- und Hauptschulabschlüssen dreht sich das Verhältnis von unseren Teilnehmern und der Gesamtbevölkerung um.

38 Natürlich kann man die Zahlen auch anders erklären. Beispielsweise könnten entgegen dem Vorurteil, dass sich Intellekt und Glaube nicht vertragen, grundsätzlich höhere Bildungsabschlüsse überrepräsentiert sein. Um hier eine statistisch wirklich sichere Aussage zu machen, müssten wir nicht nur eine repräsentative Stichprobe haben, sondern auch genaue Vergleichszahlen zur Bildungsverteilung in den jeweiligen Gemeinden haben.

39 Natürlich könnte man auch hier umgekehrt interpretieren, dass höhere Bildungsschichten eher zu einer christlichen Erziehung neigen.

40 Vergleicht man die ehemaligen Mitarbeitenden mit den ehemalig Nicht-Mitarbeitenden, ergibt sich lediglich ein bedeutsamer Unterschied: Denen, die mitgearbeitet haben, war ihr Glaube im Durchschnitt wichtig, während denen, die nicht mitgearbeitet haben, der Glaube weder wichtig noch unwichtig war. Auch hier hängt wahrscheinlich das eine mit dem anderen zusammen: Je wichtiger jemandem der Glaube ist, desto eher arbeitet er mit bzw. wenn jemand mitarbeitet, ist ihm auch der Glaube wichtiger, als wenn er nicht mitarbeitet. Wobei auch andere Ursachen, wie zum Beispiel der Wunsch, gebraucht zu werden, eine Rolle spielen können.

41 Insbesondere in Kontrast zu den langen Gemeindemitgliedschaften sind diese 22 Prozent eine recht hohe Zahl. Das bestärkt unsere Vermutung, dass ein guter Teil derjenigen, die an der Online-Befragung teilgenommen haben, aus dem Atheistenforum kam und den Fragebogen aus „missionarischem Eifer" ausgefüllt hat.

42 „Das Fliegende Spaghettimonster" (englisch: Flying Spaghetti Monster, kurz: FSM) ist die Gottheit einer im Juni 2005 vom US-amerikanischen Physiker Bobby Henderson begründeten Religionsparodie. Ihre Glaubenslehre persifliert die Pseudowissenschaft Intelligent Design [...].

Die parodistische Religion trägt im Englischen den Namen Flying Spaghetti Monsterism. Außerdem ist die Bezeichnung Pastafarianismus (ein Kofferwort aus Pasta und der Rastafari-Bewegung) verbreitet; ihre Mitglieder bezeichnen sich selbst als Pastafari. Der Name des fliegenden Spaghettimonsters rührt von seiner Ähnlichkeit zu einer großen Portion Spaghetti mit Fleischbällchen (Spaghetti with meatballs) und Stielaugen her. Anstelle der „Hand Gottes" sprechen Pastafaris von His Noodly Appendage („Seinem Nudeligen Anhängsel")."
(www.de.wikipedia.org/wiki/Fliegendes_Spaghettimonster),
abgelesen am 10.10.2013.

43 Mit Typen sind keine Typen im Sinne der Typenbildung in der Qualitativen Sozialforschung gemeint.

44 Da die Zitate Ausschnitte aus längeren spontan in Umgangssprache gehaltenen Äußerungen sind, haben wir sie für den Druck behutsam bearbeitet, um sie so leichter lesbar zu machen. So sind zum Beispiel Wiederholungen einzelner Wörter, wenn sie dem Gedankensammeln dienten, „Ähs", „Hms" und „Alsos" weggefallen. Dialektale Färbungen und zu starke Umgangssprache wurden ein wenig an das Schriftdeutsch angepasst. Es sind jedoch noch immer die Aussagen der Interviewten.

45 Mit Resilienz bezeichnet man in der Forschung die psychische Widerstandsfähigkeit, die dazu führt, dass Menschen auch unter widrigen Umständen nicht (psychisch) zerbrechen.

46 Dietrich Bonhoeffer 2010: Gemeinsames Leben, hrsg. von E. Bethge et al. 29. Auflage 93. Gütersloher Verlagshaus.

47 Auch die folgenden Ergebnisse stellen keine statistisch belastbaren Resultate dar, selbst wenn Zahlen und Mengenverhältnisse angegeben werden. Es handelt es sich aber um wichtige Einblicke in die Erfahrungen unserer Gesprächspartner, die helfen, das Feld des Glaubensverlusts besser zu verstehen.

48 Zudem basieren Dycks Typen auf einem recht schematischen Verständnis von Moderne und Postmoderne; er betrachtet beide als vollkommen unterschiedliche Weltbilder und damit in sich geschlossene Systeme. Wir gehen hingegen davon aus, dass wir uns inmitten eines tief greifenden gesellschaftlichen Umwandlungsprozesses befinden, der sich als Verschiebung hin zu einer Postmoderne begreifen lässt. Da es jedoch etwas ist, was noch im Entstehen begriffen ist, sollte man, erstens, vorsichtig sein, zu meinen, die Konturen der Postmoderne bzw. deren Charakteristika bereits vollständig beschreiben zu können. Zweitens zeigt sich, dass vieles, was an manchen Stellen als postmodern beschrieben wird (zum Beispiel eine Betonung des subjektiven Empfindens) immer schon Bestandteil der Moderne war. Wie der kanadische Religionsphilosoph Charles Taylor aufgezeigt hat, gab es in der Moderne neben dem aufklärerischen Strang der Vernunft immer auch den romantischen Strang des Empfindens. Drittens gibt es inmitten eines Paradigmenwechsels von der Moderne hin zu einer Postmoderne auf der subjektiven Ebene natürlicherweise in den meisten Fällen „Ablagerungen" moderner und postmoderner Denkmuster.

49 Den Typus der Referenzrahmenwechsler haben wir hier nicht mehr erwähnt, da er wie beschrieben nicht zu unserem Dekonversionsverständnis passt, handelt es sich aus unserer Sicht hier doch eher um eine Konversion.

50 Wenngleich es mit dem Typus der Autonomiestrebenden bei Streib u.a. auftaucht.

51 Hilfreiche Bücher zur Auseinandersetzung mit der Theodizeefrage sind: Johannes B. Brantschen 2009: Warum gibt es Leid? Die große Frage an Gott. Herder Verlag. Hans Jonas 1987: Der Gottesbegriff nach Auschwitz: Eine jüdische Stimme. Suhrkamp Verlag. Clive Staples Lewis 1999: Über die Trauer: Der Begleiter für schwere Stunden. Insel Verlag. Lee Strobel 2006: Warum? Wie kann ein liebender Gott Leid zulassen? Gerth Medien.

52 Einen anderen Verlauf gab es bei Gregor, der sich zunächst entkehrte und dann als Argumentationshilfe dafür den neuen Atheismus fand.

53 Markus 9,46, Lutherbibel, revidierter Text 1984, durchgesehene Ausgabe in neuer Rechtschreibung, © 1999 Deutsche Bibelgesellschaft, Stuttgart.

54 Martina & Volker Kessler 2012: Die Machtfalle. Machtmenschen in der Gemeinde. Brunnen Verlag. Ken Blue 2011: Heilung erfahren nach geistlichem Missbrauch. Brunnen Verlag, Edin Lovas 2010: Wölfe im Schafspelz: Machtmenschen in der Gemeinde. Brendow Verlag, Jutta Wilbertz 2006: Zerbrochene Flügel: Geistlicher Missbrauch und zerstörerischer Glaube. SCM R.Brockhaus. Inge Tempelmann 2012: Geistlicher Missbrauch: Auswege aus frommer Gewalt. Ein Handbuch für Betroffene und Berater. SCM R.Brockhaus. Ulrich Giesekus 2012: Glaub dich nicht krank: Befreites Christsein leben. SCM Hänssler Verlag.

55 Als Beispiel seien hier http://www.cleansed.de oder http://nak-aussteiger2010.beepworld.de/geistlicher-missbrauch.htm genannt (Abgelesen jeweils am 30.10.2013).

56 Inge Tempelmann 2012: Geistlicher Missbrauch: Auswege aus frommer Gewalt. Ein Handbuch für Betroffene und Berater. SCM R. Brockhaus, 19.

57 David Johnson/Jeff VanVonderen 1996: Geistlicher Missbrauch: Die zerstörende Kraft der frommen Gewalt, Gerth Medien, 23.

58 Als kompakte und gute Einführung in die Resilienzforschung ist folgendes Buch zu empfehlen: Klaus Fröhlich-Gildhoff/Maike Rönnau-Böse 2009: Resilienz. Reinhardt UTB.

59 Philip Yancey 2001: Sehnsucht nach dem unsichtbaren Gott. Gerth Medien.

60 Titus 1,13; Bibeltext der Neuen Genfer Übersetzung. Copyright © 2009 Genfer Bibelgesellschaft, CH-1204 Genf. Wiedergegeben mit der freundlichen Genehmigung. Alle Rechte vorbehalten.

61 Zur weiteren Auseinandersetzung mit diesem Thema empfehlen wir: Hans-Joachim Eckstein 2011: Gesund im Glauben. SCM Hänssler, Siegfried Zimmer 2012: Schadet die Bibelwissenschaft dem Glauben? Klärung eines Konflikts. Vandenhoeck & Ruprecht, Birgit Schilling 2012: Fest im Glauben – stark im Leben: Geistlich reif werden. SCM R.Brockhaus.

62 Anselm Strauss/Juliet Corbin 2010: Grounded Theory: Grundlagen Qualitativer Sozialforschung. Beltz.

Literaturverzeichnis

John D. Barbour 1994: Versions of Deconversion: Autobiography and the Loss of Faith. University Press of Virginia.

Peter L. Berger/Anton Zijderveld 2010: Lob des Zweifels. Was ein überzeugter Glaube braucht. Kreuz Verlag.

Tom Bisset 2005: Warum? jemand nicht mehr glauben kann. CLV.

Ken Blue 2011: Heilung erfahren nach geistlichem Missbrauch. Brunnen Verlag.

Dietrich Bonhoeffer: Gemeinsames Leben. Hrsg. von E. Bethge et. al. 2010. 29. Auflage. Gütersloher Verlagshaus.

BPB 2013: Bundeszentrale für politische Bildung. Zahlen und Fakten. Die soziale Situation in Deutschland. http://www.bpb.de/nachschlagen/zahlen-und-fakten/soziale-situation-in-deutschland/61656/bildungsabschluss (abgelesen am 01.11.2013).

Johannes B. Brantschen 2009: Warum gibt es Leid? Die große Frage an Gott. Herder Verlag.

Helmut Burkhardt 1999: Christ werden: Bekehrung und Wiedergeburt – Anfang des christlichen Lebens. Brunnen-Verlag.

Cleansed 2013: Geistlicher Missbrauch in Deutschland. http://www.cleansed.de/ (abgelesen am 01.11.2013).

Udo Bußmann/Tobias Faix/Silke Gütlich (Hg.) 2013: Wenn Jugendliche über Glauben reden: Gemeinsame Erfahrungsräume gestalten. Ein Praxisbuch für die Jugendarbeit. Neukirchener Verlag.

Richard Dawkins 2008: Der Gotteswahn. Ullstein Taschenbuch Verlag.

Drew Dyck 2010: Generation Ex-Christian: Why Young Adults Are Leaving the Faith ... and How to Bring Them Back. Moody Publishers.

Hans-Joachim Eckstein 2011: Gesund im Glauben. SCM Hänssler Verlag.

Tobias Faix 2011: „Über Gott kann ich nicht reden" – Gott als semantische Leerstelle. Deutungsmuster individueller Spiritualität von Jugendlichen in Deutschland." In: Religion & Theology, 18.

Klaus Fröhlich-Gildhoff/Maike Rönnau-Böse 2009: Resilienz. Reinhardt UTB

Gesis 2013: ALLBUS: Die allgemeine Bevölkerungsumfrage der Sozialwissenschaften.

http://www.gesis.org/allbus/allbus-home/ (abgelesen am 01.11.2013).

Ulrich Giesekus 2012: Glaub dich nicht krank: Befreites Christsein leben. SCM Hänssler Verlag.

Tomás Halík 2010. Geduld mit Gott. Die Geschichte von Zachäus heute. Herder Verlag.

Stefan Huber 2009: „Der Religionsmonitor 2008: Strukturierende Prinzipien, operationale Konstrukte, Auswertungsstrategien." In: Woran glaubt die Welt? Analysen und Kommentare zum Religionsmonitor 2008. Bertelsmann Stiftung (Hg.). Verlag Bertelsmann Stiftung.

Alan Jamieson 2002: A Churchless Faith. Faith Journeys Beyond the Churches. SPCK Publishing.

David Johnson/Jeff VanVonderen 1996: Geistlicher Missbrauch: Die zerstörende Kraft der frommen Gewalt. Gerth Medien.

Hans Jonas 1987: Der Gottesbegriff nach Auschwitz: Eine jüdische Stimme. Suhrkamp Verlag.

Martina Kessler/Volker Kessler 2012: Die Machtfalle: Machtmenschen in der Gemeinde. Brunnen Verlag.

Uwe Lehnert 2012: Warum ich kein Christ sein will: Mein Weg vom christlichen Glauben zu einer naturalistisch-humanistischen Weltanschauung. Teia Lehrbuchverlag.

Clive Staples Lewis 1999: Über die Trauer: Der Begleiter für schwere Stunden. Insel Verlag.

Christine Lienemann-Perrin/Wolfgang Lienemann (Hg.) 2012: Religiöse Grenzüberschreitungen: Studien zu Bekehrung, Konfessions- und Religionswechsel/Studies on Conversion and Religious Belonging. Harrassowitz Verlag.

Edin Lovas 2010: Wölfe im Schafspelz: Machtmenschen in der Gemeinde. Brendow Verlag.

Alister McGrath/Joanna Collicutt McGrath 2008: Der Atheismus-Wahn: Eine Antwort auf Richard Dawkins und den atheistischen Fundamentalismus. Gerth-Medien.

NAK 2013: Ausstiegshilfen: Kritische Informationen und aufklärende Ausarbeitungen zur Hilfe für Menschen, die mit der Neuapostolischen Kirche Schwierigkeiten haben. http://nak-aussteiger2010.beepworld.de/geistlicher-missbrauch.htm (abgelesen am 01.11.2013).

Pew Research 2013: Religion & Public Life Project: Religious Landscape. Report 1: Religious Affiliation. http://religions.pewforum.org/reports (abgelesen am 01.11.2013).

Richard David Precht 2009: Liebe: Ein unordentliches Gefühl. Goldmann Verlag.

Sabine Rennefanz 2013: Eisenkinder: Die stille Wut der Wendegeneration. Luchterhand Verlag.

Martin Reppenhagen (Hg.) 2012: Konversion zwischen empirischer Forschung und theologischer Reflektion: Beiträge zu Evangelisation und Gemeindeentwicklung. Band 18. Neukirchener Verlag.

Birgit Schilling 2012: Fest im Glauben – stark im Leben: Geistlich reif werden. SCM R.Brockhaus Verlag.

Thomas Schlag/Friedrich Schweitzer 2012: Jugendtheologie: Grundlagen – Beispiele – kritische Diskussion. Neukirchener Verlag.

Hansjörg Schmid/Ayşe Basol-Gürdal/Anja Middelbeck-Varwick/Ucar Bülent (Hg.) 2012: Zeugnis, Einladung, Bekehrung: Mission in Christentum und Islam. Verlag Friedrich Pustet.

Claudia Schreiber 2007: Ihr ständiger Begleiter. Piper Verlag.

Anselm Strauss/Juliet Corbin 2010: Grounded Theory: Grundlagen qualitativer Sozialforschung. Beltz.

Heinz Streib/Christopher F. Silver/Rosina-Martha Csöff/Barbara Keller/Ralph W. Hood 2009: Deconversion. Qualitative and Quantitative Results From Cross-Cultural Research in Germany and the United States. Vandenhoeck & Ruprecht.

Lee Strobel 2006: Warum? Wie kann ein liebender Gott Leid zulassen? Gerth Medien.

Inge Tempelmann 2009: Geistlicher Missbrauch: Auswege aus frommer Gewalt. Ein Handbuch für Betroffene und Berater. SCM R.Brockhaus.

Michael Utsch / Raphael M. Bonelli / Samule Pfeifer 2014: Psychotherapie und Spiritualität. Mit existenziellen Konflikten und Transzendenzfragen professionell umgehen. Springer-Verlag.

Wikipedia 2013: Fliegendes Spaghettimonster. http://de.wikipedia.org/wiki/Fliegendes_Spaghettimonster#Die_acht_.E2.80.9EMir_w.C3.A4r.E2.80.99s_wirklich_lieber.2C_Du_w.C3.BCrdest_nicht_.E2.80.A6.E2.80.9C (abgelesen am 01.11.2013).

Jutta Wilbertz 2006: Zerbrochene Flügel: Geistlicher Missbrauch und zerstörerischer Glaube – Erfahrungsberichte. SCM R. Brockhaus Verlag.

Philip Yancey 2001: Sehnsucht nach dem unsichtbaren Gott. Gerth Medien.

Siegfried Zimmer 2012: Schadet die Bibelwissenschaft dem Glauben? Klärung eines Konflikts. Vandenhoeck & Ruprecht.

Johannes Zimmermann/Anna-Konstanze Schröder (Hg.) 2010: Wie finden Erwachsene zum Glauben? Einführung und Ergebnisse der Greifswalder Studie. Aussaat Verlag.

Über die Autoren

Prof. Dr. Tobias Faix lebt mit seiner Familie in Marburg und arbeitet als Dozent für Missionswissenschaft am Marburger Bildungs- und Studienzentrum und der Universität von Südafrika und leitet das Institut empirica für Jugendkultur und Religion sowie das mbs-Studienprogramm.

Martin Hofmann ist Diplom-Soziologe, er forscht an der TU Darmstadt über urbane Erinnerungskulturen. Mit dem MitOst e.V. ist er aktiv in Kulturaustausch und bürgerschaftlicher Bildung in Mittel- und Osteuropa. Am Institut empirica arbeitet er im Bereich Kontextanalyse mit dem Schwerpunkt qualitative Forschung.

Dr. Tobias Künkler lebt mit seiner Frau Mareike in Marburg und ist Studienleiter des Studienprogramms „Gesellschaftstransformation" und des BA-Programms „Soziale Arbeit" am Marburger Bildungs- und Studienzentrum. Zudem arbeitet er am Institut empirica mit.

empirica
Forschungsinstitut für
Jugendkultur und Religion

Das **Institut empirica** hat sich darauf spezialisiert, in den Themenfeldern Jugendkultur und Religion zu forschen. Dabei liegt der Schwerpunkt auf der empirischen Jugendforschung sowie der Korrelation von Lebenswelt und Religion. Das methodische Spektrum reicht von quantitativen, qualitativen bis zu triangulären Forschungsprojekten.